KB262669

전환적 장학과

학교 경영

전환적 장학과

학교 경영

주삼환 著

한국학술정보㈜

|개정판 머리말

맨날 교육개혁을 한다고 떠들어 대지만 여전히 교육개혁은 이루어 지지 않고 있다. 말로만 개혁 하기 때문이다. 교육개혁은 근본적으로 21세기에 맞게 학교의 틀을 바꾸는 것이다. 빌 게이츠는 현재의 미국 고등학교는 고쳐 쓰기에는 너무 낡아 새로운 형태의 학교 1,000개를 설립하는 프로젝트를 추진하고 있다. 그 하나가 '미래의 학교(School of the Future)'이다. '큰그림학교(www.bigpicture.org)'도 또 다른 새로운 형태의 학교이다. 우리나라도 새로운 형태의 학교를 마련해야 할 것이다. 요즘 대안학교라는 학교들이 오히려 21세기에 맞는 학교에 가끼울 것이다.

장학과 학교경영도 모두 바뀌어야 한다. 여기 실린 글들 대부분이 십여년 전에 썼던 글들인데 지금도 여전히 유효하다. 그때 앞서가는 내용을 쓰기도 했고 또 장학과 학교경영도 여전히 안 바뀌었다는 증거이기도 하다.

그동안 초판과 전자책판을 애용하고 박수를 쳐준 모든 독자 여러분께 감사드리며 약간의 교정을 거쳐 개정판으로 다시 내놓는다. 그래도 계속 부족한 점이 남아 있게 된다.

2009. 8

저자 주삼환 지

새로운 십 년대·세기·천 년대가 동시에 바뀌는 전환기를 맞고 있다. 단순한 시간적인 전환기가 아니라 사회적 특징이 통째로 바뀌는 전환기이다. 산업사회에서 지식·정보사회로 바뀌면서 많은 변화가 요구되고 있다.

산업사회는 기계의 도움을 받아서 또는 이용해서 인간의 힘을 연장·확대하여 편리하게 살아왔지만 지식·정보사회는 인공지능에 의하여 인간의 힘을 엄청나게 넓혀 나가는 것이다. 인간이 사이버의 세계에서 생활할 수 있게 된다.

지식·정보사회는 교육의 힘에 의하여 창출된다. 그래서 선진국들은 21세기 새로운 천 년대를 계속 주도하기 위해 교육, 교육, 교육을 부르짖고 있다. 우리나라도 이제 지식·정보사회를 위한 교육을 제대로 뒷받침해 줘야겠다. 과거 산업사회에서 경제개발이 교육의 뒷받침으로 가능했다면 이제는 경제가 교육을 뒷받침해 줘서 정보사회를 위한 도약을 가능하게 해 줘야 한다.

우리의 사고는 국경을 넘어 지구촌으로 확대되어 나가는 동시에 미시적으로 개인의 독특성과 삶의 질과 행복에 초점을 맞춰야 한다. 교육에서 학생 개인의 자아실현에 중점을 둬야 할 것이다.

학생 개인의 능력이 최대한 발휘될 수 있는 교육체제와 교육방법이 따라붙어 줘야 한다. 다양성에 의하여 개인의 독특성이 보장되어야 한다.

전환시대에 장학(奬學)과 학교경영(學校經營)도 전환해야 한다. 교장과 교사, 학생에게 최대한 자율권이 주어져 교내장학이 강조되고, 교사의 동료장학·자기장학이 기대되고, 학생주도의 학습이 권장된다. 변화하는 장학으로 지식·정보사회의 학교가 되고, 21세기 인간교육을 할 수 있도록 해야 한다. 이 책은 필자가 변화하는 장학을 염두에 두고 주로 96년도에 썼던 논문과 초청강연·강의 원고를 모은 것으로 구성되어 있다. 그래서 체계성이 부족하고 중복되는 내용이 다소 겹쳐 있으나 중복되는 부분은 강조되는 점으로 간주해도 좋을 것이다.

이 책은 전환적 장학과 학교경영에 초점을 맞췄다.

장학론, 교장론, 학교경영, 교육행정실제의 교재로 활용될 수 있을 것이다. 저자의 다른 장학론의 저·역서와 함께 공부하게 되면 더 좋을 것으로 생각된다. 특히 한국학술정보(주)의 「수업분석과 수업연구(2005)」와 이 책을 함께 사용하면 좋을 것으로 본다.

지금 사회는 물질·양의 세계로부터 정신·정보·질의 사회로 변하고 있다. 분업·분석·쪼개기·칸막이 시대로부터 연결과 조화·통합의 세기로 변해 가고 있다. 대서양시대에서 태평양 주도권의 시대로 이행해 갈 것으로 기대된다. 새로운 천 년대의 새해 새 아침 햇살은 지구의 동쪽 한국을 먼저 비추듯이 미래는 우리나라가 앞서 나가야 한다. 조화와 통합의 인간교육으로 남북통일도 하고 새로운 천 년대를 우리의 것으로 만들기 위해 노력해야겠다. 전환시대에 맞게 교육개혁을 하고, 전환적 장학과 전환적 학교경영을 해야 하는 것이다.

꼼꼼하게 교정을 봐 준 충남대학교대학원 교육행정전공 박사과정 김미정 선생님께 감사의 뜻을 이 책에 담고자 한다.

2005. 10.
저자 朱三煥 識

차례

제2부 전환적 장학

제 1 부

교육개혁

I

교육제도 · 운영적 측면의 교육개혁 검토*

① 학교공동체 구축안, ② 대학의 다양화와 특성화를 중심으로 ① 개혁안에 대한 간단한 소개, ② 문제점, ③ 개혁구현 방안의 순서로 5. 31. 교육개혁안 중 교육제도 · 운영적 측면에 대하여 검토해 보기로 한다.

1. 교육개혁안의 일반적 문제

우리나라와 민족이 교육에 유달리 열심인 것은 잘 알려진 사실이다. 또 그렇게 교육에 열을 올린 결과 현재와 같은 정도의 경제 · 사회 · 문화 수준으로 발전할 수 있었다는 것도 누구나 인정한다.

그러나 우리가 교육에 열심인 것만큼 효과를 거두지 못하는 것도 또한 사실이다. 교육내용과 방법을 바꾸면 지금 우리가 교육에 노력하고 열을 올리는 정도만으로도 효과는 더 높아질 수 있을 것이다. 지금 우리나라 학생과 교사, 교육행정가들이 노력하고 있는 정도만 창의성 교육, 인성교육 등에 유용하게 바친다고 해도 한국

---

* 교육행정학연구 96. 한국교육행정학회.

교육의 질은 향상되고 선진국과의 거리를 좁힐 수 있을 것이다. 그래서 우리의 교육은 개혁의 요구를 받고 있다.

또 국제적으로도 세계 여러 나라들이 교육의 질 향상을 위한 교육개혁에 열을 올리고, 냉혹한 교육의 질 경쟁을 하고 있기 때문에 우리 교육만이 정체상태로 그대로 있을 수는 없다. 우리 교육도 개혁적 노력을 하지 않을 수 없다.

지금 우리나라 안에서도 정치·경제·사회 모든 분야에서 개혁의 바람을 일으키고 있기 때문에 교육만이 개혁을 외면한 채 있을 수는 없다.

그래서 교육자뿐만 아니라 전 국민이 교육개혁의 필요성과 당위성에 대하여는 어느 정도 공감대가 형성되고 교육개혁에 대한 일종의 기대감까지도 갖고 있어 교육개혁을 하기에 유리한 조건과 분위기를 갖추고 있는 셈이다.

이러한 유리한 입장에서 나온 1, 2차에 걸친 교육개혁안은 근본적으로 문제점을 갖고 있고 또 실망감까지 안겨 주고 있다.

첫째, 교육개혁의 목표와 방향을 잘못 잡고 있다. 지금 당장 우리에게 절실하게 필요하고 국제경쟁력을 갖추어야 할 것은 교육의 질(質)이지 교육의 양(量)이 아니다. 이번 교육개혁의 초점과 방향, 목표는 "어떻게 하면 교육의 질을 높이느냐" 하는 교육의 질 향상, 질 개선에 두었어야 한다. 그런데 엉뚱하게도 "누구나, 언제, 어디서나 원하는 교육을 받을 수 있는 길이 활짝 열린 '열린 교육 사회, 평생학습사회' 건설"을 선포하고 있다. GNP 대비 5%로 이미 열린 교육의 질을 높인다고 해도 우리 교육은 국제경쟁력에 뒤처지는데 질을 제쳐 두고 교육을 양적(量的)으로 더 열겠다면 더 거친 교육을 하겠다는 의미가 된다. 잘못되어도 한참 잘못된 것이다. 이미 열린 교육도 감당 못하면서 교육을 더 열겠다니 문제이다. 양(量)의 시대에서 질(質)의 시대로 가고 있다는 세계적 조류의 방향감에 역행하고 있다. 교육을 더 열더라도 이 시점에서는 세계 최고의 질의 교육을 하고 나서, 세계 수준으로 우리 교육의 질을 올려놓고 나서 교육을 열더라도 연다고 했어야 한다. 방향이 잘못되니 교육개혁 내용도 잘못될 수밖에 없다.

둘째, 교육개혁안은 실천의지(위주)보다 선언적 의미에 불과하다. 특히 초반에 재정확보가 안 된 상태에서 발표에 급하다 보니 방안마다 재정계획이 따라붙지 못하고 주체성 없는 추상적인 선언에 치우쳤다. 진짜 교육개혁을 실천하려고 했다면 교육개혁위원회가 정권 초반에 구성되고 잠정적 아이디어가 일찍 나와 의견 수렴과 현장검증을 거쳐 구체적이고 확실한 실천방안이 재정의 뒷받침과 함께 나왔어야 한다. 정권 중반에야 추상적인 방안을 던져 놓고 그때부터 홍보에 나서고, 돈은 정권이 끝날 시기에나 GNP 대비 5% 수준으로 확보하겠다니 교육개혁 의지가 있는 것인지 의심하지 않을 수 없다. 교육개혁위원들조차 교육개혁에 확신을 갖지 못하고 있을 것이다. 무책임하게 발표해 놓고 2기 교육개혁 위원으로 전원 교체한다면 그 교육개혁이 온전하겠는가? 정권이 바뀌어도 이 방안대로 실천된다는 확신이 서지 않는다. 그때 가서는 이 방안들을 비난하는 소리가 들리고 또 고쳐야 한다고 하면 또 하나의 조령모개의 역사를 추가하게 된다.

셋째, 교육개혁 전략, 방법상에 문제가 너무 많다. 교육개혁방안이 발표되기 직전까지 비밀에 붙였다가 터뜨리기 식 발표로 중앙집권적 하향식으로 하려는 교육개혁은 아무리 열을 올리고 돈을 퍼부어도 성공할 수 없다. 위로부터의 혁명이 아니라 밑으로부터의 혁명이라야 한다. 위로부터의 개혁 실패의 예는 1983년부터 10여 년간의 제1의 물결의 개혁 노력 실패에서 증명되었다. 지방교육자치와 지방분권, 나아가서 학교단위 자율책임경영제를 자기들 스스로 부르짖고 있으면서 교육개혁 전략을 하향식으로 한 것은 근본적으로 잘못되었다. 교육개혁에서 교사와 교장, 학부모, 지역주민을 구경꾼으로 앉혀 놓고는 그 개혁안이 성공할 수 없다. 누가 교육개혁에 신이 나서 참여하고 추진할 것인가? 교육개혁에서는 현장교사와 교장에게서 신바람을 불러일으키는 일이 무엇보다 중요하다. 미국 교육개혁의 제1의 물결은 중앙집권적이어서 실패했으며, 제2의 물결은 밑으로부터의 혁명, 학교재구조화였고, 제3의 물결은 문화혁명(文化革命)이라는 점을 참고할 필요가 있다. 이미 우리 교원들은 교육개혁(안)에 불만족하는 것으로 나타났다(한국교총, 교육개혁방안에 관한 교원의식 조사, 1996). 실험과 현장검증을 거쳐 교육개혁방안이 도출되는 과정을 거쳐야 옳은데 이번 전략은 거꾸로 책상 위에서 나온 아이디어를 발표해 놓고 이것이 옳고 절대적이니 이를 실천하라는 식이다. 그래서 급하게 홍보를 하고, 교원들 연수를 시키고, 지침을 내려 보내고 실험을 시키는 순서를 밟고 있는 것이다. 하려면 기본 방향만 주고 현장을 잘 아는 사람들이 개혁을 하겠다고 하면 그때서야 중앙에서 지원해 주는 식의 현장 동기 유발을 중시하는 방식이었어야 할 것이다.

한 나라의 교육개혁을 너무나 졸속으로 하려는 데 방법상 근본적으로 문제이다. 1년, 2년 안에 뭔가 다 하려 하고, 국가교육 전체를 다 흔들어 놓는데 종합적이고 급진적이라는 장점도 있지만, 위험성이 너무 많다.

이번 교육개혁안은 전체적으로 이런 기본적인 문제가 있으므로 여기서 다루려고 하는 '교육제도·운영'적 측면도 예외일 수 없다는 점을 먼저 밝혀 두고자 한다.

교육제도·운영적 측면은 1차 발표안 중에서 "3. 초·중등학교의 자율적 운영을 위한 '학교공동체' 구축"과 "2. 대학의 다양화와 특성화"의 2개 과제에 대한 개혁구현 방안만을 다루게 된다. 전자에서 ① 학교운영위원회안과, ② 교장·교사 초빙 제안을 다루고, 후자에서 ① 대학의 다양화와 특성화, ② 대학설립, 정원 및 학사 운영의 자율화의 둘만을 다루고, '학술연구의 일류화'와 '대학교육의 국제화'는 제외하기로 한다.

각 방안별로 ① 교육개혁방안을 제시하고, 이에 따른 ② 예상되는 문제점을 지적하고, 마지막으로 ③ 개혁 구현 방안을 제시하고자 한다. 이미 발표된 것을 전적으로 부정하기보다는 이를 실천시키고자 하는 접근으로 생각한 것이다.

2. 초·중등학교의 자율적 운영을 위한 '학교공동체' 구축

'학교공동체'라는 데 강조를 두었으나, 사실은 '단위학교 자율책임경영제'라고 표현하는 것이 더 좋을지도 모른다. 단위학교 자율책임경영제를 하자니 '학교운영위원회'가 필요하고 학교운영위원회에서 하는 일 중의 하나가 '교장·교사 초빙제'라고 할 수 있다.

이러한 순서에서 앞에 있는 것이 전제가 되는 조건부 방안이라고
할 수 있다. 이제 이들 방안에 대하여 살펴보기로 한다.

가. 학교운영위원회

1) 교육개혁방안

현재 초·중등학교에서는 학교운영의 자율성이 부족하고, 학부모
의 학교운영에의 참여가 미흡하여 단위학교의 자율적 자치가 이루
어지지 못하고 있다. 교육의 주민자치 정신을 구현하고, 단위학교
의 자율성을 확대하여 학교교육의 효과를 극대화하기 위하여 교직
원, 학부모, 지역사회 인사 등이 자발적으로 책임지고, 학교를 운영
하는 '학교공동체' 구축이 절실하다.

단위학교의 교육자치를 활성화하고, 지역의 실정과 특성에 맞는
다양한 교육을 창의적으로 실시할 수 있도록 단위 학교별로 '학교
운영위원회'를 구성·운영하도록 한다.

구성은 교사를 포함한 교원, 학부모, 지역인사, 동문대표, 교육전
문가 등으로 한다.

기능은 ① 심의, ② 의결, ③ 사문으로 나눠지는데 ① 심의 사항
은 예산 및 결산, 선택교과 및 특별 활동 프로그램의 선정, 학교
헌장 또는 학교규칙의 제정 등이다. ② 의결 사항은 '교장추천위원
회' 또는 '교사추천위원회'를 구성·운영하고, 학교발전 기금의 조
성 및 사용을 결정하며, 지역사회 기부금 징수 및 관리업무를 담당
한다. 방과 후 교육활동의 실시 여부와 비용을 결정하고 징수하는
일이다. ③ 자문사항은 기타 학교운영 제반사항이다(지방교육 자치

에 관한 법률 시행령에서는 모두 심의사항으로 정해짐).

여기서 왜 학교운영회를 설치하려고 하느냐 하는 근본적인 질문에 대하여 생각해 볼 필요가 있다. 교직원과 학부모, 지역사회의 학교운영 참여로 학교운영의 자율성과 자치를 활성화하여 학교교육의 효과를 극대화한다는 것이다.

이는 영국, 미국 등 서양 선진국의 최근의 경향과 일치되는 것으로 이를 우리나라 학교에 차용하겠다는 것이다. 어쨌든 세계적인 경향·조류와도 일치한다.

또 기업경영 쪽에서 거대기업을 도막내어(chunking) 현장 중심의 책임경영제를 채택하는 경향과도 일치한다.

물론 정치, 일반 행정의 측면에서 중앙집권으로부터 지방분권, 지방자치의 방향으로 가는 거대조류와도 맥을 같이한다.

영국·미국 등에서 학교단위 자율책임경영제를 채택하고 이를 위해 학교운영위원회를 두게 하는 것은 현재의 지방교육자치제에 만족하지 못하여 이에 대한 불만으로, 또 이에 대한 보완조치로 뛰쳐나온 것이다. 주민대표가 교육위원으로 선출되어 주민 가까이 있는 기초단위에서 교육자치를 미국·영국같이 활발하게 해도 이에 만족하지 못하고, 학교단위에서 학부모 대표, 주민대표가 학교운영에 직접 참여하자는 의도로 나온 것이다. 제2의 불만 돌출구는 학교운영위원회에도 만족하지 못하고 학교선택권 보장, 학생자유등록제이다. 학구에 상관없이, 공·사립에 관계없이 학부모가 마음대로 학교를 선택할 수 있도록 보장해 주자는 것이다. ‘Education by choice’이고, ‘Public choice’가 아닌 ‘Family choice’인 것이다.

그런데 우리는 지방교육자치를 제대로 해 보지도 못한 상태에서,

학부모나 주민이 절실하게 요구하지도 않는데 교육개혁위원회에서 앞질러 도입한 셈이다.

학교운영위원회는 사립학교의 이사회(理事會)와 비슷한 성격이다. 그래서 사립학교에서는 학교운영위원회의 설치 여부를 학교 자율적으로 결정하도록 했던 것이다. 공립학교는 교육위원회가 설치된 시·도(市·道)가 자치(自治)의 단위였고, 사립학교는 이사회가 설치된 단위학교가 자치의 단위였던 것이다. 그래서 공립학교에 학교운영위원회가 설치된다면 교육위원이 학교단위까지 내려온 것으로 보게 되고, 또 공립학교의 반사립화(半私立化)라고도 볼 수 있다.

교육개혁위원회의 교육개혁방안에 따라 교육부는 '지방교육자치에 관한 법률(법률 제4951호, 95. 7. 26. 개정)' 제44조의 2와 부칙 제5조를 고쳐 학교운영위원회의 설치 근거를 마련하고 '지방교육자치에 관한 법률 시행령(대통령령 제14924, 96. 2. 22.)'도 개정 제6장(제27조-31조, 부칙 1, 2조) 학교운영위원회를 두어 실천 근거 법령을 마련하고 학교운영위원회 설치 및 운영 지침을 마련하고 각 시·도 교육청도 지침과 조례안을 정하여 96. 3.부터 시행하게 되어 있다. 동지역에 소재하는 학교는 96. 4. 30.까지, 읍·면 지역에 소재하는 학교는 98. 4. 30.까지 학교운영위원회를 구성하게 되어 있다.

시행령에 의하면 7∼15인 범위 내에서 학부모대표 40∼50%, 교원대표(교장은 당연직 교육위원) 30∼40%, 학교소재 지역교육행정공무원·기업경영자·졸업자·학교운영에 이바지하고자 하는 자(지역위원, 지역위원은 학교장, 학부모위원 및 교육위원이 협의·선출) 10∼30%의 위원으로 구성하게 되어 있다. 운영위원회의 기능

중에 교육개혁안에 없던 것으로 "교육과정의 운영 방법, 교과용 도서 및 부교재의 선정, 정규학습 시간 종료 후 또는 방학 중 학생의 교육활동(지침에는 학생지도에 관한 사항도 있음), 기타 시·도의 조례가 정하는 사항을 심의"하게 되어 있다. 또 지침에는 학교운영 지원비, 교육특별회계 등의 예산 및 결산을 하게 되어 있다.

지침에서 중요사항 몇 가지를 지적하면, 임원 임기는 1년(연임 가능), 위원장과 부위원장은 교원이 아닌 위원 중에서 선출하고, 학교장은 운영위원회 결정을 실천하기 불가능한 경우 7일 이내 재심의 요구를 할 수 있고, 회의는 공개원칙이고, 매 2학기 말 활동상황을 보고서로 작성·배포하게 되어 있다.

위에서 살펴본 바와 같이 교육개혁안 발표에 이어 법령개정으로 법적 뒷받침을 해 주고, 교육부의 상세한 지침과 시·도 조례의 재정으로 각 학교에서의 실행을 기대하고 있는 상태에 있다.

2) 문제점

우려했던 바와는 달리 치밀한 사전 준비로 외적 조건은 잘 갖춰 놓은 것 같다. 법적 조치와 상세한 지침, 이에 따른 시·도 조례의 제정으로 실행을 위한 준비를 끝낸 것 같다. 문제는 운영을 어떻게 잘하느냐와 효과를 얼마나 잘 거둘 수 있느냐에 있다. 그러나 모든 개혁과 변화에는 많건 적건, 크건 작건, 반드시 부작용이 따른다는 점을 유의해야 한다.

첫째, 전반적인 것으로 가장 큰 문제는 문화적 변화이다. 학교운영위원회는 다분히 영·미의 것을 차용하고 있는데(특히 영국) 영·미의 문화와 우리의 문화가 다르다는 것을 인식해야 한다. 영국·미국 등 대부분의 서양 국가의 교육은 주민자치에서 출발하였다. 주민들이 자녀교육을 위하여 주머니를 털어 학교를 짓고, 운영하는 팀(교육위원회)을 구성하고, 가르칠 교장과 교사를 모셔 오는 주민자치의 문화에서 출발하였다. 학교운영위원회를 설치한다면 단지 자치의 수준이 시·군 단위에서 학교수준으로 내려왔을 뿐이다. 자율과 자치의 문화가 몸에 밴 나라에서도 학교운영위원회가 성공적이라는 보장이 없는, 교육의 질 향상에 기여하지 못하고 있다는 이 제도를 문화가 다른 한국에 이식했을 때 성공할 수 있고 효과를 거둘 수 있느냐에 확신을 갖기 어렵다. 우리의 근대·현대 학교는 자치와는 거리가 먼 관치(官治), 관제(官制)로부터 출발했던 것이다. 순수한 교육적 의도로 운영위원들이 참여하는 교육적 효과, 교육의 질을 개선하는 데 도움이 될 것인지 걱정이 된다. 학부모나 지역주민이 절실히 원하던 것도 아닌데 미리 앞질러 도입해 와서 긁어 부스럼 만들지 않는다면 다행이라고 하지 않을까 생각된다. 아마도 학부모나 지역주민, 교육소비자에게 필요로 했던 것은 ― 극단적으로 말하여 관치가 되었든 자치가 되었든 ― 양질의 교육서비스만 제공받을 수 있었으면 하는 것이었을지도 모른다. 학교운영위원회를 수용하고 활성화될 수 있는 우리나라 학교문화를 먼저 변화시키지 않으면 아무리 좋은 제도라도 실행에 어려움이 따르게 된다.

둘째, 학교에 대한 주인의식 부재에 문제가 있다. 학교운영위원회는 사실상 학교운영의 주체이고, 주인이어야 한다. 그러나 현재 우리나라에서는 학부모나 주민, 교장, 교사 그 누구도 학교를 '내 학교'라고 생각하지 않는 데 문제가 있다. 주인의식, 학교에 대한 소유의식과 애착 없이는 학교운영주 노릇을 하기 어렵고, 운영에 책임지기도 어렵다. 교장도 교사도 순환근무제로 떠돌이이고, 학부모도 학생의 졸업으로 관계가 끝나는 것으로 생각한다. 더구나 운영위원회의 임기를 1년으로 한 것도 더욱 주인의식을 갖지 못하게 하고 책임의식을 느끼지 못하게 하는 요인이 될 것이다. 영국에서는 임기를 4년 정도로 하고 있고 학부모의 경우 학생이 졸업해도 본인이 희망하면 계속할 수 있게 하고 있다(한국교육개발원, 1995).

셋째, 교장의 능력에 따라 성공 여부가 좌우될 가능성이 많다. 학교운영위원회에 많은 권한이 주어져도 능력 있는 교장이라면 위원들을 설득하여 자신의 철학과 소신, 교육적 전문성에 의하여 이끌고 가게 된다. 그러나 능력이 부족한 경우는 다른 위원들 힘에 끌려가게 되고 그러다 보면 교육적으로 학교가 운영되기보다는 정치적으로 운영되기도 한다. 이는 교육감과 교육위원회의 경우도 마찬가지이다. 앞으로도 교장에게 정치성이 더 필요하게 된다. 지금까지의 우리의 교장들은 정치적 훈련을 받을 기회가 없었다.

넷째, 좀 구체적인 것으로는 운영위원회의 기능 속에 ① 교육과정의 운영방법, ② 교과용 도서 및 부교재의 선정, ③ 정규 학습시간 종료 후 또는 방학 중 학생의 교육활동, ④ 학생지도에 관한 사항까지 포함시킨 것은 교사의 전문성의 핵심내용인데 비전문가인 학교운영위원회의 기능으로 내준다는 것은 심각한 문제이다. 학교운영위원회는 그야말로 일반적인 학교운영 사항과 학교방침에 관한 사항만 다뤄야 하는 것이다. 학교운영위원회는 정책(방침)결정집단으로서 학교운영의 ① 목표설정과 요구점 확인 ② 목표, 전반적 지침에 관한 결정을 하고, ③ 예산도 학교(장)에서 편성한 것을

승인만 하고, ④ 학교운영에 대한 평가안에 대하여 부분적인 일반
적 평가를 하는 것이다. 교육의 프로그램에 관한 한은 교사전문가
에게 맡겨야 한다. 교육 프로그램의 ① 계획, ② 예산의 편성, ③
실행, ④ 평가의 부분은 교사 프로그램 팀에게 맡겨져야 한다.
<그림 1-1>을 참고하면 좋을 것이다(주삼환, 1980).

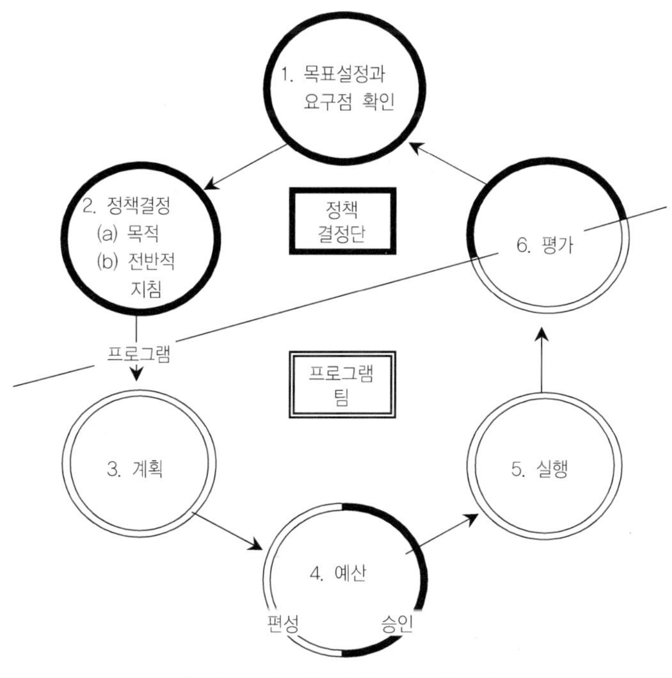

〈그림 1-1〉 혈동적 학교경영의 주기

3) 개혁구현 방안

초기에 우려했던 바에 비하면 비교적 치밀한 실천지침과 준비로
문제점이 극소화되었다고 본다. 여기서 지적된 문제점과 실행 과정
에서 발생하는 문제점을 제거하고, 애초에 노렸던 설치목적을 달성

하기 위한 방안이 곧 여기서 말하는 구현 방안이 될 것이다.

첫째, 학교운영위원에 대한 연수가 요구된다. 우리나라에서는 새로운 제도이고, 운영위원회의 정체 자체에 대하여 잘 알 수 없기 때문에 이에 따른 지속적인 연수가 요구된다. 잘 정비된 홍보물, 해설책자, 학교운영위원 편람(핸드북) 등도 제작하여 위원들의 자질을 높이고 위원회가 올바른 기능을 할 수 있도록 해야 한다. 특히 학교장연수가 중요하다. 지금까지 상부의 지시로 학교를 운영하던 교장들이 운영위원회의 결정으로 학교를 운영하게 되면 고충이 많을 것으로 예상된다.

흔히 운영위원이 될 만한 능력과 자질을 갖춘 사람은 자기시간이 아까워 기피하기 쉬우므로 봉사의 보람을 알려 줘서 자진참여를 이끌어 내는 연수와 책자가 충분히 마련되어야 할 것이다.

둘째, 자율참여의 동기 유발이 중요하다. 학교운영위원회가 바람직한 방향, 건설적으로 운영될 때에는 교육청이나 중앙에서 별도의 지원금을 주어 격려하고 다른 학교에 자극을 주는 것도 한 방안이 될 것이다.

셋째, 대폭적인 권한 이양이 이루어져야 한다. 기왕에 이 제도를 도입하기로 한 이상 위원회가 할 일이 있어야 한다. 자율학교의 위원회가 해야 할 주요한 사항은 인사와 재정이다. 인사권과 재정권을 대폭 학교에 맡겨야 한다. 인사에서 교장·교사 초빙제가 그 한 예이다. 학교운영위원회와 교직원과의 계약에 의하여 한 학교에 평생 근무할 수도 있고 계약 기간이 지나면 물러날 수도 있어야 한다. 교원의 국가공무원 형태는 지방교육자치에 맞지 않는다. 운영위원회의 방침에 안 맞으면 순환근무제에 의하여 다른 학교로 가

버린다는 식이 되어서는 자율학교제가 정착되기 어렵다.

학교 재정도 학교의 기본운영비와 학생 수에 비례한 운영비의 총액을 학교에 맡기고 학교운영위원회에서 결정하여 쓸 수 있도록 해 줘야 한다.

실질적 권한 이양이 안 된 상태에서 형식적으로만 학교운영위원회를 두고 자질구레한 일만 하게 하면 본래의 취지에 어긋나고 학교내정 간섭, 교사의 전문성 침해로 교사 집단과 충돌이나 일으키는 결과를 초래하게 될지 모른다.

넷째, 초창기이기 때문에 자세한 지침에 의하여 운영하게 되어 있으나 앞으로 잘 운영하면 가능한 한 각 학교의 자율에 맡기는 방향으로 지침 자체도 완화해 나가야 할 것이다. 자세한 지침은 오히려 학교 나름의 자율책임경영제를 위축시키는 결과를 가져온다. 교육위원회와 학교운영위원회의 기능과 역할의 분담 관계를 재정립할 필요가 있다.

나. 교장·교사 초빙제

1) 교육개혁방안

교장·교사 초빙제는 학교운영위원회 기능의 일부라고 할 수 있다. "학교공동체가 원하는 교육자를 초빙하여 '좋은 우리 학교'를 만들 수 있도록 하는 제도적 장치의 하나"로 '교장 및 교사 초빙제'를 일부 학교에서 시범 실시한다.

'학교장 초빙제'는 일부 학교에 한하여 '학교장 초빙제'를 실시하여, 교육수요자인 학부모 등이 원하는 교장을 초빙할 수 있도록 한다. 학교장 초빙제의 실시방법과 초빙 교장의 자격기준 설정은 시·도 교육감이 지역실정을 고려하여 결정한다.

관할 교육청은 학교에서 요청한 초빙조건에 따라 후보자를 공개 모집하고, '학교운영위원회'가 추천 구성하는 '학교장 추천위원회'는 해당 학교에 응모한 교장 후보자 중에서 학교경영자로서의 지도력과 전문성, 학교경영 구상 등을 평가하여, 최적임자 2명(우선순위 명기)을 선정한 후 임명권자에게 임용·제청한다. 초빙된 교장에 대하여는 연임 제한을 적용하지 않는다(96학년도부터 교장임기가 만료되거나 정년으로 공석이 되는 국·공립학교를 대상으로 실시하고, 사립학교에 대하여는 이 제도의 실시를 권장한다).

'교사 초빙제'는 '학교장 초빙제'에 의해 임명된 학교장은 개별학교 교사 정원의 20% 범위 내에서 학교의 다양한 프로그램 운영에 적합한 교사를 초빙할 수 있다. 관할 교육청은 학교에서 요청한 초빙 조건에 따라 추천자를 공모하고, 기준에 적합한 자격을 소지한 교사가 응모하도록 한다. 학교장은 해당학교에 응모한 교사 후보자 중에서 '학교운영위원회'의 자문을 받아 최적임 교사를 선정하여 임명권자에게 임용·제청하도록 한다.

'학교장 초빙제'를 실시하지 않는 학교는 '학교운영위원회'에서 개별학교 교사 정원의 20% 범위 내에서 교사를 초빙할 수 있다. 교사초빙 방법은 '학교장초빙제' 학교에서 실시하는 '교사 초빙제'에 준하되, '학교운영위원회'에서 학교장의 자문을 받아 최적임 교사를 선정한다. '학교운영위원회'는 필요시 '교사 추천위원회'를 구성·운영할 수 있다.

단, '교사 초빙제'의 시범 실시 방법과 초빙교사의 기준 등은 시·도 교육감이 지역실정을 고려하여 결정한다.

교장·교사 초빙제는 학교단위 자율책임경영제의 방향에서 人事에 대한 자율성의 확대의 일부라고 볼 수 있다. 또 하나는 선의의 경쟁 유도와 소비자 선택의 방향에서 이 제도의 목적과 의도가 해석된다. 앞의 학교운영위원회에서 언급된 것처럼 학교운영위원회를 두어 학교단위 자율책임경영제를 지향한다면 인사권과 재정권이 학교로 이양되어야 하는데 교장·교사 초빙제는 그 출발이라고 볼 수 있으며 어차피 가야 할 길이라고 본다. 이 시범실시가 성공적이라면 확대되어 모든 교원, 직원들이 초빙제가 되고 계약제가 될 것이다.

외국에서는 교장·교사 자리가 비면 공개 초빙하여 쌍방계약 조건이 맞으면 같은 학교에서 평생을 마치는 형식이다. 우리나라에서는 대학교수·총장 초빙제를 생각하면 된다. 또 현재 사립학교의 교원 초빙제와 같다. 결국 교장·교사 초빙제가 확대되면 공립학교의 私立學校化의 방향으로 간다는 것을 알 수 있다. 기계적인 순환근무제가 없어지거나 약화되면 교원의 소속감, 주인의식은 강화될 것으로 본다.

이러한 교육개혁안을 뒷받침하기 위하여 정부는 교육공무원법(제29조의 2 제2·3항, 제31조의 제2·3항)을 개정하였다. 이 법의 내용은 교육개혁안과 다른 점은 없다. 96학년도부터 교장 초빙제를 시·도별로 시범 실시하고, 97학년도부터 교사 초빙제를 시범 실시하고, 98학년도부터 확대 실시할 예정으로 있다. 그래서 교장의 경우 96. 9. 1. 교사의 경우 97. 3. 1.부터 임용 가능하게 되어 있다.

2) 문제점

학교운영위원회 제도에서 지적된 것과 같은 일반적인 공통적 문제점이 있다. 이 외에 구체적인 몇 가지를 생각해 볼 수 있다.

첫째, 초빙된 교장과 교사에 대한 유인가가 별로 없다는 점이 문제이다. 교장의 경우는 임기제의 적용을 받지 않는 것밖에 유인가가 없다. 교장·교사 공통적으로는 지리적·교육 여건상 유리한 조건에 있는 학교에서 일정 기간 근무할 수 있다는 이점이 있다. 이 정도의 유인가를 위하여 긴장을 요하는 초빙제에 지원할 것이냐에 의문이 제기된다. 또 지원했다 낙방될 경우에 체면 문제도 고려될 것이다. 물론 인사에서 항상 따라붙는 것이 정실의 문제가 있다.

둘째, 초빙제가 확대될 경우 우수교원은 유리한 학교에 먼저 초빙될 것이므로 불리한 지역의 학교가 더욱 불리해질 것이라는 문제가 예상된다. 불리한 지역의 학교는 초빙 못 받은 교사, 초빙에서 밀려난 교사로 채워지게 된다. 불리한 지역의 학생과 학부모, 지역주민에게는 억울한 일이 가중될 수도 있다. 불리한 지역의 학교에는 교육청과 중앙의 특별 지원과 특별 유인가를 제공해 주지 않으면 안 된다.

셋째, 당분간 초빙받은 교사(20%)와 초빙받지 않은 교사와 같은 학교에서 근무하는 데 따르는 갈등이 있을 수 있다. 초빙에 반대했던 교장과 학교운영위원과 함께 근무하게 되는 경우도 있을 것이다. 교장이 교사를 초빙해 놓고 그 학교를 떠나 다른 교장이 왔을 경우 팀워크에 문제가 생길 수도 있다. 교장이 교사를 초빙하는 경우 원칙적으로 임기를 같이하여 하나의 팀이 되어야 할 것이다.

교육에 있어서 자유경쟁이 좋은 점도 있지만 동시에 어려움도
있다. 성과급제 도입의 어려움에서 그 예를 찾아볼 수 있다. 지금
까지 교직은 신분상의 안정, 정년까지의 신분보장을 철학으로 삼아
왔는데 여기에 경쟁 마인드, 경제 마인드로 시장경제의 논리를 성
급하게 도입하는 데 따르는 부작용을 극소화하기 위해 노력해야
할 것이다.

3) 개혁구현 방안

각 시·도에서 시범 실시 후 확대해 나갈 것으로 기대된다. 앞에
서 지적한 문제점이 제거되도록 해야겠지만 구체적으로 구현 방안
몇 가지를 지적한다.

첫째, 시·도 교육청에서 별도의 유인가를 마련해 줘야 한다. 특
히 불리한 지역의 학교(예를 들면 낙도, 벽지)에서 유능한 교장과
교사를 초빙할 수 있는 조건을 마련해 줘야 한다. 그리고 불리한
지역은 일시 머무르거나 점수나 따 가지고 나오게 하는 식의 유인
가를 줘서는 안 된다. 시범 실시하는 학교는 유리한 지역과 함께
불리한 지역에서 먼저 실시하는 방안도 고려할 필요가 있다. 불리
한 지역에 유능하고 자발적으로 지원하는 교원으로 우선 충원하는
것은 교육의 기회균등과 평등 정책과 일치한다고 할 수 있다. 여기
서 하나의 작은 문제는 학교운영위원회를 설치해야 교장이나 교사
를 초빙할 수 있게 되어 있는데 불리한 지역의 학교에서는 학교운
영위원회를 98년에나 설치하거나 학생 수 100명 이하이거나 6학급
이하는 설치 여부 자체가 유동적이어서 초빙제의 우선 실시가 어
렵게 되어 있다.

둘째, 초빙제는 가능한 한 계약에 의하여 계속 능력을 발휘하면 정년을 보장한다는 조건에서, 신규임용 교사에서부터 출발하는 것도 고려할 필요가 있다. 기성교사는 이미 순환근무제로 임용된 것이나 다름없기 때문이다. 성공을 거두게 되면 전국으로부터 우수교원을 초빙할 수도 있을 것이다(마치 民族史觀高等學校 식이 된다). 이럴 경우 빼앗기는 지역, 빼앗기는 학교에서도 대비책이 있어야 한다. 전국에서 경쟁하면 지역 간 차이도 활성화되어 지방교육자치도 정착될 수 있다.

셋째, 선택의 자유는 쌍방에 다 있어야 한다. 학교에서 교장이나 교사를 선택할 수 있는 자유를 가져야겠지만 교장이나 교사의 입장에서도 유리한 조건을 제시하는 학교를 선택할 수 있는 자유가 공평하게 주어져야 한다. 그러려면 초빙제를 채택하는 기회가 많아져야 한다.

넷째, 마지막으로 좀 거시적인 측면에서는 교육 외적 경쟁력을 갖추기 위한 노력이 병행되어야 한다. 교육 내적으로 이미 교사가 된 사람, 교장이 된 사람들을 놓고 경쟁을 시켜 자질과 능력을 개발하게 하여 교육의 효과성을 올리려는 시도도 좋지만 교육의 다른 분야의 경쟁에서 교육이 이겨야 우수한 교원을 확보할 수 있다는 점을 심각하게 생각해야 한다. 우수한 인력을 의대·법대, 첨단 과학 분야, 기업체로 다 빼앗기고 나서 나머지 교원이 된 사람을 놓고 경쟁시켜 가지고는 전망이 없다. 교사 임용고시로 경쟁을 시킨다고 한 이후 국립대학의 사대, 교대 지원생의 질은 떨어졌다. 사도장학금을 아무리 많이 줘도 소용없다. 교육에서 경쟁 논리, 시장 원리는 부분적으로만 활용되어야 할 것이다. 교직에서 교원이 신분 불안을 느끼면 교육은 잘못된 길로 갈 위험성이 높아진다.

3. 대학의 다양화와 특성화

이제 고등교육 분야의 교육개혁으로 넘어와서 ① 대학의 다양화와 특성화, ② 대학설립 자율화, ③ 정원, 학사운영의 자율화의 셋에 대하여 ① 개혁방안과, ② 문제점, ③ 구현 방안으로 나누어 살펴보기로 한다. 편의상 고등교육의 개혁방안은 제목에 있는 대로 외적으로는 다양화·특성화인데 이에 못지않게 내적 운영에서는 자율화라고 할 수 있으며 통제는 오로지 평가에 따른 차등 행·재정 지원이라고 할 수 있다.

이렇다 보니 대학개혁도 교육부 자체가 스스로 바꿀 수 있는 것은 바꾸면 되지만, 대학 자체의 개혁은 어디까지나 대학이 스스로 움직이지 않으면 개혁이 어렵다. 초·중등교육처럼 직접 중앙이나 행정기관이 주도하여 개혁하기는 어렵다. 이 점이 초·중등 교육개혁과 다른 점이다. 더구나 自律化를 내걸고 있는 마당에 대학개혁을 교육부가 직접 통제하기노 어렵다. 평가에 따른 차등 행·재징 지원으로 대학개혁을 유도하기도 그리 쉽지 않을 것이다. 줄 것을 교육부가 많이 가지고 있으면 모르지만 그렇지도 못한 형편이다. 그래서 교육부는 일단 대학이 개혁할 수 있는 여건, 법적 조치만 갖춰 놓고 대학이 스스로 개혁하기를 기다려 줘야 하는 점이 초·중등 교육개혁과 다른 점이다.

가. 대학의 다양화와 특성화

1) 교육개혁방안

사회 각 분야가 요구하는 다양한 능력과 자질을 갖춘 인재를 양성하기에 알맞은 다양한 프로그램으로 구성된 대학모형을 대학 스스로가 자율적으로 설계·운영하도록 유도한다. 그리고 각 지역의 특수성에 알맞도록 대학을 특성화하고, 다전공·복합학문 연구가 가능하도록 최소전공 인정 학점제(총 이수학점의 1/4~1/6 수준)를 도입한다.

대학모형의 예

① 학자가 되고자 하는 학부과정 학생을 위해서는 특정 학과에 소속되지 않고 자유롭게 폭넓은 교육을 받게 하는 대학(미국의 University College)
② 사회가 요구하는 각 분야의 관리자를 위하여 몇 개의 학문 분야를 복합적으로 구성하여 전용하게 하는 대학(영국 옥스퍼드 대학의 Philosophy, Politics & Economics와 Engineering, Economics & Management 등)
③ 특정 분야 전문가 양성(예: 건축학)에 필요한 전문교육에 치중하는 대학
④ 음악과 미술, 연주, 비평 등의 예술교육에 있어 그 특성에 따라 다양한 교육과정을 운영하는 대학
⑤ 산업현장에 종사할 기술자를 양성하기 위하여 현장과 연계된 교육 프로그램을 운영하는 대학
⑥ 학생은 학부 또는 학과에 소속되어 있으나 전공이수 학점을 총 이수학점의 1/4~1/6 수준으로 최소화하여, 학생이 원하면 다전공·복합학문 연구가 가능한 대학 등
단설 전문대학원의 설치: 현장 중심의 실무와 이론을 겸비한 세계화·정보화 관련(예: 정보통신, 통상외교, 디자인 등) 전문요원을 양성하기 위

하여 학부 없는 별도의 단설 전문대학원을 설치할 수 있도록 한다.

대학의 다양화와 특성화는 사회적 필요와 연결되어야 한다. 인위적으로 다양화·특성화해 놓아도 사회가 이들을 필요로 하지 않으면 성공하기 어렵다. 우리나라에서 모든 대학이 종합대학으로 지향했던 것은 그동안의 사회적 요구와 교육부의 정책과 맞아떨어졌었기 때문이다. 이들 특성화된 대학을 우대하는 문화·풍토가 조성되어야 한다.

교육부의 '제1차 교육개혁 과제 추진 상황(96. 2. 1.)'에 의하면 연구 과제를 주어 연구하고(95. 6.~12.), 공청회를 하고(96. 1. 17.), 계획을 확정(96. 2.)하고, 대학의 기능 분화를 유도(96. 2.~)하고, 평가위원회를 설치·운영(96. 7.)하는 것으로 되어 있다. 연구에 의하여 제시된 대학의 모형은 ① 학부중심의 직업지향 대학, ② 대학원 중심의 직업지향 대학, ③ 학부중심의 학문지향 대학, ④ 대학원 중심의 학문지향 대학으로 제시되고 있다.

단설 전문대학원은 교육법 제109조의 3을 개정하여(95. 12. 29.) "현장 중심의 실무와 이론을 겸비한 세계화·정보화 관련 전문 인력을 양성하기 위하여 학부 없는 별노의 난설 전문내학원의 실립을 허용한다."는 법적 근거를 마련하였다. 그리고 이어서 교육법 시행령을 개정하고, '단설 전문대학원 설치 운영 규정'을 제정하는 것으로 되어 있다. 그리고 단설대학원 설치 세부 기준을 마련 고시(96. 3.)하고, 96. 4.부터 설립 신청서를 접수할 계획으로 되어 있다. 그래서 KDI의 국제관계 전문대학원이 설립될 가능성이 있다(김동성, 1996).

2) 문제점

첫째, 대학도 그 나라 문화와 역사의 산물인데 이를 무시하고 미국, 영국, 독일, 프랑스 등 서양 여러 나라의 대학모형을 골고루 수집해 놔도 우리나라 문화에 맞지 않으면 살아남을 수 없다. 미국은 대학교육의 보편화를 지향하기 때문에 대학에서 교양교육, 일반교육(general education)이 강조되기 때문에 University College가 필요하고 또 이들이 살아남을 수 있지만 우리나라에서 이런 대학을 나왔을 때 사회나 대학원에서 환영하겠는가? 아직도 소수정예의 유럽의 대학이 우리나라의 실정에 잘 맞을 것인가? 현장에 연계된 교육프로그램을 운영하려 했던 개방대학, 전문대학 등 산업중심 대학이 우리나라에서 고전하고 일반 대학화하는 과거의 우리의 역사를 가지고 있지 않은가? 사회의 요구, 대학원의 요구, 자기 전공학점을 늘리려고 하는 교수들의 요구와 함께 변화시키려는 전략을 써야 할 것이다. 우리나라 실정에 맞는 몇 개의 대학모형을 생각해야지 세계 대학모형의 전시장을 만들려고 해서는 안 될 것이다. 부전공, 복수·다전공도 우리나라에서는 무전공으로 오해받기 쉽다.

둘째, 대학모형을 다양화시키고, 대학을 특성화시킨다고 짧은 시간 내에 강압으로 개혁을 시도하는 것도 일종의 획일화로 경계되어야 한다. 기존대학의 경우 스스로 살아남기 위하여 특성화시키려고 할 때 국가가 지원해 주고 육성해 주는 방향으로 개혁이 유도되어야 할 것이다. 대학모형의 다양화와 특성화도 대학자율에 맡겨져야 한다. 정부의 연구중심 대학, 교육중심 대학, 산업중심 대학 안이나 대학원중심 대학, 학부중심 대학 등의 획일적인 분류도 경계

해야 한다. 이들 분류가 수평적 분류나 분화가 아니라 수직적 계층화가 되기 쉽다.

3) 개혁구현 방안

대학은 절대 왕권과 종교로부터도 자유로웠던 역사를 갖고 있다. 이런 점을 감안하면 대학개혁이 얼마나 어려울 것이라는 것은 짐작하고도 남음이 있다.

첫째, 대학설립 준칙과 인가와 관련하여 먼저 신설되는 대학부터 특성화시키는 것이 좋겠다. 특성화 단설대학과 단설대학원을 설립하여 알차게 운영할 수 있게 하는 일부터 출발하는 게 좋겠다.

기존(설)대학은 종합대학 내의 몇 개 단과대학을 중점적으로 특성화시키는 방안을 생각할 수 있다. 과거에도 이런 시도를 했으나 (예: 충남대 기초학과) 실패한 셈이므로 대단한 지원이 따라야 할 것이다. 그러나 이는 기득권 문제 등으로 극히 어려울 것이다. 사실은 과거에 단과대학으로만 존재했던 대학들이 특성화 단과(설)대학이었던 것인데 종합대학으로 개편하는 것이 유리하므로 승격이란 표현까지 쓰며 바꿨던 것이다. 단과대학을 차별하고 일종의 불완전한 병신대학 취급을 했었기 때문이다. 모두 일반대학, 종합대학교를 만들어 놓고는 이제 다시 다양화·특성화시키려니 어렵지 않을 수 없다.

소규모 단설대학이나 단설대학원이 알찬 운영을 할 수 있을 것인지 심각하게 검토해야 한다. 우리나라의 대학은 모두 학생납입금을 받아서 그것 가지고 대학을 운영하는 실정이었기 때문이다. 명문 특성화 대학을 만들려면 많은 투자를 하고 많은 역사가 쌓여야 한다. 소규모 특성화 대학이 살아남을 수 있는 경영방법과 토양이 필요하다. 시간이 걸리더라도 자율화만이 특성화로 가는 질이라는 것을 알아야 한다. 대학이 각자 자율적으로 노력을 하다 보면 서로 다른 차별화된 대학으로 발전할 것이다. 여기서 쓰러지는 대학, 부도내는 대학이 생겨날 것이라는 점이다. 기업체의 부도를 정부가 맡아서 처리했던 것처럼 할 것인지, 그냥 내버려 둘 것인지 아니면 사전에 막을 것인지 결정해야 할 것이다.

둘째, 대학의 모형 특성화는 가능한 한 자율에 맡기되 그 모형의 수는 줄이고 단순화해야 한다. ① 직업위주 특성화 단설(과)대학과 대학원, ② 일반 종합대학 내 특성화 단과대학, ③ 학문중심 대학 등으로 단순화시켜야 할 것이다. 여러 모형이라고 해서 반드시 좋은 것은 아니다. 원래 우리 민족·언어·풍속 모두가 단일한 단순을 지향해 온 점을 생각해야 한다.

셋째, 졸업 후 사회가 요구하는 분야뿐만 아니라 입학 희망 학생들이 요구하는 분야를 조사하여 그런 분야부터 특성화시켜 나가는 전략도 생각할 수 있다. 미래 예측과 국제적 조사와 함께 국내 시장성 조사, 학생의 요구 조사를 바탕으로 특성화 방향과 분야를 결정하는 것이 좋겠다. 특성화 대학을 설립하거나 개편해 놔도 학생이 없으면 무의미해진다.

특성화와 다양화는 말은 쉬우나 실제로 실현하기는 극히 어려운 일이며 사회적 환경과도 맞아야 하고 많은 연륜과 역사가 쌓여야 한다. 대학 내에서 교육과정 하나 소규모로 바꾸는 것도 공동묘지를 옮기는 것처럼 어렵다고 하는 실정이니 한 대학의 색깔을 통째로 바꾸기는 더 어렵지 않을 수 없다.

신설대학부터 대학자율로 가능한 한 단순한 모형으로 사회적·학생 요구와 맞춰 다양화·특성화 길로 가야겠다.

나. 대학설립의 자율화

1) 교육개혁방안

대학설립 인가제로부터 준칙주의로 전환: 획일적인 학교설립기준을 지양하고, 학교의 설립목적과 학교의 특성에 따라 학교설립기준(시설·설비, 교원 및 적정 재정규모 등)을 다양하게 규정하여, 일정 기준을 충족하면 학교를 자유롭게 설립할 수 있도록 한다. 대학설립 준칙주의는 1996학년도부터 시행하되 비수도권 지역부터 단계적으로 실시한다. 단, 제정된 학교설립에 관한 준칙은 다음 원칙을 반영하여야 한다.

① 국가교육정책의 전체적 구도와 상응해야 한다.
② 학교설립기준은 모든 학교가 충족시켜야 할 최소 기준에 불과하며, 학교가 추구해야 할 질적 개선의 목표는 평가기구에서 제시한다.
③ 정부는 각 학교로 하여금 '학교헌장'을 자율적으로 제정·제출하도록 하고 '학교헌장'의 이행 여부를 대학평가의 대상으로 삼는다.
④ 학교법인이 새로운 학교를 설립하고자 하는 경우에는 별도의 새로운 시설·설비, 교원 및 수익용 기본 재산 등을 확보하여야 한다. 기존의 학교시설·설비, 교원 및 수익용 기본 재산 등은 중복하여 사용할 수 없다.

집을 하나 지으려 해도, 공장을 짓거나 회사를 하나 설립하려 해도 일정한 기준을 갖춰 정부의 정당한 허가를 받아 시행하는 것은 너무나 당연하다. 학교나 대학을 설립하려면 설립기준에 맞아야 한다. 지금 학교나 대학을 설치하려면 갖춰야 할 좋은 법적 기준이 있다. 법적 기준이라는 것은 반드시 지켜야 할, 도달해야 할 최소 조건에 해당된다. 최대 기준은 아니다. 그런데 지금까지 대학설립에 필요한 최소 기준을 지키지 않고는 이번 개혁안에서 슬그머니 '준칙주의'라는 이름으로 바꾸어 대학을 남설할 소지를 만들어 주고 있다. 예를 들면 법정 교원 수(법정 정원)라면 이것이 최고 기준이었는데 언젠가부터 대학설립 시나 그 후에 도달해야 할 최대 기준처럼 변질되어 적용되었던 것이다. 국립대학도 국가 자신이 법정 정원이라는 최소 기준을 충족시켜 주지 못하고 법정정원의 80%니 90%니 해 가지고 별도의 TO라는 것을 만들어 내고 사립학교의 경우도 그렇게 변질되었던 것이다.

그래놓고 이제 준칙주의라는 말을 만들어 내어 최소 기준을 하향조정하고 설립기준을 완화하고 있는 것이다.

공청회 자료에 나타난 계열별(① 인문·사회, ② 자연과학, ③ 공학, ④ 예·체능, ⑤ 의학의 5단계열로 나눔) ① 교지, ② 교사, ③ 교원, ④ 수익용 기본 재산의 최소 기준은 <표 1-1>, <표 1-2>와 같고, 총정원 1,000명 규모의 계열별 대학설립기준을 예시해 보면 <표 1-3>과 같다.

〈표 1-1〉 대학설립을 위한 제열별 1인당 최소 기준

구분 \ 계열	1인당 교지면적(m³)	1인당 교사면적(m³)	교원 1인당 학생 수(명)	학생 1인당 수익용 기본 재산(천 원)		
				대학	개방대학	전문대학
인문사회	24	12	30	3,681	3,214	3,130
자연과학	24	17	20	4,325	3,985	3,130
공학	40	20	20	4,787	3,985	3,495
예·체능	28	19	20	4,556	3,895	3,495
의학	40	20	10	5,613	3,895	2,876

* 수익용 기본재산(예고제): 학생 1인당 인문계 6,489 자연계 8,943 개방대 7,125 전문대 4,375

〈표 1-2〉 대학설립 준칙 시안(기본요건)의 최소 기준과 재정규모 총괄표

(금액단위: 백만 원)

설립규모 \ 구분		총정원 1,000명			
계열별	기본요건	최소 기준(면적m³)	재정규모(소요액)		
			대학	개방대학	전문대학
인문사회	교지	24,000(7,260평)	(별도확보)	(별도확보)	(별도확보)
	교사	12,000(3,630평)	7,476	7,476	7,476
	교원	33명	7,476	7,476	7,476
	수익용 기본재산	33명	3,681	3,214	3,130
계			11,157	10,690	10,606
자연과학	교지	34,000(10,284평)	(별도확보)	(별도확보)	10,606
	교사	17,000(5,142평)	10,897	10,897	10,606
	교원	50명	10,897	10,897	10,606
	수익용 기본재산	50명	4,325	3,985	10,606
계			15,222	14,882	10,606
공학	교지	40,000(12,100평)	(별도확보)	(별도확보)	(별도확보)
	교사	20,000(6,050평)	12,800	12,800	12,800
	교원	50명	12,800	12,800	12,800
	수익용 기본재산	50명	4,787	4,787	3,495
계			17,587	16,785	16,295
예·체능	교지	38,000(11,495평)	(별도확보)	(별도확보)	(별도확보)
	교사	19,000(5,747평)	12,198	12,198	12,198
	교원	50명	12,198	12,198	12,198
	수익용 기본재산	50명	4,556	3,895	3,495
계			16,754	16,093	15,693

구분 설립규모		총정원 1,000명			
의학	교지	40,000(12,100평)	(별도확보)	16,093	(별도확보)
	교사	20,000(6,050평)	14,040	16,093	14,040
	교원	100명	14,040	16,093	14,040
	수익용 기본재산	100명	5,613	16,093	2,876
계			19,653	16,093	16,916

* 총정원 1,000명 미만의 대학설립도 시설의 최고 기준은 총정원 1,000명 규모로 적용
* 전문대(2년 과정) 경우 대학(4년제) 규모의 입학 정원(500명)으로 총정원 탄력 운영
* 계열별 1인당 교사 면적 및 건축비 기준 단가

<표 1-3> 총정원 1,000명 규모의 계열별 대학설립기준 예시

구분 계열	산출 자료 예시		1인당 면적㎡	건축비 기준 단가(천 원)	
	총정원	교사기 m^3	기준	m^3	(평)
인문·사회	1,000	11,787	12	623	(2,060)
자연과학	1,000	17,182	17	641	(2,119)
공학	1,000	19,643	20	640	(2,116)
예·체능	1,000	18,665	19	642	(2,122)
의학	1,000	20,387	20	702	(2,320)

* 건축비 기준 단가는 재경원 '96년도 편성 기준 건축공사비의 기준 단가로 산출

이와 같은 최소 요건을 갖추면 대학을 설립할 수 있게 인가해 주고 나머지는 '대학헌장'에 포함시키게 하고 '대학헌장'의 이행 여부는 대학평가를 통하여 확인한다는 것이다. 공청회 자료에 나타난 '대학헌장'의 내용은 다음과 같은데 지금까지 대학설립 심사 자료에 포함시켰던 내용과 비슷하다.

(1) 대학설립의 배경과 목적

· 대학설립의 취지와 배경, 설립자의 육영 의지

· 대학의 교육이념과 목적

(2) 대학 교육 프로그램

· 대학의 특성화 방향과 주된 내용

· 대학 개설학과의 특징과 전망

· 대학 학과별 교육목적, 교육과정 편성과 운영

(3) 대학의 교육여건

· 교수진의 확보 계획과 확보된 교수진의 내용과 업적

· 교육과정 운영 및 연구를 위한 실험 실습시설 기준과 확보

· 교육 기본시설 이외 지원시설과 부대시설 기준과 확보

· 교육과정 운영을 위한 교육자료 확보

(4) 학사관리 운영

· 학생선발의 기준과 방식 및 입학 학생의 질 관리

· 학생정원 관리 기준과 방식

· 학기제 등 학사관리와 전망

(5) 대학운영

· 교수 및 직원 채용 등 인사관리

· 재정 운영과 공개 등

· 법인의 수익용 재산 관리와 법인 부담금 부담 내용

(6) 학생관리

· 학생을 위한 복지 정책

· 학생 장학금 지급 계획

· 졸업생의 진로 현황 및 대책 등

(7) 장·단기 발전 계획

대학설립 준칙 제정위원회가 공청회에서 제시한 현행 제도와 준칙안을 비교한 <표 1−4>를 보면 완화 위주로 나간 것을 더 쉽게 알 수 있다.

〈표 1−4〉 현행 대학설립인가와 대학설립 준칙안과의 비교

구분	현행	준칙안
◦ 특성	· 일정 규모 이상 대학만 설립 가능	· 소규모 특성화 대학설립 가능 · 단설 대학원 설립 가능
◦ 설립규모 · 학생정원	(예고제) · 대학 5,000명 · 개방대학 3,200명 (주간 1,600명, 야간 1,600명) · 전문대학 1,280명	· 최소 기준 1,000명 단, 단설대학원의 경우는 최소 기준 200명
− 설치학과	· 대학 25개과, 개방대학 10개과, 전문대학 8개과	· 최소 설치학과 제한 없음
◦ 설립 지역	· 전국일원(단, 수도권 정비 계획 법령상 대학설립 제한 지역 제외)	· 좌동
◦ 대학설립 요건 − 교지	· 구체적으로 명시 교지, 교사, 교원, 수익용 기본재산, 도서, 기숙사, 실험 실습시설 및 교재 교구 확보 기준 명시 · 교사 면적의 3배 · 특별한 사유: 교지 기준의 1/3 감축	· 가급적 최소 기준만 명시 · 교지, 교사, 교원, 수익용 기본재산 확보 기준만 명시 · 교지, 교사 기준은 가급적 완화하고 교원과 수익용 기본재산은 강화 · 기타는 대학 현장에 명시하도록 함 · 교사 연면적의 2배 이상 · 특수법인이 설립하는 단설대학원의 경우는 예외 규정을 적용
◦ 대학의 계열	◦ 8개 계열	· 5개 계열(인문사회, 자연과학, 공학, 예·체능, 의학)
◦ 대학설립 운영 주체	· 국가 및 지방자치 단체 · 학교법인 · 특수법인	· 국가 및 지방자치 단체 · 학교법인 · 특수법인: 단설대학원에 한함
◦ 대학설립 인가 − 학교법인 허가 절차	· 대학설립 가인가 후 학교법인 허가 · 학교설립 계획서 제출	· 교육부가 대학설립 심사위원회 구성 운영 · 학교법인 허가 후 대학설립인가 · 법인계획서에 필요한 기본요건(학교설립 계획서 + 대학헌장)을 구비하여 제출하면 교육부가 대학법인 설립을 허가

구분	현행	준칙안
◦ 대학설립 인가 절차	· 교육부가 대학설립 심사위원회 구성운영 · 현재 교사(시설)는 법정 기준의 1/2 확보하면 조건부 인가 · 부동산 평가는 금융기관 또는 감정평가사에 의한 평가서 사용 · 대학, 개방대학, 전문대학이 각각 별도의 대학설립 심사위원회 구성운영	· 대학설립기준 충족 여부를 확인 평가하기 위한 제3의 기구 설치(가칭, 대학설립인정위원회) · 법인은 제3의 기구에 설립기준 충족 여부의 사실 확인 요청 · 제3의 기구는 설립 인정 대상 대학을 평가하여 교육부에 보고 · 교육부는 보고된 대학에 대하여 대학능력 부여 등을 위하여 계속적 인가 절차 이행 · 개교 전 교사(시설)의 완전(100%) 확보 의무화 · 부동산 평가는 감정평가 법인의 감정 평가서 또는 공시지가 조서로 함 · 대학, 개방학, 전문대학설립 심사는 단일한 설립 심사위원회 구성 운영
◦ 교사 – 실험 실습 설비 기준 – 수익용 기본재산 (학생 1인당)	· 대학 설치 기준령의 140% 적용(예고제) · 실험 실습 설비 기준에 따른 기자재 소요 금액 명시 · 대학: 인문계 6,489천 원 자연계 8,943천 원 · 개방대학: 7,125천 원 · 전문대학: 4,375천 원	· 대학 설치 기준령의 100% 적용 · 준칙에서 제외하고 대학헌장에 명시하도록 함 (단위: 천 원) 계열　　　대학　　개방대학　전문대학 인문·사회　3,681　3,214　3,130 자연과학　4,325　3,985　3,130 공학　4,787　3,985　3,495 예·체능　4,556　3,895　3,495 의학　5,613　3,895　2,876 · 학생정원에 일정액 곱한 액(학생 등록금의 125%)
◦ 출현재산의 종류	· 현금, 유가증권, 부동산 · 출연재산의 25% 이상은 현금 등 유동재신으로 확보하여야 함	– 현금: 만기 2년 이상의 정기예금 또는 금전신탁 – 부동산: 연간 운용 소득금액이 10% 이상 발생할 수 있는 재산
◦ 교원	· 대학 설치 기준령 제3조 적용 · 학과 단위로 교원 정원 책정	· 계열별 교원 1인당 학생 수 인문·사회 1:30, 자연과학 1:20, 공학 1:20, 예·체능 1:20, 의학 1:10 · 단설대학원인 경우는 대학에 비해 2배, 대학과 대학원이 설치되어 있는 경우는 1.5배 · 교원에는 일정 비율의 겸임교원 등을 포함할 수 있게 함 · 겸임교원의 수는 전임교원의 수를 초과할 수 없음. 겸임교원을 1인당 학생 수로 계산할 때 주당 교수시간 3시간 이상일 때는 3인을 전임교원 1인으로, 주당교수 시간이 6시간 이상일 때에는 그

구분	현행	준칙안
		2인을 전임교원 1인으로 각각 계산함 ·교사 연면적의 2배 이상 ·특수법인이 설립하는 단설대학원의 경우는 예회 규정을 적용
∘ 대학헌장		가. 설립배경과 목적 ─대학설립의 취지, 배경, 설립자 육영의지 ─대학의 교육이념과 목적 나. 대학교육 프로그램 ─대학의 특성화 방향과 주된 내용 ─대학 개설 학과의 특성과 전망 ─학과별 교육목적, 교육과정 다. 대학의 교육여건 ─교수진 확보 계획과 교수진의 내용과 업적 ─교육과정 운영 및 연구를 위한 실험 실습 시설 기준과 확보 ─교육기본시설 이외 지원시설과 부대시설 기준과 확보 라. 학사관리 운영 ─학생선발 기준 방식, 학생의 질 관리 ─학생정원 관리기준과 방식 ─학기제 등 학사관리와 전망 마. 대학운영 ─교수 및 직원채용 등 인사관리 ─재정운영과 공개 ─법인의 수익용 재산관리와 법인 부담금 부담 내용 바. 학생관리 ─학생을 위한 복지 정책 ─학생장학금 지급 계획 ─졸업생의 진로 현황 및 대책 사. 장·단기 발전 계획
∘ 대학설립 준칙적 용관계		─기존대학의 경우 대학설립 준칙은 일정한 유예기간(예: 3─5년)을 두어 적용하되, 준칙내용 중 적용 가능한 기준부터 점진적으로 적용하도록 함

대학설립 준칙 시안에 의한 시설·설비 재정규모를 비교해 보면 <표 1─5>와 같다.

교지: 현행(예고제) 교사 연면적의 3배 이상에서 2배 이상으로

축소

교사: 현행(예고제) 기준령상 기준의 140% 이상에서 100% 축소

〈표 1-5〉 시설·설비 재정 규모 비교표

구분		현행(예고제)	준칙안(최소 기준)
1. 설립규모	총정원	대학 5,000명 개방대학 3,200명 (주·야간) 전문대학 1,280	1,000명
	설치학과	대학 25과 개방대학 10과 전문대학 8과	최소설치학과 제한 없음
2. 시설·설비 확보기준	교지	대학 336,756㎡ (101,871평) 개방대학 63,435㎡ (19,189평) 전문대학 85,000㎡ (25,712평)	인문·사회 24,000㎡ (7,260평) 자연과학 34,000㎡ (10,284평) 공학 40,000㎡ (12,100평) 예·체능 38,000㎡ (11,495평) 의학 40,000㎡ (12,100평)
	교사	대학 112,255㎡ (33,957평) 개방대학 30,207㎡ (9,137평) 전문대학 19,700㎡ (5,959평)	인문·사회 12,000㎡ (3,630평) 자연과학 17,000㎡ (5,142평) 공학 20,000㎡ (6,050평) 예·체능 19,000㎡ (5,747평) 의학 20,000㎡ (6,060평)
3. 재정규모		(교지 별도확보) 대학　　　　1,202억 원 개방대학　　377억 원 전문대학　　203억 원	(교지 별도확보) 계열　　　대학　개방대학　전문대학 인문·사회 112억 원 107억 원 106억 원 자연과학 152억 원 149억 원 106억 원 공학　　 176억 원 168억 원 163억 원 예·체능 168억 원 161억 원 157억 원 의학　　 196억 원 161억 원 169억 원 * 대학실습설비 등은 대학 헌장에 　자율적으로 별도 제시

* 총정원 1,000명 미만의 대학설립도 시설의 최소 기준은 총정원 1,000명 규모로 적용
* 전문대(2년 과정) 경우 대학(4년제) 규모의 입학정원(500명)으로 총정원 탄력 운용

이렇게 해서 96. 2.까지 준칙과 법령을 제·개정하고, 96. 2.~3. 까지 설립 신청·접수해서, 96. 4.에 설립 허가 확정·발표한다는 바쁜 일정을 갖고 있다. 그리고 기설대학은 유예기간(예: 3~5년)을

두어 갖추게 한다는 것이다. 96년 8월 현재 62개교가 신설·신청
된 것으로 보도되고 있다.

2) 문제점

이 준칙주의는 한마디로 대학의 부실화를 초래할 우려가 있다.
현재의 엄연한 대학설립기준이 있음에도 불구하고 이를 충족시키
지 못하고 있는데 기준 대신 완화된 준칙이란 용어로 변칙적으로
바꾸면 더욱 부실해지고 또 이 준칙이란 최소 기준도 엄격하게 적
용하지 못하면 그때는 또 무슨 용어를 빌려 와 대학의 부실화를 조
장할 것인가? 법을 정해 놓고 적용하지 못하는 것이 문제이다.

특히 대학시장의 개방으로 낮아진 준칙에 의하여 외국 대학의
남설 유혹을 재촉하고 고등교육 수요 인구를 유인하는 악순환이
우려된다.

기존 전문대나 개방대 등도 낮아진 준칙을 상회하는 경우 4년제
일반대학으로 개편하겠다고 해도 막을 명분이 없다. 최소 요건(준
칙)만 갖추면 대학설립은 용이하게 하려는 정책방향이기 때문이다.
그렇다고 새로운 준칙에 기존대학의 기준이 낮았다고 하더라고 이
를 새로운 높은 준칙 수준으로 끌어올리기는 극히 어렵다. 부실대
학을 부도처리할 길이 없기 때문이다.

소규모 대학의 설립을 용이하게 하려는 것이 준칙론자들의 의도
인데 이런 소규모 대학들이 앞으로의 새로운 환경에 어떻게 살아
남게 하느냐가 중요한 과제이다.

둘째, 대학설립 준칙과 중·고등학교 설치 기준과의 일관성의 문
제도 생각할 수 있다. 한 나라의 정책 방향은 일관성이 있어야 한

다. 사립 또는 공립 중·고등학교설립에도 준칙주의라는 것이 적용되어야 할 것이 아닌가?

준칙주의가 계열별로 전문대, 개방대, 4년제 일반대별로 설립 준칙을 달리하여 다양한 차등 준칙을 적용한다는 논리는 논리에 맞고, 강점을 갖고 있다. 또 소규모 대학의 신설을 촉발한다는 목적(목적이 좋은지는 모르지만)은 달성할지 모르나 전체적으로 보아 얻는 것보다는 잃는 것이 많을 것으로 예상되어 우려를 낳고 있다. 그나마 지금까지 우리나라에 준칙보다 높은 설립기준이 있었던 것이 다행이었을지 모른다. 이것마저 없었더라면 더 대학이 부실이 있을 것이다. 문제는 이 기준을 엄격히 지키지 못했던 것이다.

지금까지 대학의 문을 계속 열어(기준 미달 부실을 초래하면서도) 이제 막 수요-공급이 균형을 이루려는 이 시점에서 준칙을 내세워 기준을 낮추는 것은 정책 방향을 잘못 잡은 것이다. 이제부터는 오히려 과거의 설립기준을 확실하게 지키도록 평가를 강화해 나가야 할 시점에서 거꾸로 가기 때문에 우려된다.

3) 개혁구현 방안

대학설립의 기준이 지나치게 높다든지 불합리하다면 그 기준만 바꾸면 되는 것이지 무슨 제도 자체를 바꾸는 개혁처럼 새로운 용어를 도입하여 혼란을 주고 있다. 지금은 대학설립기준을 낮추기보다는 오히려 올리거나 있는 현재의 기준이라도 철저히 지키도록 법 적용을 엄격하게 하는 것이 중요하다. 예를 들면 현재의 교원(수) 법정 정원을 100% 이상으로 충원하도록 하여 법정 정원을 법정 최소 기준으로 삼아야 한다(원래 이런 개념으로 법정 정원을 삼

앉을 것이다). 물론 기준이 잘못됐으면 이는 고쳐야 한다. 법정 정원을 최소 기준으로 엄격하게 적용하지 않은 결과 대학의 교원 대학생 수의 비가 초·중등학교만도 못하고 세계 최악의 사례가 된 것이다.

이번의 준칙주의가 계열별로, 대학 모형에 따라 설립기준을 달리하고 또 필요한 소규모 대학의 설립을 가능하게 하는 장점을 살리는 것 이외에는 오히려 설립기준을 엄격하게 하고 구체적으로 철저하게 제시하고 이를 실천으로 옮겨야 한다. 2년간 설립 심사위원 경험을 해 봐도 대학을 세우겠다고 제출한 계획서가 거칠고, 거짓이 있고, 설립자의 자질이 의심이 되는 경우가 많았던 것을 고려하면 이번 준칙안은 신중을 기해야 한다. 완화된 준칙에 의하여 재빨리 준비된 몇 대학만 설립 인가를 받고 다시 상향 개정하자는 결과가 나오지 않을까 우려된다.

소규모 대학의 설립을 가능하게 하는 것 자체도 중요하지만 설립 후 계속적인 건실한 경영 가능성을 찬찬히 따져 볼 필요가 있다.

미국식으로 대학설립을 비교적 자유스럽게 해 놓고 평가 인정으로 질 관리를 엄격하게 하고 대중들이 옥석을 가려내는 체제를 우리가 지금 이 시점에서 따라갈 필요는 없다. 그럴 경우 우리는 많은 교육적 낭비와 혼란만 경험하게 된다. 과거의 대학설립기준도 우리 실정에서는 많은 강점을 가지고 있다. 설립 인가는 엄격하게 높은 수준에서 하고 일단 인가해 주었으면 운영은 자유롭게 하는 방향이 더 옳을 것이다.

불과 몇 년 전에 강화된 대학설립 예고제를 갑자기 도입해 놓고 2, 3년 써먹고(예고제에 의하여 설립된 대학 하나도 없이 만들어 놓고) 이와는 완전히 정반대되는 준칙주의를 들고 나오는 것은 정책 모순이라고 하지 않을 수 없다.

준칙주의에 의한 대학설립의 자율화 방향이 아니라 오히려 엄격한 설립기준 적용에 의한 통제 후 운영의 자율화 방향이어야 할 것이다. 준칙주의에 의하여 설립된 대학의 질과 학위의 공신력을 우려한 나머지 학사 자율화 항목에도 학위 인정제를 도입한다고 해놓고 이에 대한 더 이상의 언급은 어디에도 없다.

다. 정원 및 학사운영의 자율화

교육개혁방안에는 '대학설립, 정원 및 학사운영 자율화'란 제목으로 나와 있었으나 여기서는 별도의 제목으로 '정원 및 학사 운영의 자율화'로 다룬다. 교육부의 48개 과제 명에서는 '2~4 대학의 정원 자율화'만 있고 '학사운영의 자율화'란 과제는 없으나 여기서는 묶어서 간단히 다루고자 한다.

1) 교육개혁방안

대학 평가와 연계하여 대학 정원을 점진적으로 자율화하고, 학사 운영을 대학자율에 맡긴다. 학위의 공신력 및 국제적 통용성을 제고할 수 있도록 준칙주의에 의하여 신설되는 대학에 대하여는 학위 인정제를 도입한다.

대학 정원의 자율화에 대하여서는 그동안 연구도 되어 왔고 이런 방향은 설정한 지 오래이므로 당연한 방안이다. 그래서 97학년부터 단계적으로 실시한다는 것이다.

학사 자율화는 당연한 조치로 여기에서는 자세한 언급은 없으나 정부는 여러 가지 학사 운영의 자율화를 위한 법적 조치를 취해 놓고 있다. 학사 자율화는 교육개혁안 발표 이전부터 추진하여 학기 구분 및 수업일수, 교양과목 학점 배점 기준, 학기당 취득 학점, 학점당 이수 시간 수, 졸업소요 학점 등을 대학자율로 할 수 있도록 교육법 시행령을 개정하였다.

학기제를 2학기 고정에서 대학자율로, 매 학년 32주 이상(학기당 16주 이상)으로부터 자율로, 교양과목 이수 학점을 전체 학점의 30%로 되어 있던 것을 삭제하여 자율화, 졸업소요 학점과 학기당 취득학점 수도 자율로 하였다.

그로 인해 전과, 편·입학 확대 허용, 학과 통합과 학부제 권장, 최소전공 인정(졸업학점의 1/4), 다전공 허용 등의 조치가 이루어져 이제 대학 내부의 조정으로 실천에 옮기기만 하면 된다. 이러한 대학 학사 자율화를 당연한 것으로 받아들여 각 대학의 특성에 맞게 실천하는 일만 남아 있다.

대학 학생 정원도 97학년도부터 자율화될 것으로 기대된다. 단지 각 대학이 자율화에 따른 질 관리를 잘하는 일이 중요하다.

그러나 과도기에서 하나 조건이 필요하다면 대학(설립)의 기본 요건을 충족하는 범위 내에서의 자율로 허용이란 것이고 이는 엄격하게 통제할 필요가 있다. 예를 들면 준칙주의에서 나온 대로 교수 1인당 학생 수를 인문·사회계 1:30, 자연과학계 1:20, 공학 1:20, 예·체능계 1:20. 의학 1:10의 기준을 지킨다는 조건하에 학생 정원의 자율화를 말한다. 질 관리를 하지 못하는 정원 및 하사 자율화는 당분간 인정하기 어렵다.

또 학점제, 학기제와 관련하여 16시간 1학점 등의 기준을 지킨다는 기본 조건을 지키는 범위 내에서의 자율화를 유도해야 할 것이다.

2) 문제점 및 구현 방안

대학은 자율과 자치를 생명으로 한다고 할 수 있다. 우리나라에서도 이미 초기에 자유방임에 가까울 정도로 자율이 주어졌던 시기도 있었다. 이때 각 대학들이 스스로 질 관리를 잘하지 못하여 그 반작용으로 대학 통제의 시기가 계속되었던 것이다. 그러므로 대학자율화의 방향은 옳고 또 좋으나, 최소 기본 요건은 지키고 또 확인되는 범위 내에서의 자율화이어야 할 것이다. 우리나라에서는 아직 대학교육이 시장 원리, 수요·공급의 원리가 지켜지기 어렵다. 그리고 갑작스런 반대 방향(통제→자율화)으로의 개혁에 따른 혼란을 줄이기 위해서라도 각 대학이 지켜야 할 최소 기본 요건은 지켜지는 범위 내에서의 자율화를 지탱해야 한다. 이것이 문제점이면서 동시에 개혁 구현 방안이 된다. 이래저래 대학 사회에서의 평가는 중시되지 않을 수 없다.

4. 질 향상을 위한 교육제도·운영

교육개혁은 우리에게 절실하게 필요하다. 그러나 사실은 개발의 연대에는 중앙의 계획과 통제로도 잘 이루어졌으나 21세기에는 밑바탕 문화를 바꾸고 자발적 동기 유발을 불러일으키지 못하면 성공하기 어렵다.

제도와 운영 면에서의 개혁도 결국 교육의 질 향상을 가져오지 못하면 아무런 의미가 없다. 학부모의 참여도 학교나 대학의 자율도 결국 교육의 질을 보장한다는 확신이 있어야 한다. 학교운영위원회와 교사·교장 초빙제도, 대학의 다양화와 특성화, 대학설립의 자율화를 위한 준칙주의, 정원 및 학사운영의 자율화도 교육의 질 향상에 기여해야 한다.

공급자 경쟁 – 수요자 선택으로도 교육의 질 향상에 역행하게 되면 문제가 된다. 공급자라고 한 사람들이 즐겁게 경쟁에 참여하고 싶을 때 효과가 있지 도살장에 끌려가는 동물들(비유가 너무 극단적이지만)처럼 경쟁의 무대에 내몰릴 때는 분명 역효과를 가져온다. 교장·교사의 동기 유발이 중요한 변인으로 고려되어야 한다. 지금은 학교·교장·교사가 공급자로 보이고 학부모와 지역주민이 수요자인 것처럼 보이지만 학교운영위원회가 되면 그것이 거꾸로 된다. 학교운영위원회가 교육을 공급도 하며 선택도 하고, 교사도 직장인 학교를 선택하는 수요자가 된다. 그러므로 교육에서 공급자 – 수요자의 이분법은 맞지 않는다. 말 그대로 '공동체'가 되어야 한다.

여기서 교육제도·운영 측면의 초·중등 학교공동체 구축과 대학의 다양화·특성화 두 개혁방안을 다루었는데 공통점을 찾는다면 '자율화(自律化)'의 가치라고 할 수 있다. (1) 학교운영위원회와 (2) 교장·교사 초빙제, (3) 대학(모형)의 다양화와 특성화, (4) 대학설립의 자율화, (5) 정원 및 학사 운영의 자율화 모두가 자율화 방향을 추구하고 있는 셈이다. 다양화와 특성화도 자율화를 해야 가능하다고 했었다. 다만 대학설립도 궁극적으로는 자율화를 해야 할지 모르지만 오히려 엄격한 기준의 적용을 제안했었다. 그러면 교육개혁의 궁극적 목적인 '교육의 질 향상'을 '자율화'를 통해서 하자는 논리이고 이를 뒤집어 생각하면, 지금까지 교육행정·제도·운영의 자율화가 안 되어 교육의 질 향상이 안 되었었다고 생각해 볼 수 있다. 이를 <그림 1-2>로 나타낼 수 있다. 결론은 '교육제도·운영의 자율화를 통한 교육의 질 향상'을 위한 교육개혁 구현이라고 할 수 있다.

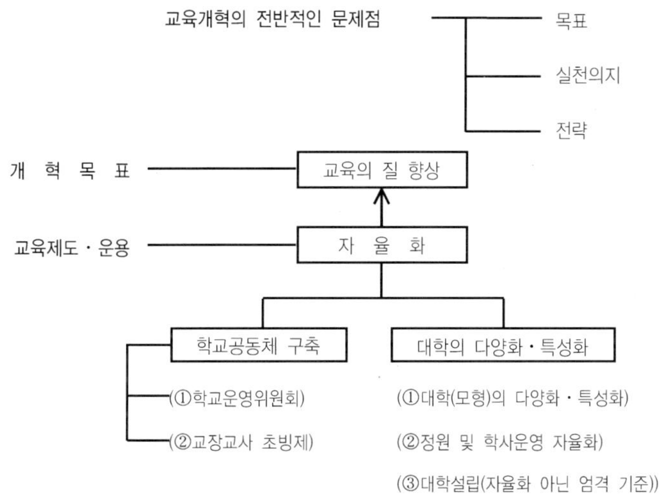

〈그림 1-2〉 교육제도·운영이 자율화를 통한 교육의 질 향상

개혁 과제별로 문제점과 구현 방안으로 논의했던 것을 요약하면 <표 1-6>과 같다. 기왕에 제시된 개혁방안이고 개혁 과제이기 때문에 대체로 실천에 노력하길 기대하고 동의하지만 대학자율화만은 반대 방향으로 오히려 엄격한 설립기준의 적용을 제안한다. 다만 기준이 너무 획일적이고 복잡하다면 수정은 해야 할 것이다.

〈표 1-6〉 교육개혁 과제별 문제점과 구현 방안

개혁 과제	문제점	구현 방안
학교운영위원회	문화의 차이 주인외식 교장은력 전문 영역 침해	계속적 연수 동기 유발 학교로의 권한 이양 자율 확대
교장·교사 초빙제	유인가 부족 불리지역 불리 갈등위협(교사 간, 교원 간, 위원·교원 간)	지역 유인가 추가 신규부터 쌍방 선택 기회 교육 외적 경쟁력
대학의 다양화·특성화	문화에 맞는 모형 강압·획일 경제	자율화에 의한 수평적 분화
대학설립 자율화	부실화	엄격기준 적용
정원 및 학사 자율화	질 저하	최저기준 충족

개혁은 발표의 말잔치로 끝날 일이 아니다. 방향이 옳다면 수십 년에 걸친 추진 노력과 지속적인 수정·보완이 병행될 때에만 개혁은 가능하다. 교육 유토피아가 머릿속의 유토피아로 끝나지 말고 우리의 것으로 만들기 위해서는 더 많은 의지와 노력을 바쳐야 한다.

5. 결론

학교 공동체 구축, 교장·교사 초빙제, 대학의 특성화와 대학설립의 자율화, 정원 및 학사운영의 자율화를 중심으로 검토한 결과로부터 다음 몇 가지로 요약하여 결론을 얻을 수 있다.

첫째, 학교운영위원회는 우리나라에 새로운 제도이고, 운영위원회의 정체 자체에 대하여 잘 알 수 없기 때문에 이에 따른 지속적인 연수가 요구된다. 특히 학교장 연수가 중요하다. 잘 정비된 홍보물, 해설 책자, 학교운영위원 편람(핸드북) 등도 제작하여 위원들의 자질을 높이고 위원회가 올바른 기능을 할 수 있도록 해야 한다. 학교운영위원회가 바람직한 방향, 건설적으로 운영될 때에는 교육청이나 중앙에서 별도의 지원금으로 격려하고 다른 학교에 자극을 줌으로써 자율참여의 동기 유발이 중요하다. 기왕에 이 제도를 도입하기로 한 이상 위원회가 할 일이 있도록 단위학교에 대한 대폭적인 권한 이양이 이루어져야 한다. 위원회가 해야 할 중요한 사항은 인사와 재정이다. 인사권과 재정권을 대폭 학교에 맡겨야 한다. 초창기이기 때문에 자세한 지침에 의하여 운영하게 되어 있으나 앞으로 잘 운영하면 가능한 한 각 학교의 자율에 맡기는 방향으로 지침 자체도 완화해 나가야 할 것이다. 교육위원회와 학교운영위원회의 기능과 역할의 분담 관계를 재정립할 필요가 있다.

둘째, 시·도 교육청에서 교장·교사초빙을 위한 별도의 유인가를 마련해 줘야 한다. 특히 불리한 지역의 학교(예를 들면 낙도, 벽지)에서 유능한 교장과 교사를 초빙할 수 있는 조건을 마련해 줘야 한다. 교장·교사 초빙제는 가능한 한 계약에 의하여 계속 능력을 발휘하면 정년을 보장한다는 조건에서 신규임용 교사에서부터 출발하는 것도 고려할 필요가 있다. 기성교사는 이미 순환근무제로 임용된 것이나 다름없기 때문이다. 선택의 자유는 쌍방에 다 있어야 한다. 학교에서 교장이나 교사를 선택할 수 있는 자유를 가져야 겠지만 교장이나 교사의 입장에서도 유리한 조건을 제시하는 학교를 선택할 수 있는 자유가 공평하게 주어져야 한다. 그러려면 초빙제를 채택하는 기회가 많아져야 한다. 좀 거시적인 측면에서는 교육 외적 경쟁력을 갖추기 위한 노력이 병행되어야 한다. 교육 내적으로 이미 교사가 된 사람, 교장이 된 사람들을 놓고 경쟁을 시켜 자질과 능력을 개발하게 하여 교육의 효과성을 올리려는 시도도 좋지만 교육의 다른 분야와의 경쟁에서 교육이 이겨야 우수한 교원을 확보할 수 있다는 점을 심각하게 생각해야 한다.

셋째, 대학설립의 준칙과 인가와 관련하여 먼저 신설되는 대학부터 특성화시키는 것이 좋겠다. 특성화 단설대학과 단설대학원을 설립하여 알차게 운영할 수 있게 하는 일부터 출발하는 게 좋겠다. 기존(설)대학은 종합대학 내의 몇 개 단과대학을 중점적으로 특성화시키는 방안을 생각할 수 있다. 제2방안은 소규모 종합대학의 경우 특성화 단설대학으로 개편하는 방안이 있을 수 있다. 그러나 이는 기득권 문제 등으로 극히 어려울 것이다. 또한 소규모 단설대학이나 단설대학원이 알찬 운영을 할 수 있을 것인지 심각하게 검토해야 한다. 소규모 특성화 대학이 살아남을 수 있는 경영방법과 토양이 필요하다.

넷째, 대학의 모형 특성화는 가능한 한 자율에 맡기되 그 모형의 수는 줄이고 단순화해야 한다. ① 직업 위주 특성화 단설(과) 대학과 대학원, ② 일반 종합대학 내 특성화 단과대학, ③ 학문중심 대학 등으로 단순화시켜야 할 것이다. 여러 모형이라고 해서 반드시 좋은 것은 아니다. 졸업 후 사회가 요구하는 분야뿐만 아니라 입학 희망 학생들이 요구하는 분야를 조사하여 그런 분야부터 특성화시켜 나가는 전략도 생각할 수 있다. 특성화와 다양화는 말은 쉬우나 실지로 실현하기는 극히 어려운 일이며 사회적 환경과도 맞아야 하고 많은 연륜과 역사가 쌓여야 한다.

다섯째, 대학설립기준을 낮추기보다는 오히려 올리거나 있는 현재의 기준이라도 철저히 지키도록 법 적용을 엄격하게 하는 것이 더 중요하다. 대학설립의 기준이 지나치게 높다든지 불합리하다면 그 기준만 바꾸면 되는 것이지 무슨 제도 자체를 바꾸는 개혁은 오히려 혼란을 주게 된다. 소규모 대학의 설립을 가능하게 하는 것 자체도 중요하지만 설립 후 계속적인 건실한 경영 가능성을 찬찬히 따져 볼 필요가 있다. 미국식으로 대학설립을 비교적 자유스럽게 해 놓고 평가인정으로 질 관리를 엄격하게 하고 대중들이 옥석을 가려내는 체제를 우리가 지금 이 시점에서 따라갈 필요는 없다. 그럴 경우 우리는 많은 교육적 낭비와 혼란만 경험하게 된다. 과거의 대학설립기준도 우리 실정에서는 많은 강점을 가지고 있다. 설립인가는 엄격하게 높은 수준에서 하고 일단 인가해 주었으면 운영은 자유롭게 하는 방향이 더 옳을 것이다. 불과 몇 년 전에 강화된 대학설립예고제를 갑자기 도입해 놓고 2, 3년 써먹고(예고제에 의하여 설립된 대학 하나도 없이 만들어 놓고) 이와는 완전히 정반대되는 준칙주의를 들고 나오는 것은 정책 모순이라고 하지 않을 수 없다. 준칙주의에 의한 대학설립의 자율화 방향이 아니라 오히려 엄격한 설립기준 적용에 의한 통제 후 운영의 자율화 방향이어야 할 것이다.

여섯째, 대학은 자율과 자치를 생명으로 한다고 할 수 있다. 우리나라에서도 이미 초기에 자유방임에 가까울 정도로 자율이 주어졌던 시기도 있었다. 이때 각 대학들이 스스로 질 관리를 하지 못하여 그 반작용으로 대학통제의 시기가 계속되었던 것이다. 그러므로 대학자율화의 방향은 옳고 또 좋으나 최소 기본 요건은 지키고 또 확인되는 범위 내에서의 자율화이어야 할 것이다. 우리나라에서는 아직 대학교육이 시장원리, 수요 - 공급의 원리가 지켜지기 어렵다. 그리고 갑작스런 반대 방향(통제→자율화)으로의 개혁에 따른 혼란을 줄이기 위해서라도 각 대학이 지켜야 할 최소 기본요건은 지켜지는 범위 내에서의 자율화를 지탱해야 한다. 이래저래 대학사회에서의 평가는 중시되지 않을 수 없다.

일곱째, 교육개혁은 우리에게 절실하게 필요하나 교육의 질을 보장해 주는 방향이어야 한다. 그러나 사실은 개발의 연대에는 중앙의 계획과 통제로도 잘 이루어졌으나 21세기에는 밑바탕 문화를 바꾸고 자발적 동기 유발을 불러일으키지 못하면 성공하기 어렵다. 제도와 운영 면에서의 개혁도 결국 교육의 질 향상을 가져오지 못하면 아무런 의미가 없다. 학부모의 참여도 학교나 대학의 자율도 결국 교육의 질을 보장한다는 확신이 있어야 한다. 학교운영위원회와 교사·교장 초빙제도, 대학의 다양화와 특성화, 대학설립의 자율화를 위한 준칙주의, 정원 및 학사운영의 자율화도 교육의 질 향상에 기여해야 한다. 공급자 경쟁 - 수요자 선택으로도 교육의 질 향상에 역행하게 되면 문제가 된다. 공급자라고 한 사람들이 즐겁게 경쟁에 참여하고 싶을 때 효과가 있지 도살장에 끌려가는 동물들(비유가 너무 극단적이지만)처럼 경쟁의 무대에 내몰릴 때는 분명 역효과를 가져온다. 교장·교사의 동기 유발이 중요한 변인으로 고려되어야 한다. 지금은 학교·교장·교사가 공급자로 보이고 학부모와 지역주민이 수요자인 것처럼 보이지만 학교운영위원회가 잘되면 그것이 거꾸로 된다. 학교운영위원회가 교육을 공급도 하며 선택도 하고, 교사도 직장인 학교를 선택하는 수요자가 된다. 그러므로 교육에서는 공급자 - 수요자의 이분법은 맞지 않는다. 말 그대

로 '공동체'가 되어야 한다. 여기서 교육제도·운영 측면의 초·중
등 학교공동체 구축과 대학의 다양화·특성화 두 개혁방안을 다루
었는데 공통점을 찾는다면 '자율화'의 가치라고 할 수 있다. 기왕
에 제시된 개혁방안이고 개혁 과제이기 때문에 대체로 실천에 노
력하길 기대하고 동의하지만 대학설립 자율화만은 반대 방향으로
오히려 엄격한 설립기준의 적용을 제안한다. 다만 기준이 너무 획
일적이고 복잡하다면 수정은 해야 할 것이다. 개혁은 발표의 말잔
치로 끝날 일이 아니다. 방향이 옳다면 수십 년에 걸친 추진 노력
과 지속적인 수정·보완이 병행될 때에만 개혁은 가능하다. 교육
유토피아가 머릿속의 유토피아로 끝나지 말고 우리의 것으로 만들
기 위해서는 더 많은 의지와 노력을 바쳐야 한다.

참고문헌

강무섭 외(1992). 입시위주 교육의 실상과 대책(Ⅲ). 한국교육개발원.
강무섭 외(1994). 한국교육의 중장기 발전구상. 한국교육개발원.
강영석(1994). "대학입학 전형방법의 비교". 교육평가연구. 제7권 제2호.
        201 – 220.
교육개혁심의회(1987). 교원양성 및 자질향상 방안. 교육개혁심의회.
교육개혁심의회(1996). 신교육체제 수립을 위한 교육개혁방안(Ⅰ), (Ⅱ), (Ⅲ).
교육개혁추진기획단(1996). 제1차 교육과제 추진 상황.
교육부(1995). "교육개혁, 어떻게 추진되고 있는가?". 교육월보 12: 51 – 57.
김동성(1996). "96교육개혁 추진 방향과 과제". 교육월보.
김상호(1995). "대학수학능력시험 및 고등학교 내신성적과 대학 학업성
        적과의 상관관계 연구". 한국교육문제연구소 논문집, 제10호, 중
        앙대학교, 91 – 111.
김영철(1995). 고등학교 평준화 정책 개선방안. 한국교육개발원.

김준석(1995). "대학 학생선발의 새로운 모색: 연세대 입학제도 개혁안을 중심으로". 대학교육. 5 - 6월호: 102 - 107.

김천기(1995). "고등학교 평준화 정책 수정의 논리와 문제점". 교육학연구, 제33권 제3호, 309 - 324.

김호권(1993). "선발과 사정의 모형들". 정범모의, 교육의 본연을 찾아서. 서울: 나남, 244 - 251.

노종희(1982). 교원 현직교육의 발전방향과 과제. 한국교육개발원.

노종희(1993). "중등교원정책의 개혁방안". 중앙교육심의회 교직분과 위원회, 우수교원 확보를 위한 교원정책 개혁방안, 32 - 46.

노종희(1994). "교사교육체제와 질 관리". 교육학연구. 32(4), 115 - 135.

노종희 외(1992). 교원연수 표준교육과정 개발연구. 중앙교육연수원.

박도순(1995). "종합생활기록의 문제점과 대책 및 활용방안". 교육진흥. 가을호: 8 - 19.

박도순 외(1989). 대학입학시험제도 개선방안연구. 한국대학교육협의회.

성태제(1995). "자율화될 대학 학생선발제도에 관한 고찰". 대학교육. 9 - 10월호: 39 - 47.

성태제, 김자미(1995). "미국대학의 입학사정 준거 탐색과 우리나라 대학입학 제도를 위한 제언". 교육평가연구, 제8권 제1호, 123 - 151.

신중식 외(1994). "입시위주교육 탈피를 위한 교원의 역할 정립 방안연구". 정책연구 67집, 한국교원단체총연합회.

안기성 외(1995). 중고등학교 학생선발에 관한 연구. 중앙교육심의회(지방교육지원분과위원회).

윤정일 외(1993). 한일 간 교사교육제도 및 정책 비교연구. 서울대학교 사범대학.

이윤식(1994). "교사양성체제의 현황과 이에 관한 인식". 한국교육개발원, 교사양성 체제개선 방안 세미나. 15 - 61.

이종재(1995). "대학의 입학제도에 대한 기대". 교육진흥. 가을호: 2 - 6.

이종재 외(1995). 대학입학전형제도의 개선에 관한 연구. 교육부.

정범모 편(1991). 교육난국의 해부. 서울: 나남.

주삼환(1990). 장학·교장론: 학교의 질 관리, 서울: 성원사.

최현섭(1994). "중등학교 교사양성체제의 문제점과 개선방안". 한국교육개발원, 교사양성체제 개선 방안 세미나. 129 – 149.

최희선(1993). "초등교원 정책의 개혁방향". 중앙교육심의회 교직분과위
원회, 우수교원 확보를 위한 교원정책 개혁방안. 20 – 31.

한명희(1993). "우수교원의 개념적 · 실천적 조건". 중앙교육심의회 교직
분과위원회, 우수교원 확보를 위한 교원정책 개혁방안. 1 – 19.

한종하(1994). "국가수준의 교육성취도 평가의 반성과 발전방향". 한국
교육평가연구회 연차학술대회.

황정규(1993). "대학입시제도, 이상의 추구인가? 고통의 분담인가?" 한
림과학원 편, 신한국의 정책 과제, 서울: 나남, 204 – 227.

Barr, R. D.(1987). "Reform of Teacher Education and the Problem of
Quality Assurance." *Journal of Teacher Education,* 38(5), 45 – 51.

Beaudry, M. L.(1990). "Post – Carnegie Developments Affecting Teacher
Education: The Struggle for Professionalism." *Journal of Teacher
Education,* 41(1), 63 – 70.

Bush, R. N.(1987). "Teacher Education Reform: Lessons from the Past
Half Century." *Journal of Teacher Education,* 38(3), 13 – 18.

Carnegie Forum on Education and the Ecocnomy. "Task Force on
Teaching as a Profession(1986)." *A Nation Prepared: Teachers for the
21st Century* NY: Author.

Corrigan, D. C & Haberman, M.(1990) "The Context of Teacher
Education." In W. Robert Houston(Ed), *Handbook of Research on
Teacher Education*(pp.195 ~ 209) NY: Macmıllan.

Dukin Michael J.(1987). *The International Encyclopedia of Teaching and
Teacher Education.* Oxford: Pergamon.

Elmore, R. F.(1991). *Restructuring schools.* San Francisco: Jossey – Bass
Publishers.

Feiman – Nemser, Sharon(1990). "Teacher Preparation: Structural and
Conceptual Alternatives." In W. Robert Houston(ED.), *Handbook
of Research on Teacher Education*(pp.212 ~ 233). NY: Macmillan.

Flippo, R. F.(1986). "Teacher Certification Testing: Perspectives and

Issues." *Journal of Teacher Education,* 37(2), 2 − 9.

Holmes Group.(1986). *Tomorrow's Teacher.* East Lansing, MI: Author.

Joyce, B. & Showers, B.(1980). "Improving Inservice Training: The Message of Research." *Educational Leadership,* 37, 379 − 385.

Landsheere, G. D.(1987). "Concepts of Teacher Education." In Michael J Dunkin(Ed.), *The International Encyclopedia of Teaching and Teacher Education*(pp.77 ∼ 83). NY: Pergamon.

Lileberman, A.(1992). *The Changing Contexts of Teaching Chicago,* Ⅱ: The University of Chicago Press.

Masami, M.(1990) *Teacher Policies for the 1990s.* Country Report: Japan − Joint Swedem − OECD International Conference the Wijk Conference Center, Stockholm.

McAlpine, Amy(Ed.), (1988). *New Challenges for Teachers and Teacher Education.* Hamburg: The UNESCO Institute for Education.

OECD(1982). *Innovation in In − Service Education and Training of Teachers.* Paris: OECD.

Pinar, W. F.(1989). "A Reconceptualization of Teacher Education." *Journal of Teacher Education,* 40(1), 9 − 12.

Rubin. L.(1978). *The In − Service Education of Teachers: Trends, Processes, and Rescriptions* Boston: Allan & Bacon.

Sato, A.(1993). *Efforts at Improvement of the Programmes of In − Service Teacher Education.* Paper Prdsented at the Japan/OECD Seminar on Teacher Education and the Quality of Schooling.

Schon, D.(1983). *The Reflective Practitioner: How Professionals Think in Action.* NY: Basic Books.

Schubert, W. H.(1989). "Reconceptualization and the Matter of Paradigms." *Journal of Teacher Education,* 40(1), 27 − 32.

Wise, A. E.(1986). "Graduate Teacher Education and Teacher Professionalism." *Journal of Teacher Education,* 37(5), 36 − 40.

Zeichner, K. M.(1983). "Alternative Paradigms of Teacher Education" *Journal of Teacher Education,* 34(3), 3 − 9.

Ⅱ

한국고등 교육개혁 보완*

세기적 전환기를 앞두고 세상은 요동을 치면서 변화하고 있다. 이러한 변화의 파도를 잘 타거나 변화를 주도하는 나라는 성장·발전하고 그렇지 못한 나라는 나락으로 떨어지거나 생존 자체에 위협을 받을지도 모른다는 위기의식을 느끼기도 한다.

또 군사전쟁, 경제전쟁에 이어 교육전쟁에서 모든 것이 결판난다는 국가적 판단에서 세계 여러 나라들이 교육의 질 향상에 총력을 기울이고 있다. 그래서 여러 나라들이 교육의 질 향상을 위한 교육개혁에 열을 올리고 있는 것이다.

그동안 우리나라에서도 남의 나라에 뒤질세라 여러 번 교육개혁을 시도했으나 많은 보고서 종이와 세금, 10년이란 귀중한 세월만 까먹고 얻은 것은 별로 없는 상태에서 국민에게 실패감만 안겨 줬었다. 이번에도 대폭적이고 종합적인 교육개혁안을 내놓고 있으나 과거의 실패의 전철을 밟지 않을까 심히 우려된다. 근본적인 교육개혁의 목표와 전략적 측면에서 문제점을 제시하니 교육개혁을 성공으로 이끄는 데 보탬이 되었으면 한다.

---

* 한국교총 '96 교육정책 세미나 토론원고(96. 7. 11.)

첫째, 교육개혁안은 교육개혁의 목적과 방향제시에서 근본적으로 문제가 있다. 그리고 단기적 목적과 장기적 목적으로 우선순위를 구별하여 목적을 제시하였더라면 더 좋았을 것이다. 교육개혁안에서는 누구나, 언제, 어디서나 자기에게 적합한 교육을 받을 수 있는 길이 활짝 열린, 열린 교육사회·평생학습사회의 건설에 목표를 두고 있다. 복지국가·복지사회를 지향하는 우리로서는 장기적으로는 옳은 목표라는 데 이의를 달 사람은 아무도 없다. 그러나 대학교육의 국제경쟁력 강화(이것도 교육개혁에서 내세우는 것인데)라는 단기적 목표가 더 절박하므로 이것이 우선시되고 강조되었어야 한다는 점이다. 바꾸어 말하면 고등교육의 질 향상에 교육개혁의 초점을 맞추고 나서 어느 정도 국제경쟁력을 갖추고 성공을 거두면서 점진적으로 교육을 여는 개혁을 해야 되지 않았느냐 하는 비판이다. 지금 우리의 고등교육의 문제는 교육의 문이 덜 열려서가 아니라 오히려 갑자기 너무 많이 열려 교육의 질이 떨어져 국제경쟁력이 떨어지고 거친 교육을 하고 있다는 데 있다.

우리 교육의 현실 문제 파악을 제대로 하지 못하고 있는 것이다. 이미 열려 있는 교육도 질 관리를 못하고 감당을 못하면서 교육의 문을 더 여는 데 교육개혁의 목표를 두고 있다면 교육개혁이 거꾸로 가고 있는 것이다. 교육을 더 여는 목표와 교육의 국제경쟁력 강화의 목표가 충돌하고 있는데 어느 것이 더 급하고 우선시해야 될 것인가에 대한 판단을 현명하게 해야 할 것이다.

만일 고등교육의 질 향상이 급하다면 교수의 확충과 능력개발, 교육과정과 프로그램 개선, 교육 시설·여건개선에 교육개혁을 집중했어야 한다. 이것이 모두 많은 재정지원을 필요로 하는 것이었

다. GNP 대비 5%를 교육에 투자해도 더 열리는 교육에 충당하고
나면 이미 열려진 교육의 질을 개선하는 데 투자될 여지가 없다.
추가 확보되는 교육재정을 몽땅 강의실과 연구실, 실험실에 집어넣
을 생각을 해야 하는데 그것마저 옆으로 샐 확률이 많다. 교육개혁
도 교육의 본질에 충실해야 한다. 번쩍번쩍, 울긋불긋 교육박람회
한다고 그 많은 돈과 시간을 쓸어 박는 발상으로는 개혁은 빗나가
지 않을 수 없다.

우리는 당장 교육 유토피아를 원하지 않는다(입시). '지옥'이나
없애 주고, 학생을 '콩나물'에나 비유되지 않게 해 주길 원한다. 유
토피아는 불가능한 것이다. 불가능한 것을 무슨 밀어붙이기 힘으로
개혁할 것인가? 없는 말을 'Edutopia'라고 만들어 내지 말고 이미
있는 말, 지옥과 콩나물이란 말부터 없애 줬으면 좋겠다.

어쨌든 교육개혁의 방향과 목표가 잘못 설정되었다고 보니까 그
나머지 내용에 대하여는 더 이상 논평하고 싶은 마음이 내키지 않
는다. 잘못된 방향에 맞춰 춤추는 우리가 불쌍하다.

둘째, 교육개혁이라는 극히 어려운 일을 하려면 치밀한 방법과
전략이 수반되어야 하는데 이번 교육개혁은 그렇게 하지 못해서
방법과 전략적 측면에서도 근본적으로 문제가 있다.

(1) 이번 교육개혁 전략은 비밀주의 중앙집권적 하향식을 채택하
고 있는데 이것은 이미 개혁의 실패를 전제로 한 것이다. 중앙집권
적 하향식 개혁은 우리가 1960년대, 개발의 연대에 새마을 운동을
할 때에나 통했을 것으로 이제는 아프리카나 러시아, 베트남에서도
통하지 않는 전략이다. 21세기의 목전인 지금은 내무행정, 경찰, 군
대에서도 잘 통하지 않는 전략을 교육개혁에 적용한다는 것은 개

혁 전략의 ABC도 모른 사람들이 범한 오류이다.

교육은 문화유산·지식을 전달·보존하고 유지하는 것을 우선 기능으로 하기 때문에 어느 분야보다도 더 보수적 성격을 갖고 있다. 보수적인 교육을 개혁한다는 것이 얼마나 어려울 것인가는 쉽게 짐작할 수 있다. 개혁에는 반드시 저항이 따를 것인데, 이 저항을 어떻게 물리치거나 약화시키고 추진세력을 강화할 것인가에 대한 전략이 교육개혁안에 포함되었어야 한다. 과제제시와 동시에 개혁추진 전략이 수반되었어야 한다.

대학은 곧 자유를 연상할 정도로 고도로 자유와 자율을 바탕으로 한다는 것을 조금이라도 이해했더라면 고등교육개혁의 칼을 함부로 휘두를 생각을 조심스럽게 했을 것이다. 중세 절대왕권과 종교에서도 대학은 신성시하고 불가침의 성역을 인정해 줬던 역사를 갖고 있다는 것을 조금이라도 이해했더라면 몇 사람의 위원과 관리들이 맘대로 대학을 좌지우지 개혁하겠다는 발상 자체가 자제되었을 것이다.

(2) 대학을 자율화하겠다는 고등교육개혁의 과제와 고등교육개혁안을 획일적, 중앙집권적, 하향적, 비밀주의 깜짝쇼, 당근정책으로 하겠다는 전략 사이에는 모순과 갈등을 내포하고 있다. 대학을 자율화하겠다면 대학개혁 자체도 대학의 자율에 맡겼어야 한다. 합의될 수 있는 개혁의 큰 방향만 정하고 권고사항만 제시하고 개혁을 하느냐 않느냐, 어떻게 할 것이냐는 각 대학 자체에 맡기고 시간을 두고 기다려야 한다. 대학개혁은 밤 12시를 기해서 발표하는 금융실명제 개혁과는 성격상 다르다. 괜히 교육 관료들이 과거에 자기들 멋대로 규제했다가 또 이제는 멋대로 규제 완화한다고 호들갑

을 떨고 있으니 구경하기도 흥미를 잃게 된다.

(3) 교육개혁은 밑으로부터의 혁명이어야 하고, 개혁자들의 동기 유발과 자발성, 참여와 협동에 근거했어야 한다. 교육개혁위원회나 관료들이 개혁자, 개혁주체이고 교수나 교육자, 학생을 교육개혁 대상자, 객체로 보고 개혁을 하려고 했다면 그 교육개혁은 실패할 수밖에 없다. 교육자들이 "교육개혁, 잘해 보시오."라고 한다면 누구의 힘으로 무슨 재주로 교육을 개혁할 수 있겠는가?

이번 교육개혁은 60년대 새마을 운동만도 못한 전략이었다. 새마을 운동, 88올림픽은 그런대로 국민들의 공감대를 형성했고 근면·자조·협동에 의한 자발적 동기 유발 때문에 성공할 수 있었다. 비밀로 결정하여 선포해 놓고 이제야 홍보에 열을 올리는 것은 전략이 거꾸로 된 것이므로 효과는 줄어들 수밖에 없다. 교육자들이 교육개혁을 교육개혁위원, 관리들 것으로 생각하지, 내 것 또는 우리의 것으로 생각하지 않게 되면 그 전략은 100% 실패하게 된다. "교육개혁, 잘해 봅시다."로 바뀌어야 한다.

(4) 교육개혁은 교육적으로 이루어져야지 정치적·경제적·경영적 의도로 이루어져서는 안 된다. 교육에서도 경영적·경제적 마인드를 어느 정도 도입할 필요성은 있어도 전적으로 그것들에 의존해서는 안 된다. 이번 교육개혁은 너무나 정치적이고 경제·경영적 마인드로 흐르고 있다. 교육개혁은 교육자, 교육학자들이 주도해야 한다.

(5) 교육개혁은 궁극적으로 문화개혁이 이루어져야만 성공할 수 있다. 특히 문화가 다른 나라의 것을 이식하거나 차용하려는 개혁은 더욱 그렇다. 외국 것이 아니더라도 과거의 문화를 새로운 개혁

을 수용할 문화, 개혁이 정착할 문화로 바꿔 바탕을 다져 놓지 않고서는 개혁이 수용되기도 어렵고, 강압이나 당근 정책으로 일시적으로 개혁이 성공한 것처럼 보인다 해도 영원히 정착되어 제도화되기는 어렵다. 배터리가 닳으면 제자리로 되돌아가게 된다.

(6) 이번 교육개혁안은 검증 안 된 단순한 아이디어에 불과했다. 현장검증을 끝낸 성공률 높은 안이 제시되었어야 한다. 발표하고 확정하고 나서 거꾸로 그때부터 검증하겠다는 것은 잘못이다.

(7) 시간적으로 너무 성급한 것이 많았다. 대입 본고사 폐지안이 하루 이틀 사이에 뒤집혀 교육개혁위원회와 정부가 송두리째 국민의 신뢰를 잃었었다. 종합생활기록부가 만병통치약이었더라도 고1 입학생부터 적용했어야 한다. 현 고3학생들이 입학 당시 생전 들어보지 못했던 것으로 자기들 인생이 좌우되게 된다면 정책을 신뢰하겠는가? 모든 개혁안이 검증 없는 한낱 아이디어에 불과한데 이것을 1, 2년 안에 모두 성취하겠다니 한 나라의 정책으로는 너무나 성급했고 욕심도 너무 과했다. 교육의 결과를 종합생활기록부에 기록해 놓는 것인지 거꾸로 평가결과를 가지고 인성교육을 하고 교육의 과정을 바꾸겠다는 것은 거꾸로 된 것이다. 원칙적으로 생활기록부 양식은 학교마다 달라야 한다. 종합생활기록부안이 몇 개월 사이에 1, 2차 수정되어 국민들에게 혼란을 야기한 입안자는 국민 앞에 책임을 져야 한다.

그렇게 급한 사람들이 왜 교육개혁위원회를 구성하는 데 1년 까먹고 아이디어 내는 데 1년씩이나 시간을 허비했었는지 알 수 없다. 쓸데없이 2년씩, 3년씩(2차안) 허비하고 나서 이제 조급하게 서두르는 것을 이해할 수 없다. 그리고 교육재정 확보는 정권 말에 가서나 GNP 대비 5% 확보하겠다고 늑장부린다면 그동안의 개혁은 무슨 돈으로 할 것인가? 이번 교육개혁안이 모두 좋은 것이고 모두 성공한다 해도 조령모개의 비난은 면하기 어렵다. 서두를 것과 서두르지 않을 것이 뒤죽박죽이 되고 있다. 교육개혁위원이 2년으로 임기가 끝나고 교체되는 것은 무슨 이치이고 논리이며 원리인가? 교육개혁이 지속적으로 몇십 년씩 추진되어야 할 것이 아닌가?

이러한 비판에 참고할 가치가 조금이라도 있다면 지금부터라도 참고하여 보완해 나가야 할 것이다. 이번 교육개혁은 어떻게 해서라도 성공시켜야 한다. 만일 성공 못한다면 국가적·국민적 에너지의 손실을 이루 말할 수 없을 정도가 된다. 국민적 실패감, 정부에 대한 불신, 전문가라는 사람들에 대한 실망감이 국민의 세금을 축내고, 보고서의 종이나 축내고, 귀중한 시간을 소비한 것으로 더 클 것이다. 발표된 고등교육개혁안도 목표와 방법 면에서 지속적으로 보완하여 반드시 성공시켜야만 한다.

교육개혁에 책임질 사람이 있어야 한다. 교육개혁한다고 교육자들과 국민들을 어지럽고 심란하고 불안하게 만들어 놓고 성공도 못하고 모두 나자빠지게 되면 안 된다. 벌써 장관이 몇 번 바뀌고 교육개혁위원회도 바뀌고 관리들도 무책임하게 자리바꿈만 한다면 교육개혁은 누가 책임질 것인가? 교육개혁 입안자와 추진자는 국민 앞에, 역사 앞에 책임진다는 사명감과 책임감을 갖고 일하고 또 실제로 책임을 져야 할 것이다. 국민들은 과거의 교육개혁에 춤을 췄던 사람도 지켜봤고 이번 개혁자들도 주시하고 있을 것이다.

Ⅲ

21세기를 위한 교육개혁과 학교경영의 발전*

1. 의미부여

사람들은 아무 흔적도 없는 시간 위에다 금을 그려 토막 내놓고 거기에다 어떤 의미를 부여하려고 한다. 한 시간, 하루, 한 주일, 한 달, 한 학기, 1년, 연대, 세기, 천 년대가 바뀔 때마다 그 기간을 특정지어 정리해 놓기도 하고 새로운 결심을 하기도 한다.

이제 21세기는 시간적으로 얼마 남지 않았다. 그때 가 봐도 별 것 아닐 것 같은데도 우리에게는 기대를 걸게 한다. 그때 가 봐야 선진국들이 이미 겪었거나 겪고 있을 것을 우리는 그때서야 늦게 도착하여 경험하게 될 것이 뻔하다. 그래도 21세기는 우리에게는 지금과는 판이하게 다른 모습으로 다가올 것이고 이에 알맞게 대처함으로써 보다 발전된 삶을 살 수 있을 것이다.

"19세기 교실에서 20세기 교사가 21세기의 학생을 가르친다."라고 하면 우리는 흔히 낙후된 시설과 뒤떨어진 교수방법을 먼저 생각하게 된다. 그러면 첨단 시설로 바꾸고 교수방법만 바꾸면 21세

---

* 충남대학교 교육발전연구소 '96 교육학세미나(96. 11. 5.) 주제발표 원고.

기에 알맞은 학교로 바뀔 것인가? 근대·현대의 학교를 처음 설계할 때는 18세기, 19세기의 상황에 근거하여 그 상황에 알맞게 설계되었다는 점을 중시해야 한다. 현재의 학교의 모습은 여러 가지로 변해 오기는 했지만 근본적으로는 산업사회의 철학과 생각을 가지고 산업사회에 맞게 고안되고 설계된 것이다.

우선 산업사회의 대량생산, 조립 공장, 물질주의, 기계주의, 실증주의, 관료제에 기반을 두고 학교의 모습이 그려진 것이다. 이에 근거하여 만들어진 현대 학교의 틀을 그대로 두고 새로운 시설과 교사를 보충하여 고쳐 쓸 것이냐, 아니면 완전히 새로운 형태의 학교를 새로 설계하여 만들어 쓸 것이냐를 고려해야 할 시점이다. 이 것을 Re-form이냐, Trans-form이냐로 표현하기도 하고, Reinventing, New Design, Fundamental Redesign이라고도 한다.

이 글에서는 산업사회에 기반을 둔 학교의 모습에 대하여 살펴보고, 이를 개혁하려는 그동안의 노력에 대하여 지적하고, 앞으로의 학교교육의 모습을 산업사회의 학교와 비교하여 그려 보기도 한다. 물론 21세기 학교교육의 모습을 정확하게 그려 내기는 어려울 것이다.

2. 산업사회 학교와 그동안의 교육개혁 노력

현대 학교의 형태가 산업사회에 기반을 두고 있다는 점과 이를 개선하기 위하여 그동안 어떻게 노력해 왔는지에 대하여 간단히 검토해 보기로 한다.

가. 산업사회에 기반을 둔 학교

사람들이 부족 집단을 이루어 사냥을 하면서 살다가, 농업혁명에 의하여 농경사회를 이루어 정착하여 살다가, 인간의 육체적 힘을 기계에 의하여 연장·확대하는 산업혁명으로 산업사회를 이루어 살게 되었다. 아직 후진국은 산업화도 이룩하지 못했지만 선진국은 이미 정보혁명에 후기 산업사회·정보사회를 이룩하고 있다. 우리 는 21세기를 정보사회로 특정 지을 수 있을 것이다. 인간의 발전은 생물학적인 발전인 동시에 思考의 발전, 文化의 발전이라고도 할 수 있다. 이러한 변화·발전을 <표 1-7>과 같이 요약해 볼 수 있다.

〈표 1-7〉 인간의 주요 발전과정(Banathy. 1991. p.24에서 보완)

구분 \ 단계	1단계	2단계	3단계	4단계
사회	사냥. 부족집단	농경사회	산업사회	후기산업·정보사회
시기	50만 년 전	1만 년 전	500년 전	50년 전(한국은 10년 전부터)
의사소통	말(구두)	문자	인쇄	인공지능기술
생활영역	유목부족	공동사회, 도시국사	국가	지구촌 사회 가능성
사고의 패러다임	마력 - 신비의 패러다임	논리적 - 철학적 패러다임	결정론적 - 과학적 패러다임	체계적 패러다임
주요 기술	생존기술	직조기술	기계기술	지적기술

산업사회는 인쇄기술의 발명으로 의사소통을 시간과 공간을 확 대하여 할 수 있게 되고, 국가의식이 강해지고, 기계공학의 발전으 로 인간의 육체적인 힘을 연장·확대하여 사용하게 되었다. 과학

적, 기계적, 결정론적 세계관이 지배하는 사회가 되었다.

현대학교는 산업사회에 기반을 두고 설계되어 발전되어 왔다고 볼 수 있다. 먼저, 대량생산체제로 현대 학교를 만들었다. 많은 학생을 한꺼번에 교육하기 위하여 학교를 짓고 학생들을 모았다. 의무교육제도, 공립학교를 만들어 전 국민을 교육하기에 이르렀다. 산업혁명에 의하여 점점 높은 기술이 요구되어 의무교육을 초등에서 고등으로, 초급대학의 수준으로까지 올라왔다고 주장하는 학자들도 있다.

둘째, 학교는 공장체제를 따르고 있고, 공장의 이미지도 갖고 있다. 학생은 원료이면서 생산품이고, 교사는 종업원이고, 교장은 경영자에 비유되기도 했다. 인간행동을 조직하는 기본수단으로서 ① 일상화(routinization), ② 표준화, ③ 중앙집권화시켰다(Schlechty, 1991, p. XV). 미국 학교의 이미지는 ① 마을의 센터, ② 공장, ③ 병원으로 바뀌어 왔다고 하는데 한국에서는 마을의 센터나 병원의 서비스 이미지를 가지고 있지 못하다.

셋째, 현대 학교는 공장 중에서도 조립생산 라인 체제를 따르고 있다. 조각난 부품을 조립하여 맞추어 자동차를 만들어 내듯이 인간을 교육한다는 것이다. 학교, 학년, 학급으로 나누고, 국어, 수학, 영어, 음악, 미술…… 교과로, 단원으로, 과로 나누고, 학년, 학기, 월간, 주간, 일간, 교시, 모듈로 세분화하여 가르쳐 한 인간을 만든다고 하였던 것이다. 산업사회의 바탕인 과학은 전문가(Specialist)를 만들고 전문가들이 분업에 의하여 떠맡아 가르치고, 그리고는 아무도 책임지는 사람도 없었다. 학생들과 학부모들만 비난의 대상이 되고 학교와 교사는 항상 옳기만 했다. 조각난 지식의 파편들을 가르쳐 놓고 인간이 너무 조각났다고 또 비난을 한다. 이러한 분리주의는 가정도 '핵(가족)'으로까지 분리하더니 마침내 핵(가족)에서 더 분리하여 극단적으로 핵폭발 — 이혼, 가정파탄 — 에 이르기까지 하고 있다. 산업기계시대의 조립생산 라인의 사고와 실제에서는 ① 고도로 조직화되고, ② 엄격하게 통제되고, ③ 일제식이고, ④ 집단 중심이고, ⑤ 로테이션식이고, ⑥ 하향식이고, ⑦ 시간중심이고, ⑧ 교육공장 건물 내에서도 고정적일 수밖에 없다.

넷째, 실증주의에 의하여 관찰, 실험, 측정, 신체적·물리적 감각과 기술에 의존하여 경험적으로 검증된 것만 믿을 수 있는 지식이라고 하였다. 객관성만 믿을 수 있는 것이라고 하여 동조와 획일을 이끌어 냈다. 합리성의 이성은 경험주의의 동반자로서 엄격한 논리, 가치중립, 정서배제, 비정열적, 합리적 사고만이 지식에 접근하는 가장 올바르고 안전한 길이라고 믿었다. 질을 양으로 쪼개어 환산하기 위해서 무게를 달고, 비중을 매기고 측정하여 객관적으로 평가하기 위해 계량적 분석을 해야 했다. 철학, 형이상학, 신학, 문학적 전통에 대한 과학적 승리로 정신, 심리, 사회에 대한 의문과 우주의 신비나 삶의 방식도 모두 과학적 이성으로 접근하게 되었다. 교육에서도 과학이 앎과 지식의 전부였고 사고방식의 모형이 되었다. 그리고 교사는 전지전능한 존재로 보고 교사와 교과서가 학생들의 주요 정보원(情報源)으로 생각했었다.

다섯째, 산업사회와 같은 논리의 관료제로 학교와 교육행정 체제가 조직되었다. 계층으로 위계질서가 지켜져야 하고, 분업화하고, 규정과 규칙에 길들여져야 하고, 절차가 명세화되고, 몰인정성에 의하여 교육과 교육행정을 해야 했다.

이러한 산업사회에 바탕을 둔 학교교육으로 ① 모든 국민에게 최소한의 교육을 보장해 줄 수 있었고, ② 교육기회의 확대로 어느 정도 불평등을 제거할 수 있었고(불평등을 재생산했다는 입장도 있으나), ③ 문화적 통합을 증진시키는 데 기여하고, ④ 사회적 조건을 개선하는 데 도움을 주고, ⑤ 책임 있는 시민이 되도록 준비시키고, ⑥ 경제적으로 자족할 수 있도록 도와주고, ⑦ 개인행복의 증진과 개인생활의 풍요화(Phi Delta Kappan, 1996)에 기여한 긍정적인 측면도 있다.

그러나 산업사회에 근거한 현대 학교의 기본 틀이 정보사회에 적합하느냐에는 의심의 여지없이 고개를 돌릴 수밖에 없다. 그래서 그동안 학교와 교육을 바꾸려는 노력이 잇달았던 것이다. 교육개혁, 학교개선 운동이 모두 이에 해당된다.

나. 그동안의 교육개혁 노력

그동안 많은 나라에서 교육을 개선하기 위해서 많은 개혁적 노력을 해 왔다. 미국은 소련의 스푸트니크 발사 이후 교육과정 개혁 노력으로 어느 정도 성공을 거두기도 했고, 또 1980년대 위기의식을 느껴 개혁의 바람을 불러일으켰다. 영국도 국가교육과정 형성과 학교단위자율경영제와 학교 선택권 보장 쪽으로 개혁의 초점이 잡히고, 일본은 개성존중과 창의성 신장 교육으로 개혁의 주류를 잡을 수 있다. 우리나라의 경우는 개혁 항목의 나열과 제시로 끝나버리고 마는 형편이다.

그러나 대체로 산업사회에 근거하여 만들어진 학교를 고쳐 쓰고자 하는 노력을 해 왔는데 최근에는 틀 자체를 새로 만들어 쓰자는 제안도 나오고, 구조만 바꾸지 말고 밑바탕 文化改革을 하지 못하면 허사라고 하여, 文化改革과 결과 쪽에 초점을 맞추려는 경향이 있다.

주로 미국에서 교육개혁 노력은 '더 많이(Doing more of the same)'식이라고 할 수 있다. 지금 하고 있는 것을 더 많이 하면 교육이 좋아진다고 생각한 것이다. ① 더 많이 수업을 하여 많이 가르치고(more classroom instruction), ② 더 많이 기초와 과학을 가르치고(more of the 'basics' and science), ③ 더 많이 기강과 질서를 잡고(more discipline), ④ 더 많이 교수연수를 시키고(more teacher training), ⑤ 더 많이 통제하고(more control), ⑥ 더 많이 학부모를 참여시키고(more parent participation), ⑦ 교사의 보수를 더 많이 올려 주면(Banathy, 1991, p.7) 교육이 잘될 것이라는 생각이었다. 지금 하고 있는 일을 더 많이 더 잘하자는 것으로 효율성에 초점이 맞추어진 것이다. 이것을 교육개혁의 제1의 물결이라고 한다. 제1의 물결은 또 중앙집권적 하향식 접근이었다. 이러한 노력으로도 고도기술 정보·지식사회, 우주시대에 알맞은 교육을 하기는 어렵다는 것을 쉽게 알 수 있다.

그다음의 개혁 노력은 구조주의 입장에서 구조를 바꾸어(restructuring) 효과성을 높이려는 데 초점을 맞추었다. 체제나 조직 내의 구성 요소들(components)을 재배치하고, 책임을 재분배함으로써 효과성을 높이려는 것으로 학교와 교수의 구조와 형태의 재배치에 초점을 맞추고 학교 프로그램의 본질(substance)을 건드리지 못했다. ① 조직 내 규칙과 역할, 관계성의 변경, ② 강력한 지도력의 개발,

③ 교사권한 확대(teacher empowerment), ④ 동료의식의 형성 등의 노력이 이에 해당된다. 이는 새 체제를 새로 만들기보다는 현존 체제 내에서 어떻게 적응하느냐에 초점이 맞춰졌던 것이다.

이런 재구조화(restructure), 개혁(reform), 쇄신(renew), 개선(improve) 운동도 별 효과를 거두지 못하고 제안으로 그쳐 버린 셈이다. 이것을 미국 교육개혁의 제2의 물결이라고 한다.

이러한 과거의 개혁 노력은 ① 여러 학문 분야에서 따로따로 접근했고, 또 ② 여전히 전통적인 과학적 접근을 하여 새로운 각도로 보지 못한 점이 있다. 전통적 과학적 사고에 의하여 만들어진 학교를 다시 과학적 접근으로 보면 학교의 모습이 제대로 보일 리 없는 것은 너무나 당연하다.

첫째, 체제를 통합적으로 보려고 하지 못하고, 각 학문 분야별로 분리하여 접근한 것이다. 학습사회학, 수업심리학, 교육경제학, 학교 문화인류학, 최고의사결정정치학의 각각의 입장에서 마치 장님이 코끼리를 만지는 식으로 부분적으로 접근했던 것이다.

둘째, 전통적 과학적 탐구에서 부분적, 점진적 접근을 하여 부분을 통합하는 청사진과 같은 것이 없었다. 개혁을 위한 전체적인 지도가 없었던 셈이다.

셋째, 문제해결의 여러 아이디어들을 통합하는 데 실패했던 것이다. 예를 들면, ① 표준설정 전략, ② 교사연수 전략, ③ 교육과정 개선 전략, ④ 조직 전략, ⑤ 환경변화 전략 등 각각의 전략들을 통합하려는 노력을 하지 못했다.

넷째, 현존체제 내에서만 개혁하려고 했던 점을 지적할 수 있다. 문제들이 복잡하고, 교육체제가 보다 넓은 체제와 연결되어 있다는 점을 고려하여 개혁노력을 했어야 할 것이다.

우리나라에서는 교육개혁심의회, 대통령교육정책자문회의, 교육개혁위원회를 통하여 교육개혁을 하려고 하였으나 모두 과제 제시, 개혁안만 제시되고, 구체적인 실천 노력이 따라붙지 못했다. 또 교육의 본질을 건드리지 못하고 법과 제도 등 외곽만 건드려 다만 결과가 되었다. 거의 대부분이 실패로 끝나거나, 중단되거나, 원점으로 되돌린 것들이다.

이번 교육개혁안도 근본적인 많은 문제를 갖고 있어 극단적으로 말하여 실패를 전제로 하고 있다.

첫째, 기본적으로 교육개혁안은 비전과 목표·방향설정의 현실성·우선순위에 문제가 있다. 교육을 보는 사람마다 가치판단이 다를 수 있으나 현실적으로 한국교육의 가장 급하고도 중요한 것은 '양'이 아니라 '질'이라고 보아야 할 것이다. 장기적으로 열린 교육 사회를 지향하겠다는 것은 좋으나 이미 열려진 학교교육만이라도 질을 향상시켜 냉혹한 국제교육의 질 경쟁(전쟁)에서 승자가 되겠다는 목표를 제시하는 것이 더 국민을 미덥게 했을 것이다. 국민을 환상으로 몰고 가기보다는 정부를 신뢰하고 믿게 만들었어야 한다. 이미 열린 교육도 감당 못하고 싸구려 교육을 시켜서 국제경쟁력을 잃는 판에 교육을 더 여는 쪽에 개혁의 방향을 잡고 있으니 모든 것이 비틀려 나갈 수밖에 없다. 한국교육, 열면 열수록 더 거칠어지고 경쟁력은 더욱 떨어진다는 사실을 왜 모르는 것인가? 자기들 입으로 양의 시대에서 질의 시대로 바뀌었다고 하면서 말이다. 싸구려 질의 교육으로 고품질 경제를 만들겠다는 모순을 스스로 저지르고 있다. 정권 말기 98년에나 가서 GNP 5%를 확보한다는 것 가지고는 계속 열리는 교육을 감당하기도 어려울 것이므로 이미 열린 교육의 질을 높인다는 변명은 먹혀들 여지가 없다. 추측이긴 하지만 이번 교육개혁은 교육적 실현성 의도보다는 정치적 선언이라는 이익을 챙기려 했으나 그것마저 실을 초래했다고 본다. 과거의 교육개혁도 선언이 문제가 아니라 실천이 문제였다. 이들 방안이 모두 성공적으로 실천되리라 기대하는 사람은 아무도 없다. 이러한 틀린 방향에 맞추어 각 지방교육청이나 대학이 계속 교육을 열겠다면 문제이다. 현재의 학생들에게 세계 수준 교육서비스를 제공해 주고도 여력이 남을 때 교육을 더 여는 일을 해도 늦지 않을 것이다.

둘째, 교육개혁의 전략과 절차에 문제가 있다. 수십 년, 수백 년 내려오고 쌓여 온 교육을 일시에 혁명적으로, 종합적으로 바꾸려면 반드시 저항과 부작용이 따른다는 것을 알고, 개혁의 의지가 있었다면 개혁 아이디어를 일찍 공개적으로 내놓고 현장의 소리를 듣고 논의를 거쳐 의견을 수렴하여 방안을 결정하고 이를 발표했어야 한다. 개혁에서 반드시 거쳐야 할 절차를 생략하고 계속 비밀로 붙였다가 선거를 앞두고 급하게 터뜨리기식 전략을 쓰게 되니 개혁으로 이익도 보고 손해도 보게 될 당사자인 교육자나 학부모, 국민도 뒷짐 지고 팔짱끼고 구경이나 하는 구경꾼 신세가 되어 바쁜 개혁꾼들의 흥분된 목소리만을 TV인터뷰로 지켜보게 되었다. 당사자들을 제쳐 두고 누구의 힘으로 개혁을 추진할 것인가? 교육개혁 절차의 ABC를 무시한 것이다.

1983년 이후 그렇게 열을 올렸던 미국 교육개혁 10년의 노력은 실패했다는 평가이다. 주정부 주도의 중앙집권식이었기 때문이란 것이다. 교육개혁은 더 이상 리모트컨트롤 가지고 안 된다는 것이다. 그런데 왜 우리나라에서는 그렇게 참여를 외쳐 대는 사람들이 개혁에 당사자들을 소외시키고 비밀전략, 터뜨리기 전략을 썼는지 모르겠다. 교육개혁방안을 금융실명제 전략으로 착각했거나 그 재미를 또 보려고 했는지 모르겠다. 교육개혁은 금융개혁과는 다르다. 발표 후에 이제부터 참여하라고 하면 참여의욕은 줄어들 수밖에 없으나 사후참여라도 제대로 되어야 할 것이다. 일단 선언해 놓고 꿰어 맞추려니 시간과 노력이 더 들어가고 애초의 의도와 아이디어가 변질되어 목적대로 개혁하기 어렵게 된다.

개혁의 주역이 되어야 할 교원의 신바람을 불러일으키지 못하는 개혁방안은 100% 실패한다. 교원을 개혁의 춤판으로 끌어들이지 못하고 개혁위원의 독무대, 장관의 독무대만으로는, 중앙의 솔로 춤만으로는 성공하기 어렵다. 교원은 지금 개혁에 신나지 않고 오히려 안개 속의 불안을 느낀다. 비전이 환하지 못하고 오히려 환상으로 다가오기 때문이다.

교육개혁은 충분한 정보와 증거에 근거하여 점진적이고 단계적으로 이루어져야 한다. 현실을 무시하고 책상에서 생각해 낸 아이디어 발표에 그쳐서는 혼란만 가중시킨다. 단계적 전략이 수반되어야 한다. 검증도 안 된 무책임한 아이디어만으로는 부족하다. 종합생활기록부안을 마치 인성교육을 위한 만병통치약처럼 선전하다 실패하여 전 국민에게 엄청난 혼란을 주고도 사과하거나 책임지는 사람도 없다.

셋째, 문화적 요인을 충분히 고려하지 못했다. 개혁안의 많은 부분이 선진 외국의 것을 차용하고 있는데 우리나라의 문화가 거기에 맞기 어렵다. 열린 교육사회, 학교운영위원회, 입시문제, 초빙제 등 많은 방안들이 문화의 차이 때문에 진통을 겪게 될 것이다.

공급자 경쟁 – 수요(소비자)자 선택의 문화를 어느 날 갑자기 180도, 360도 방향을 바꾸어 심으려면 어려움이 클 것이다. 그리고 경제마인드, 경영마인드로 교육개혁을 하려는 데 문제가 있다. 문화개혁, 의식개혁이 되지 못하면 근본적 개혁이 어렵다. 오늘날 기업문화가 강조되듯이 학교문화가 중요하다는 것을 알았어야 한다. 우리의 교육수요자들에게 당장 선택의 자유가 절실했는가? 아니면 선택은 잠시 유보하거나 점진적으로 하더라도 양질의 교육배급이라도 제대로 해 달라고 하는 입장이었겠는가? 설사 지금까지 잘못되었다 치더라도 하루아침에 주인 역과 머슴 역을 바꿔 놓는다면 제대로 연극이 이루어질 것인가?

기업에서도 시장원리, 자유경쟁이 제대로 안 되는 한국적 문화에서 교육의 자유경쟁이 문화개혁의 시간 없이 성공 가능한가? 자유경쟁 속에서 기업체가 부도를 내고 도산하듯이 학교가 자유경쟁 속에서 망해야 교육의 질이 올라갈 것인가? 교육이 부도를 내서는 안 된다.

학부모와 주민이 지금은 당장 교육수요자이지만 교육자치가 제대로 되면 그들이 바로 교육공급자가 된다. 교육위원회와 학교운영위원회는 교육수요자이면서 동시에 교육공급자가 된다. 원래 교원과 학교는 교육공급자도 수요자도 아닌 공급자의 머슴인 것이다. 기업과 달리 교육을 공급자 – 수요자의 이분법으로 볼 수 없다. 정치논리, 경제논리로만 교육을 보고 개혁의 칼날을 대서는 안 된다. 교육개혁은 경제적 효율성만으로는 안 된다. 정치적 흥정으로도 안

되고 순수하게 교육적으로 이루어져야 한다.

넷째, 돈 안 드는 개혁은 허상이다. 정권 중반에서야 발표된 개혁방안, 정권 말기 98년에서야 GNP 대비 5% 교육재정 확보, 그러면 그동안 그 많은 교육개혁을 무엇으로, 누구의 손을 빌려 개혁할 것인가? 98년에 5% 확보하면 한국교육은 국제 경쟁력을 갖게 될 것인가? 없는 것보다야 낫겠지만 세계수준의 교육을 하기에는 역부족이다. 선진국들은 한 나라의 GNP 덩어리가 우리와는 비교도 안 될 정도로 큰데다 그 비율이 6%, 7%, 8%가 되어도 이미 자기네 나라 교육이 국제 경쟁력을 잃었다고 엄살을 부리는 판이다. 한국교육이 지금까지 싼값의 물건을 만들어 양으로 버텼으나 이제는 더 이상 안 된다는 것을 잘 알면서 교육투자에 그렇게 인색해 가지고 교육개혁에 성공할 수 있겠는가? 지구상에 교수 1인당 학생 수 30명이 넘는 나라가 어디 또 있겠는가? 1인당 GNP 겨우 몇백 달러 되는 나라도 1:30이 넘는 나라는 지구상에 없다. 교육개혁 각 방안에 투자계획이 전혀 언급되지 않고 있다. 돈 안 들어가는 계획과 개혁은 있을 수 없다.

5% 확보로 불어나는 돈이 생긴다면 그 돈을 몽땅 교실과 강의실, 실험실에 집어넣어 교육의 질을 향상시킬 생각을 했어야 한다. 그런 방안은 제시되지 않고 무슨 새로운 기구와 기관·조직을 또 만든다고 하니 그런 곳으로 돈이 다 새나갈 것이 우려된다. 교육은 교육환경(여건) 속에서 교사(수)와 학생 사이에 교육과정(내용)을 놓고 상호작용하는 것이다. 무엇을(교육과정), 어떻게(교수방법), 어디서(교육여건), 누가(교사·교수) 가르치느냐에 개혁의 핵을 잡지 못하고, 변두리·외곽만을 맴도는 제도개혁에 열을 올리는 것이 문제이다.

다섯째, 우리가 앞에서 논의한 정보사회에 알맞은 교육을 하기 위한 개혁 내용이 거의 없다. 구두로만 열린 교육사회를 만든다고 했을 뿐이다. 그리고 국가멀티미디어 교육지원센터를 새로 만든다는 것이 고작이다. 이것으로 정보사회의 교육이 되겠는가?

이번 교육개혁안은 너무나 많은 문제를 갖고 있어 일일이 모두 지적하고 비판할 가치도 못 느낀다.

주관적 판단이기는 하나 앞으로의 개혁적 노력은 제로베이스에서 체제와 조직에 대한 비전을 갖고 이를 조직과 체제의 이미지로 바꾸고 이 이미지를 새로운 설계로 실현시키려는 노력을 할 필요가 있다. 그리고 구조개혁을 뛰어넘어 문화개혁, 체제적 개혁을 해야 한다. 이것을 교육개혁의 제3의 물결이라고 한다. 그래서 우리나라에서 역사에 남을 성공적 개혁은 중학교 무시험제라고 할 수 있다.

3. 21세기와 교육

21세기는 산업사회와 많이 다른 사회적 특성을 지닐 것이다. 이에 따라 교육도 21세기 정보사회를 창출해 내기 위해서 달라져야 할 것이다. 여기서는 21세기 정보사회의 특징을 간단히 살펴보고, 21세기 정보사회의 학교교육의 방향을 제시해 보고자 한다.

가. 21세기 사회의 특징

21세기에는 우리나라가 일단 정보사회가 된다고 가정하고 먼저 정보사회의 일반적 특징을 산업사회와 비교하여 살펴보기로 한다.

정보사회는 우선 정보와 지식이 사회를 움직이는 원동력이 되기 때문에 정보와 지식을 개발하고 창조하기 위한 지적기술(intellectual technology)이 중심이 될 것이다. 학교는 지적 활동을 하는 곳이기 때문에 정보사회에서 학교는 어느 기관보다도 중요한 기능을 해야 한다. 산업사회에서는 공장과 기업, 경제가 주도권을 잡았었을 것이다.

정보사회에서 힘의 기반은 인공지능 기술에 의한 인지적 힘의 확대와 연장이라고 할 수 있다. 지배적인 패러다임은 인공지능체제의 출현과 상호인과성, 역동적 복합성, 생태학적 사고라고 할 수 있다. 정보사회에서 요구되는 기술은 정보의 수집·조직·저장·활용과 의사소통, 망조직과 체제적 계획과 설계 기술이다. 주요 상품은 이론적 지식과 정보이고 사회에 대한 의식은 지구촌 의식, 국제화라고 할 수 있다. 이를 산업시대와 대비하여 <표 1-8>로 요약한다.

<표 1-8> 산업시대와 정보시대의 일반적 특징

	산업시대의 일반적 특징	새로운 시대의 일반적 특징
목적과 형태	물질 생산을 위한 에너지 중심 과정	정보와 지식 개발을 위한 지적기술 중심 과정
힘의 기반	기계에 의한 물리적 힘의 연장	인공지능(고도기술)에 의한 인지적 힘의 확대와 연장
지배적 패러다임	뉴턴적 고전적 과학, 결정론, 환원주의, 단순인과성, 조직된 단순성	인공지능체제 과학 출현, 상호 인과성, 역동적 복합성, 생태학적 중심
기술	발명, 제조, 직조, 난방, 공학	정보의 수집·조직·저장·활용, 의사소통, 망, 체제적 계획과 설계
주요 상품	에너지, 원료, 중간물질, 기계, 제조 산물	이론적 지식과 정보(혁신지원에 사용되는) 설계, 정책형성, 봉사
사회의식	국가	지구촌 의식 출현

또 정보사회의 핵심가치가 산업사회와 달리 바뀌게 되고 이 가치에 의하여 새로운 체제를 만드는 아이디어를 생각해 내서 체제 설계로 연결해야 한다(Core values→Cote idea→Design). 새로운 핵심 가치를 몇 가지 예로 들면 다음과 같다.

첫째, 인간에 대한 생각이 한쪽은 개인, 다른 한쪽은 지구촌으로 초점이 맞춰지게 된다(Individual←·→Global). 더 이상 나눌 수 없는 인간 한 사람 한 사람에 초점을 맞추는 동시에 다른 한편으로는 하나의 지구에 사는 사람으로 생각해야 하는 측면이 있다. 학교나 학급집단으로 다루려는 생각은 줄어들어야 할 것이다(Classes→Individual Learners).

둘째, 개인, 가정, 여러 사회 체제 내에 내재하는 독특성과 독특한 가능성을 존중해야 한다. 이 세상에 하나밖에 없는 것이 귀중한 것이다.

셋째, 학습에의 자유와 권리가 존중되어야 한다. 배우는 방법에는 여러 가지가 있고 어떻게 배우느냐는 학습자에게 맡겨져야 한다.

넷째, 삶의 질 확보와 풍요화를 귀중하게 여겨야 한다.

다섯째, 윤리, 도덕, 정신적 발달과 문화적 다양성이 중시되어야 한다. 정보사회에서도 인간답게 살아야 하고, 삶의 방식은 다양할 수 있다. 산업사회에서 물질이 지배하는 사회가 되어 문제가 되었듯이 정보사회에서도 정보가 인간을 압도하여 정보지배 사회가 되면 문제가 될 수 있다.

여섯째, 대인관계와 사회적 관계성은 정보사회에서도 여전히 중요하다.

일곱째, 위협적 힘(정치/군사), 교환적 힘(경제), 통합적 힘(사회)

중에서 통합적 힘이 제일 중요시된다.

여덟째, 학습과 인간개발을 육성하는 일이 중요시된다.

이러한 가치들이 중핵가치로 부상하게 되면 교육은 새로운 사회적 기능을 담당하게 된다.

첫째, 사회와 교육의 상호 발전 관계가 성립된다. 정보사회에서는 정보와 지식을 개발하고 창출하는 교육이 보다 더 중시되지 않을 수 없다. 물질주의에서는 공장이 학교보다 더 중시될 수 있었으나, 정보사회에서는 학교가 곧 지식 생산의 공장이 되는 셈이다.

둘째, 다른 사회 체제와의 새로운 관계성을 성립해야 한다. 다른 체제와의 고려 없이 교육체제에서만 개혁을 시도해서는 소용없을 것이다.

셋째, 지구공동 사회와 교육체제와의 관계를 성립해 나가게 된다. 한 지구에서 같이 살아가기 위한 교육이 되어야 할 것이다.

넷째, 인간잠재 능력의 개발이 가장 중요한 산업이 된다.

다섯째, 학습에의 자유와 권리, 앎에 대한 권리의 보장이 더 중요한 기능이 된다.

여섯째, 인간의 질과 지혜의 발전이 교육의 중요한 기능이 된다.

일곱째, 인간 조건의 개선이 중요한 교육 기능이 된다. 인간이 인간답게 살 수 있게 하는 환경과 조건을 만들어 줘야 한다. 지금은 교육이 오히려 인간의 조건을 파괴하는 기능을 하고 있는지 모른다. 교육한다고 오히려 많은 사람을 잡고 있을 수도 있다.

이렇게 되면 학습에서도 달라져야 하는 것은 너무나 당연하다.

첫째, 고등정신기능의 고등학습 내용으로 바뀌어 가야 한다.

둘째, 고도기술시대에 요청되는 능력을 개발하는 학습이 되어야 한다. 컴퓨터를 다룰 줄 아는 것은 그 하나의 예일 것이다.

셋째, 변화를 관리하고 형성하는 데 도움이 되는 학습을 해야 할 것이다. 변화에 수동적으로 적응하고 대치만 하는 것이 아니라 변화를 주도적으로 관리해야 한다.

넷째, 협동학습 능력을 획득하도록 하여야 할 것이다. 혼자 학습 문제를 해결하는 것보다 여럿이 협동하여 해결하는 것이 낫다는 생각이다.

다섯째, 체제적 사고와 협동능력을 기르기 위한 학습이 되어야 할 것이다.

여기서 정보사회에 필요한 몇 가지 중요한 덕목을 뽑아낼 수 있다.

첫째, 개별성과 독특성을 강조하게 된다. 한 사람 한 사람의 개인과 그 개인의 독특성에 초점을 맞추고 또 이를 인정·장려해야 한다.

둘째, 다른 한편으로는 공간을 확대하여 지구촌에서 살아갈 것을 생각하면 지구촌·국제화, 개방성이 중요시된다. 마음이 열리고, 공간이 열리고, 시간이 열리고, 체제가 열려야 한다.

셋째, 더불어 살아가기 위해서는 협동성, 동료의식, 팀 정신, 통합성이 요구된다. 학생들도 팀으로 학습해 나가고, 교사도 팀으로 가르치고, 행정가들도 팀으로 행정하고 경영·관리·지원하게 되기 때문이다. 조각난 지식을 통합하고 분리주의로부터 통합주의로 나가야 한다.

넷째, 변화의 시대에는 융통성과 신축성이 강조된다. 교육과정도, 학습도, 행정도, 조직도, 시설도, 융통적이고 신축적이어야 한다.

이러한 몇 가지 중요한 개념을 염두에 두고 21세기의 교육을 그려 볼 필요가 있다.

새로운 체제의 학교를 구상한다면 또 ① 변화의 초점, ② 변화의 범위, ③ 다른 체제와 교육체제와의 관계의 3차원을 체계적으로 고려해 볼 필요가 있다. 새로운 체제를 <그림 1-3>으로 나타내 볼 수 있다.

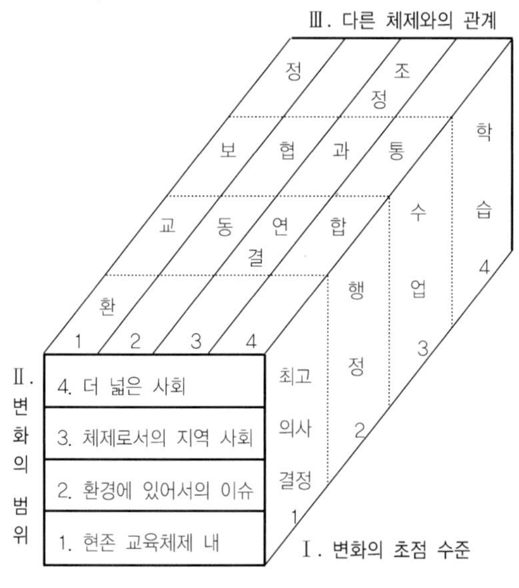

〈그림 1-3〉 변화와 개혁 시 고려할 치원

출처: Banathy, 1991, p.49.

예를 들면 ① 학습, ② 교수, ③ 행정, ④ 최고의 의사결정의 네 수준에서 어디에 변화의 노력의 초점을 맞출 것인가? 학습 수준 쪽으로 초점이 옮겨 가야 할 것이다. ① 현존 교육체제 내, ② 환경에서의 이슈, ③ 지역사회, ④ 보다 광범한 사회 중 어디까지 범위를 확대할 것인지 결정해야 한다. 보다 넓은 쪽을 향하여 가야 할 것이다.

교육체제와 다른 체제와 기관과의 관계를 ① 정보교환, ② 협동, ③ 조정과 연결, ④ 통합의 수준에서 어느 형태를 취할 것인가를 종합적으로 구상하여 개혁 노력을 할 필요가 있다. 통합의 수준의 방향으로 관계를 밀착해야 할 것이다.

나. 21세기 정보사회의 학교교육의 방향

이제 좀 더 구체적으로 21세기의 학교와 학교교육이 어떻게 변해야 할 것인지에 대하여 생각해 보기로 한다. 물론 절대적인 것이 될 수 없고, 사람에 따라 달리 가상을 할 수도 있다. 일반적인 것에서부터 구체적인 방향으로 전개해 보기로 한다.

1) 학교교육의 위치

정보시대에 학교와 교사가 학생에게 정보를 제공해 줄 수 있는 양과 비중을 어느 정도로 가정해야 할 것인가? 과거에는 학교와 교사가 전적으로 정보와 지식을 제공해 준다고 생각했었는데도 불구하고 겨우 학생들이 얻는 정보의 40%를 제공해 줬다고 하는데 (Beare & Slaughter, 1993, p.ix) 이제 정보가 개방되고 모두가 공유하게 되는 정보사회에서 학교와 교사가 학생들에게 제공해 줄 수 있는 정보의 양은 줄어들 수밖에 없다. 가정교육, 사회교육, 학교교육 중에서 학교교육의 비중을 줄여 잡아야 할 것이다.

학교의 기능과 역할도 변해야 하고, 교사의 기능과 역할도 기계나 정보매체가 하지 못하는 일만 담당해야 할 것이다.

학교에서 학생들이 학습하는 시간도 줄어들어야 할 것이다. 정보를 수집, 조직, 활용하는 일은 이외의 다른 장소에서도 많이 할 수 있기 때문이다. 정보사회는 장소와 공간을 뛰어넘는 시대가 된다.

2) 공립학교제도

현재도 공립학교의 제도에 회의와 의심을 많이 품고 있다. 그래서 Phi Delta Kappa에서는 1996년도에 "공립학교는 아직 필요한가?"에 대한 연구를 하고 아직은 필요하다는 결론을 내렸으나 이런 연구를 시작했다는 자체가 공립학교제도에 문제가 있다는 반증이 된다.

공립학교가 학생들에게 가장 잘 정보를 제공해 주고 활용할 수 있게 교육하고 있다고 할 수는 없다. 정보의 개방성에 의하여 자유경쟁이 가능해지고 시장성에 의하여 자유경쟁이 되어야 더 좋은 정보와 서비스를 학생들에게 제공해 줄 수도 있다.

사립학교만 해도 비영리 교육기관이었는데 이제는 사설 영리 교육 사회가 경쟁에 나서고 있다. 예를 들면 Edison Project는 1996년에 설립하여 2010년까지 1,000개의 학교 2백만 학생을 등록하게 할 계획을 갖고 있다. 이 프로젝트는 12분 뉴스 프로그램에 2분 상업광고를 하는데 미국 40%의 중등학교 학생에게 제공되고 있다(Lieberman, 1995, p.318). 공립학교 교사보다 공중에 떠돌아다니는 스타방송교사가 제공하는 정보가 더 유용할 수 있다. 아니면 영리 사설 교육기관 일부와 공립학교 또는 사립학교와의 조합 형식의 교육도 생각할 수 있다(For—profit(+) Public, For—Profit(+) Non—profit private). 심지어는 학생을 학교에 안 보내고 전적으로 가정에서 가르치겠다는 학부모도 나온다. 앞으로 공립학교의 교육서비스의 질을 획기적으로 개선하지 못하면 존재이유에 위협을 받게 될 것이다. 우리나라의 교육기관도 공립학교, 비영리 사립학교, 영리 사실 교육기관의 3종류가 경쟁을 벌이는 시장체제가 나올 수 있다. SBS와 EBS가 경쟁하는 것이 아니라 학교와 경쟁할 수 있다.

학부모의 학교 선택권이 보장되고, 어느 학교를 선택했든 일정액의 학비를 세금에서 보장해 주는 경향을 보면 경쟁력 없는 공립학교는 위협을 받지 않을 수 없다.

3) 학교수준, 학년, 학급의 의미 감소

앞으로의 사회는 학생 개인에 초점을 맞춰야 하고, 개인의 능력은 각기 다르기 때문에 초등학교, 초급 중등학교, 고급 중등학교 간의 구분과 이동이 엄격하지 않고 자유스러워야 한다. 학년의 개념이 줄어들고 꼭 1년마다 이동(진급)할 필요도 없어진다. 보통교육의 윤곽을 정해 놓고 이곳을 통과하기만 하면 된다. 지금은 '학생(개인)'을 가르치는 것이 아니라 '학급'을 가르쳤는데, 개인에 초점을 맞추게 되면 학급의 의미는 사라지거나 약화된다. 학급은 산업사회, 학교의 상징으로 대량교육을 위한 것이었다. 학습의 단위는 다양하게 대집단, 소집단, 개인이 되고, 학습 팀의 개념이 강조될 수 있다.

어떤 사람은 유치원을 포함하여 4－4－4의 엉성한 학교체제를 생각하기도 한다. 4－4－4가 한 학교이면서도 다른 학교, '학교 내 학교(Schools within school)'와 같은 것이다. 한 수준의 학교에 300～400명의 학생을 12～20명의 교사가 팀을 이루어 무학년제로 가르친다. 학교수준별 이동이 자유스럽다. 학교수준별 행정가, 경영자도 3수준이 하나의 행정 팀을 이루어 공동으로 계획하고 실천하고 평가한다. 엉성한 한 학교의 개념이 작용하는 것이다.

4) 교육과정

정보와 지식에의 접근에 공평하고 평등해야 한다. 그렇다고 이것이 각 어린이에게 똑같은 교육과정을 제공해 줘야 한다는 것을 의미하지는 않는다. 학생들에게 제공되는 교육과정은 각각의 학생에 따라 달라질 수 있다. 공통학습을 위하여 고도로 차등 교육과정이 제공되는 셈이다. 공통학습을 위한 비공통교육과정이 된다. 이는 같은 교육과정을 위한 능력별 집단 그 이상의 것을 의미한다. 중핵교육과정의 의미는 줄어들게 된다. 물론 기초(Basics)에 해당하는 것은 예외일 수도 있겠으나 이것마저도 달라져야 할지도 모른다. 지식작업, 아이디어, 상징, 추상, 이론과 같은 고등사고 기술을 다루는 내용이 교육과정에 많이 포함될 수밖에 없다.

미리 확정되어 굳어져 있는 교육과정이 아니라 그날그날 정하는 교육과정이 될 정도로 융통적이고 신축적이어야 한다. 교육청 수준, 학교 수준의 교육과정은 엉성한 정도로 공통적인 교육과정이 정해질 수 있겠으나 학급수준의 교육과정에서는 융통적이고 개별화의 모형이 될 것이다. 강조 내용, 습득할 기술, 성취 기대수준, 학습 속도, 학습 방법, 제공될 학습 환경, 학습의 구조화 정도, 학습 자료, 피드백 형태와 양, 최종평가 방법, 개인적 의미(Glatthorn, 1994, p.105)가 모두 학생 개인에 따라 달라져야 한다. 신문을 통한 수업은 임시 교육과정의 성격을 갖는 좋은 예이다.

또 교육과정의 결정에 학생이 적극 참여해야 된다. 과거에도 학생의 필요와 요구를 조사하여 교육과정을 구성한다고 하였으나 이제 정말 학생주도의 학습을 하려면 교육과정의 결정에 학생이 참여해야 한다.

5) 학습과 학습자

교육체제(또는 학교)를 ① 최고의사결정(기관)수준, ② 행정수준, ③ 수업(교수)수준, ④ 학습·경험(학습자 개인) 수준으로 나누어 볼 수 있는데 과거에는 높은 수준에 초점이 맞춰져 운영되었고, 학습·경험 수준도 하나의 학습 집단으로만 다루어졌었는데 21세기의 학교교육에서는 학습수준에 초점이 맞춰져야 한다. 학급에 초점을 맞추지 말고 학습자에게 초점을 맞춘 학교가 되어야 한다. Maehr & Midgley(1996, pp.20~25)도 아이에게 초점을 맞춘 학교, 학습에 초점을 둔 학교를 미래에 대한 비전의 필수적 본질로 들고 있다. 학습에 초점을 맞췄을 때, 최고의사결정수준, 행정수준, 수업(교수)수준도 다음 <표 1-9>와 같이 변해야 한다.

〈표 1-9〉 학습에 초점을 맞춘 체제(Banathy, 1991. pp.93~95를 표로 작성)

	최고의사결정(기관)수준	행정수준	수업(교수) 수준	학습경험(학습자 개인) 수준
목적	학습·경험 수준의 지원을 위한 자원의 이용 가능성 촉진	학습을 촉진하는 자원 요구와 자원 활용에 적절한 정보형성	학습을 촉진하는 자원과 배치의 제공	학습과제 완성, 유능하게 되는 것
실제	교수·학습 체제에 대한 사회적 기대와 요구	교수·학습 지원, 교육시설	학습자 필요와 목적	바라는 학습 산출에 관한 정보
의사결정자	교육정책 결정자와 여러 사회기관 자원체제의 대표	재정과 학습자원의 확보와 자원관리를 위한 관리자의 행정가	학습자원 관리자와 자원제공자	학습자와 학습자원 관리자

	최고의사결정(기관)수준	행정수준	수업(교수) 수준	학습경험(학습자 개인) 수준
투입	사회의 교육적 필요와 가치, 교수·학습 체제에 대한 요구: 재정자원과 제약	최고결정 수준과 기관 학습자 수준의 산출	행정수준의 산출: 학습자의 절차, 학습자 요구에 대한 정보	수업수준의 산출, 학습자 요구와 목적, 교수·학습 자원 활동을 위한 구체적 계획
산출	일반교육목표, 교수·학습 체제에 이용 가능한 자원 배분	여러 사회 체제의 참여와 사회의 교육적 지원과 전반적 교육 요구의 활동을 규제하는 정책	교육과정의 틀에 대한 정보: 교수 학습자원의 배치, 조직된 쉽게 이용 가능한 자원	완성된 학습 과제, 개인적·사회적으로 유능한 사람이 되기 위한 진전

지금까지는 행정가도, 교사도 모두 교사가 무엇을 어떻게 가르치느냐에만 주의와 관심을 기울여 왔다. 교사가 아무리 열심히 가르쳐도 학생이 배우지 않거나 못하면 열심히 하는 것도 의미가 없다.

〈표 1-10〉 교수초점과 학습초점의 비교(Banathy. 1991. pp.99~101을 표로 작성)

	교수에의 초점	학습에의 초점
목표	교육과정 목표 - 교사수행안내	학습산출 진술 - 학습자와 보조자 안내
과제	학급이 완성할 과제	학습자가 방향과 평가에 참여(과제 선정)
학년	학생의 나이, 시간, 코스, 성적에 의해 진급	선수 능력 습득이 출발점
정보원	교과서가 정보와 수업의 근원	다른 자원이 가능, 학습자 필요, 흥미, 학습 스타일에 근거하여 선정
학습상황	교과서 제시, 교사 정보 제공	여러 학습 상황 - 자기 주도 학습, 안내되는 학습, 팀 학습, 개인지도, 공학활용
관계	교사는 배우, 학생은 관객	학생이 배우로 활동, 교사는 학습 환경 관리
학습경험	양적, 질적으로 학급 학생이 동일경험	다양한 학습경험, 시간양도 학습자에 따라 달라진다.
학급	교사의 감독하에 학급 학생이 대부분의 시간을 같이 보냄	각 학습자의 구체적 학습과제 수행에 가장 알맞은 형태로 학습(실험실, 소집단, 대집단)
평가	교사에 의하여 평가	학습관리자의 주도 아래 자신과 집단에 의한 평가
동기	교사의 보상, 동기 유발	학습자 자신의 학습 동기 유발
평가 시기	사전계획에 의한 성취도 평가	필요한 노력을 다했을 때 평가

	교수에의 초점	학습에의 초점
학습과정	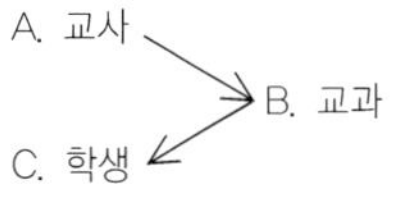 A. 교사 → B. 교과, C. 학생	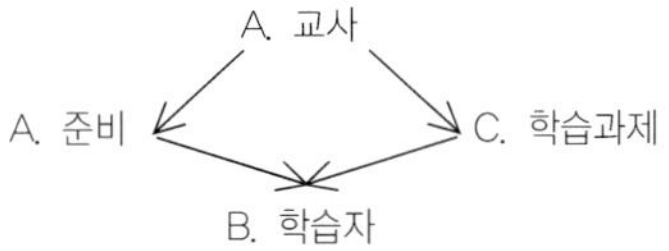 A. 교사, A. 준비, B. 학습자, C. 학습과제

교육개혁도 정책, 의사결정, 행정에 초점을 맞추었었는데, 기껏해서 수업에 맞춘다고 해도 학생이 배우지 못하면 아무 소용이 없다는 것을 알아야 한다. 학교운영위원회는 최고의사결정 수준의 문제로 학습과는 아직도 거리가 멀다. 학교운영위원회를 구성·운영하면 학생이 더 잘 배울 것이라는 가정과 가설이 반드시 眞로 나온다는 보장이 없다. 학교장 초빙제도 최고의사결정 수준 아니면 행정 수준의 문제이다. 교수초점과 학습초점이 어떻게 다른지 비교표를 검토해 보면 좀 더 명확해질 것이다.

6) 교수와 교사

교사가 학생에게 정보를 제공해 줄 수 있는 양과 방법에는 한계가 있으므로 교사의 위치는 학습 보조자, 안내자 위치로 전환해야 한다. 정보제공자의 위치에서 코치, 지원, 자문, 리더, 조직자, 목표설정자 위치로 가야 한다. 학습자에게 필요할 것으로 예상되는 정보를 최대한 준비해 놓는 일에 많은 시간을 보내야 한다. 수업시간보다 수업 준비시간과 노력이 더 많이 필요하게 된다. 수업시간에는 개별 또는 팀별로 정보를 조직하고, 저장하고, 활용하는 방법을 도와주는 일에 그칠 수밖에 없다. 교사의 의식의 전환, 발상의 전환, 사고의 전환이 요구된다.

교사는 기계, 정보매체가 하지 못하는 인간적인 일을 담당해야 한다. 인간적 상호작용, 사회적 관계, 정의적, 심체적 영역을 도와주는 일을 더 많이 해야 할 것이다.

윤리·도덕적인 도움을 주는 일도 가정과 사회, 교회가 공유해야 할 것이다. 교사 자신이 정보를 처리하는 능력을 갖추어야 하는데 교사양성 단계에서부터 21세기형 교사로 양성되어야 한다. 교사 양성에 대한 불신도 대단히 높아지고 있다. 대학을 마친 사람을 현장 학교에 임시로 채용하여 현장 초·중등학교에서 교육시켜 자격증을 부여하고 채용하는 현장 양성제도까지 대두하고 있다.

교사는 팀을 이루어 학생을 학습하게 된다. 한 교사가 할 수 없는 것을 교사 팀이 해낼 수 있기 때문이다.

교사에게는 말할 것도 없이 행정에 대하여서는 자율과 권한이 주어지겠지만 앞에서 언급한 것처럼 학습과 학습자에게는 권한을 줄여야 되는 셈이다.

지금까지 안 하던 교육과정의 일까지 하고 학습을 위한 준비를 하려면 교사는 연구자의 수준으로 격상되어야 한다. 독특한 개개인 학생의 요구에 맞추려면 높은 수준의 전문성이 요구된다.

7) 정보사회 학교교육에서 주의해야 할 점

산업사회에서 우리는 얻은 것도 많고 동시에 잃은 것도 많았다. 산업사회 학교가 사회에 기여한 것도 많고 못다 한 것도 많다. 물질적 풍요를 가져왔으나 동시에 물질적 지배를 가져오고 공해와 환경 파괴, 정신적 빈곤을 가져오기도 했다. 교육의 기회확대, 평등, 최저 수준의 교육 보장을 가져왔으나 획일을 가져오고 질을 보장하지는 못했다.

그동안 여러 나라에서 학교와 교육을 개선하려고 많은 노력을 했었으나 주로 현 체제를 그대로 놔두고 수선해서, 고쳐서 쓰는 방향이었다. 이제는 고쳐 쓰는 노력과 함께 근본적인 틀 바꾸기도 고려해 볼 필요가 있다. 가능한 한 많은 사람을, 가능한 한 멀리, 가장 효과적으로 나르는 연구만 해서는 안 된다.

정보사회는 건강을 증진시키고, 생활과 건강, 교육의 질의 표준을 향상시키기 위하여 정보 활용을 생산수단으로 하는 사회이다. 정보와 지식이 사회를 움직이는 원동력이 되고 바탕이 되는 사회이다. 정보사회는 가르치고, 배우는 학습사회이다. 정보와 기술을 사용하여 창의적으로 생각하고 문제해결을 해야 한다. 학교도 지식·정보창출의 산실이 되어야 한다. 산업사회는 기업체와 공장이 주도했으나, 정보창출은 학교가 주도해야 한다. 산업사회에서는 학교가 산업사회에 따라가기 바빴으나 정보사회에서는 학교가 사회를 끌고 가야 한다.

정보사회의 학교는 학습초점, 학습자 초점의 학교가 되어야 한다. 학생이 배우고, 교사도, 행정가도, 지도자도 배우는 학교가 되어야 한다. 인간개발만이 개인과 지구가 함께 행복하게 살 수 있는 최선의 길이다. 학교와 행정가, 교사의 자리매김이 낮아져야 한다.

정보사회에 요구되는 학교교육의 변화와 관련하여 몇 가지 더 생각해야 할 것들이 있다.

첫째, '더 많이 주의', 구조변경으로부터 근본적으로는 문화개혁을 해야 한다. 정보사회에 알맞은 학교문화, 정보문화를 형성해야 하는 것이다. 이것을 의식의 전환이라고 해도 좋다(더 많이→구조개혁→문화개혁).

둘째, 정보와 지식은 다분히 인지적 활동의 산물이기 때문에 정의적, 심체적 측면이 소홀히 다뤄질까 걱정된다(인지적 영역(＋) 정의적, 심체적 영역의 조화). 한국교육이 진정한 의미의 지식중심, 지식편중의 교육을 해 왔더라면 21세기는 우리의 세기가 될 것이었다. 지식편중의 교육을 제대로 못했던 것이다. 여기서의 지식은 가장 낮은 수준의 지식, 암기를 의미했기 때문이다. 한국이 진정 교육의 나라였더라면 정보사회에서는 판을 치는 나라가 될 것이다. 어떤 의미가 되었든, 어쨌든 우리가 교육을 중시하는 나라라면 21세기는 기대할 만한 세기이고, 도전할 만한 세기임에 틀림없다.

여기서 걱정은 또다시 정의적 영역, 심체적 영역의 교육이 소홀히 되지 않을까 하는 데 있다. 이 부분을 학교와 교사가 채워 주고, 가정이 채워 줘야 한다. 정보매체가 하지 못하는 일을 인간적인 교사가 보충해 줘야 한다. 정보와 지식과 함께 문화 예술에 대한 교육을 소홀히 하지 않도록 주의해야 한다.

셋째, 정식 정보사회에서는 일하는 시간이 줄어들 가능성이 있으므로 남는 시간을 봉사활동으로 채워야 할 것이라는 예상을 해 본다면 어릴 때 학교에서 봉사교육을 해 줘야 할 것이다. 어려서부터 봉사가 몸에 배야 어른이 되어서도 자연스럽게 봉사하는 삶을 살게 된다.

마지막으로 윤리, 도덕교육을 재강조하지 않을 수 없다. 산업사회에서 마지막에 물질지배사회가 되어 인간이 물질의 노예, 과학의 노예가 되었듯이 정보사회가 잘못 나가면 정보 지배사회, 정보제국주의가 되어 인간이 물질적 노예, 과학의 노예가 되었듯이 인간이

다시 정보의 노예가 될 수도 있다. 정보도 인간이 인간답게 살기 위해서 필요한 것이다. 우리가 정보사회를 위해서 Hardware, Software, Network의 순서로 강조해 왔다면 앞으로는 Humanware, Human Technology를 계속 염두에 두고 소홀히 하지 않을 뿐만 아니라 오히려 이를 강조해야 한다.

4. 정보사회의 학교경영의 발전

더 넓은 제도적 측면 발전방향에 대하여 먼저 살펴보고 나서, 구체적으로 학교행정과 경영이 어떻게 발전해 나갈 것인가에 대하여 언급하기로 한다.

가. 학교 외부의 제도적 발전

앞에서 이미 언급된 것처럼 정보사회에서 학교의 기능과 위치는 변해야 한다. 정보지식사회에서 지식과 정보를 주로 다루고 이를 다루는 학교는 가장 중요한 기관이 되어야 한다. 그런데 학생교육 면에서는 지식과 정보가 개방되고 공유되기 때문에 학교에서만(장소) 오랜 기간(시간) 교육해야 할 필요가 없게 되어 다른 한편에서는 학교의 기능을 낮추어 잡아야 한다. 말할 것도 없이 교사의 위치도 보조자의 위치로 내려와야 하고, 가정과 사회의 교육적 기능이 확대되고 분담되어야 한다.

몇 가지 주요 제도적 발전방향을 생각해 볼 수 있다.

1) 교육(학교) 선택권과 자유경쟁

학생개인과 개인의 학습에 초점을 맞추려고 하다 보면 개인의 학습에 유리한 교육기관을 선택할 수 있게 보장해 줘야 한다. 공립학교, 사립학교, 영리사설기관과 자유경쟁에서 이겨야 하고, 지는 교육기관은 차차 도태되게 된다. 당장 공립학교는 예·체능 사설학원과 경쟁을 해야 한다. 공립학교도 살아남으려면 체제개편과 서비스 개선을 해야 할 것이다.

2) 교육부·교육청의 교육행정 체제

교육부는 한 나라의 교육의 방향을 정하는 일과 정보제공과 정보망·정보관리망을 관리하는 일만 하면 되므로 조직과 인원을 최소한으로 축소하고 대신 전문인원의 팀 조직을 해야 한다. 공립학교는 완전히 지방자치 단체에 맡기고, 또 보통교육에 관한 사항은 완전히 지방교육청에 맡겨야 한다. 교육부의 크기는 한 지방교육청의 규모보다 작아야 진정한 의미의 작은 정부가 되고 진정한 피라미드 형태로 된다.

정보가 발달한 정보사회에서는 시·도, 시·군 교육청의 2단계를 중간에 둘 필요가 없다고 본다. 시·도, 시·군 둘 중 하나라도 충실히 하여 학교를 지원하면 된다. 현재는 시·도가 자치의 단위이므로 시·군의 조직과 인력을 그대로 시·도의 확충에 활용하면 학교 지원에 도움이 더 될 수 있다. 물론 많은 권한을 학교에 옮겨 줄 것을 생각하면서도 교육청도 기능이 줄어들게 된다.

학교에 인사권, 재정권, 교육과정 결정권 등 학교교육권을 모두 이양해 줘야 정보사회에 알맞게 될 것이다. 교육청은 정보망 관리나 해야 할 것이다.

3) 교육행정 인적 지원

교육부, 교육청, 학교의 교육행정가는 소수정예의 교육행정전문가로 양성해야 한다. 정보전문교육을 받아야 한다.

학습과 학습자로부터 거리가 먼 곳(예, 교육부나 교육청)의 교육행정조직과 인원은 최소화하고 학습자와 가까운 곳의 지원인력이 확충되어야 한다.

앞으로 정보매체 기술자의 수가 늘어나야 하는데 이들과 교사, 교육행정가의 협동적 관계성 확립에 노력하지 않으면 문제가 될 수도 있다. 산업사회 학교의 처지에서 보면 신종직업 인력이 늘어나기 때문이다.

4) 학교단위자율책임경영제

앞으로 학습자에 초점을 맞춘 교육이 되려면 교육이 이루어지고 있는 현장 학교로 모든 권한이 위임되어야 한다. 앞에서도 언급된 것처럼 인사권, 재정권, 시설관리권, 교육과정 결정권 등이 모두 학교에 맡겨져야 한다. 교사, 기술자 모두 직원을 학교단위에서 채용·해고할 수 있어야 한다. 그리고 한 학교에서 평생을 바치게 한다. 재정은 일정한 공식에 의하여 덩어리돈을 학교에 일반배정하고 특별한 필요에 의하여 추가 배정하고 돈을 어디다 어떻게 쓰느냐는 학교에 맡겨져야 한다. 학교 자체에서도 수입원을 가져야 하고, 기부금도 받아야 하는 것은 당연하다.

학교시설도 국가 전체적 정보망 이외에도 모두 각 학교에서 설계하고 건축할 수 있어야 다양한 학교의 모습이 나올 수 있다.

교육과정은 말할 것도 없이 학교교육과정, 교실(학급)교육과정으로 내려와야 학습자 초점 교육을 할 수 있다.

이렇게 학교단위자율책임경영제를 할 것이라는 전제아래 학교 내부의 경영 발전방향을 모색한다.

나. 학교경영의 발전방향

위와 같은 외부적·제도적 변화와 함께 학교경영의 변화를 모색해야 할 것이다.

1) 학교의 최고의사(방침)결정기구

학교운영위원회가 설치되면 공립학교의 최고의사결정(통치)기구는 학교운영위원회가 되고, 사립학교의 경우는 재단이사회가 된다. 교장은 학교운영위원회의 결정을 집행하는 최고집행자가 된다. 원칙적으로 교장은 학교운영위원회에 의하여 고용된(초빙된) 교육행정전문가인 것이다. 그러므로 앞에서 최고의사결정수준 - 행정수준 - 수업(교수)수준 - 학습·경험수준으로 나누어 볼 때, 학교운영위원회는 최고의사결정기구에 해당되고 교장은 행정기구 수준에 해당된다는 점을 시사했던 것이다.

그러나 능력 있는 교장이라면 교장의 전문적 자문에 의하여 교장의 이론과 논리대로 결정이 이루어지게 되는 것이다.

학교운영위원은 무엇보다 주민의 代表性이 강조된다. 그리고 학습자를 대변해 줄 수 있어야 한다. 그래서 초등학생일지라도 학교운영위원회에 학생대표로 참석하여 의견을 자유롭게 제시할 수 있어야 한다. 학습자가 교육과정 결정에 참여하고, 자기 주도적 학습을 한다고 하면서 학교운영위원회에서 학생이 전적으로 배제되는 것은 정보사회 학교에 맞지 않는다.

학교운영위원회는 비전문가 집단이기 때문에 학교의 주요 방침만 결정하고 구체적인 사항은 행정수준의 교장과 교사전문가 집단에게 넘겨지는 것이다.

2) 전문가 위원회

교육과정과 교육 프로그램 운영, 수업과 학습자료, 과외활동 등의 구체적 운영에 관한 사항은 교사와 교장이 주축이 되는 전문가 위원회에 의하여 이루어진다. 예산안, 결산안 작성은 전문가 위원회에서 하고 예산과 결산의 승인만 학교운영위원회에서 하게 된다. 교장이나 서무 단독으로 예산안, 결산안을 작성하는 것도 이제는 지양되어야 할 것이다.

3) 참여행정

학교운영위원회와 전문가위원회를 소개하는 동안 하교행정은 참여 행정이 되어야 한다는 것을 이미 시사받았을 것이다. 참여방식은 여러 가지가 있을 수 있다. 투표방식도 있고, 토의방식도 있고, 의견 진술방식도 있고, 참관방식도 있을 수 있다. 또 각종 전문위원회로 참여하는 방식도 있다. 이제 어떤 위대한 한 사람이 모든 것을 결정하고 다른 사람들은 따르기만 하던 시대는 이미 지나갔다.

행정정보를 공유하고 또 책임도 공유하는 협동체재가 되어야 한

다. 재정과 시설도 전문위원회를 통해서 검토한 뒤에 전체에서 개
방되고 최종 결정이 이루어져야 한다. 학생까지도 참여가 보장되도
록 한다.

수직적 팀행정도 이미 제안되었다. 과거의 계층이 팀으로 행정을
하고, 학교 수준별 행정가들이 하나의 팀을 이루어 행정을 하게 된다.

4) 행정정보(전산)화와 정보망

교육뿐만 아니라 교육과 수업을 지원하는 행정도 자료와 정보에
근거해야 한다. 학년개념, 학급개념이 없이 무학년제, 개별학습이
되면 전산화는 더욱 철저하게 이루어져야 한다. 정보에 의한 의사
결정과 행정이 되어야 한다.

정보망이 구축되고, 계속 수선·교체되고, 상향 조정되도록 해야
하고, 기술자 인력관리도 중시된다.

5) 시설과 자료

정보사회 학교에서 시설과 자료·매체는 생명과 같다. 새로 짓는
건물부터 전자와 전산화로 설계하고, 공간을 융통적으로 사용할 수
있도록 개방화해야 한다.

계속 새것으로 교체할 수 있는 계획이 수립되어야 한다. 이는 재
정과 직결되는 문제이다.

6) 직원 능력개발과 장학

21세기형 교사가 배출되어 나와야 하는데 그 후에도 계속적 연
수와 개발이 진행되어야 한다. 정보매체를 다루는 능력을 기르기

위한 연수와, 정보(매체)를 활용하여 수업, 학습을 할 수 있게 하는 연수로 대별될 수 있을 것이다. 그리고 교사의 위치를 보조자나 자문자의 입장에서 학생의 학습을 도와주는 능력을 기르는 연수도 필요할 것이다.

장학도 이제 겨우 수업장학, 임상장학이 소개되고, 부분적으로 시도되고 있는 실정인데 여기서 한 발짝 더 들어가서 학습초점장학이 개발되어야 할 것이다. 교사의 행동보다는 학습자의 행동과 사고과정에 초점을 맞춰 장학을 해야 될 것으로 시사된다. 그리고 자연이 학습결과에 비중을 두게 된다.

7) 지도력

지도자 자신이 정보와 정보매체에 익숙해야 하고 그래야 강력한 지도력을 갖게 된다. 정보사회 학교에서도 강력한 지도력은 계속 요구된다. Superleadership은 Stewardship이 된다. 또 강력한 지도력은 튼튼한 도덕성(道德性), 윤리성(倫理性)에서 나온다. 정보를 다루는 데도 정직해야 한다. 이상의 몇 가지로 정보사회의 학교경영의 변화를 예측해 보았다. 이러한 변화는 모두 전제를 바탕으로 하기 때문에 지나치게 이상적일 뿐만 아니라 뒤집힐 가능성도 높을 수밖에 없다.

5. 결론: 통합의 세기를 지향하여

선진국들이 이미 정보사회 학교체제로 전환하여 착실하게 실천하고 있는데 우리는 아직 구호에만 그치고, 목청만 높이고 있는 실정이다. 교육개혁을 한다고 하다 방향감도 없이 혼란만 일으키고 있다.

우리는 아직도 입시지옥에서 헤어나지 못하고, 산업사회의 쓰레기인 돈 봉투에 눌려 지내고 있다. 학생들은 제쳐 두고 어른들은 모두 나눠먹기식에서 손해 안 보려고 하고 있다. 내무행정하는 사람들과 교육식구들이 갈라지고, 지방의회의원과 교육위원이 등을 돌리고 있다. 청소년은 청소년대로 날뛰고, 아이디어가 고갈된 노인들은 그동안 정년까지 그렇게 많이 봉사도 하고 존경도 받을 만치 받고도 모자라 생애 마지막 봉사를 더 하겠다고 하면서 달려들다 생애 마지막 망신을 당하기도 한다. 우리가 이러는 동안 다른 나라들이 착실하게 정보화 사회로 가고 있다고 생각하면 아찔하기까지 한다.

이러한 갈라짐과 끊어짐의 벽을 넘어, 끊어진 다리를 놓고, 폭발한 가스관을 잇고, 무너진 정보백화점을 올려 세워 통합과 협동의 교육으로 가야겠다.

21세기는 협동하고 통합하는 자들에게 정보를 선물로 줄 것이다. 산업사회 조각내기의 부산물로 우리가 남북으로 갈라져 이 고생을 하고 있는데, 이제 21세기의 태양은 동방 한반도를 비추어 통합·통일의 우리 세기가 되기를 기대한다. 이 기대는 우리의 노력에 따라서는 막연한 기대가 아니라 실현 가능한 기대가 된다.

참고문헌

Banathy, Bela H.(1991), *Systems Design of Education,* Englewood Cliffs, N.J.: Educational Technology Publications.

Beare, Hedley and Slaugher, Richard(1993), *Education for the Twenty—Frist Century,* London: Routledge.

Glatthorn, Allan A.(1994), *Developing A Quality Curriculum,* Alexandria, VA: ASCD.

Lieberman, Myron(1995), *Public Education: An Autopsy,* Cambridge, Massachusetts: Harvard University Press.

Maehr, Martin L. and Midgley Carol(1996), *Transforming School Cultures,* Boulder, Colorado: Western Press.

Phi Delta Kappa(1996), *Do We Still Need Public School?* Bloomington, IN: P.D.K.

Schlechty, Phillip C.(1991), *School for the Twenty—First Century,* San Francisco: Jossy — Bass Publishers.

Ⅳ

교육개혁에 있어서의 장학담당자의 역할*

여기서는 교육개혁의 개념에 대하여 알아보고, 교육개혁에 있어서 장학담당자가 해야 할 역할이 무엇인지 알아보고자 한다.

1. 교육개혁

교육 내·외로부터 교육이 변해야 한다는 강력한 요구와 압력이 작용하고 있다. 교육이 모든 것의 출발이고 밑바탕이기 때문에 교육이 변하지 않으면, 정치·경제·사회·과학·기술 등 다른 것이 변하지 못하고 발전하지 못하게 되므로 교육이 먼저 변해야 한다는 생각이다. 노동자도, 기술자도, 과학자도, 군인도, 기업 경영인도, 정치인도 모두 교육이 길러 내는 것인데 이들이 변하려면 밑바탕인 교육이 변하지 않으면 안 된다.

그런데 과거에는 교육받은 인구가 많은 것을 가지고 때우고, 경쟁을 했는데 이제는 최고가 아니면 경쟁에서 질 뿐만 아니라 생존조차 할 수 없게 되므로 良質의 교육을 하지 않으면 안 된다. 그래

---

* 96. 5. 2. 서울교원연수원 교육전문직연수 강의 원고.

서 교육이 변해야 한다는 것은 곧 세계 최고의 질 높은 교육을 해 달라는 요구이고 압력이다.

한국이 국제무대에서 양적(量的), 외형적(外形的)으로는 발돋움한 것이 사실이나 질(質)과 내실(內實)에서 밀리고 있다. 이것을 교육이 뒷받침해 달라는 주문을 받고 있는 것이다.

또 개혁정부가 들어서서 이것저것 개혁을 하겠다고 하는데 교육도 뭔가 해 달라는 요구도 받고 있는 것이다.

우리가 조상 대대로 온 국민이 교육에 열중(시간과 정력만)해 왔는데 노력을 기울이는 만큼 빼먹지 못하고 있다. 학생과 학부모, 교육자들이 교육에 모든 걸 바치는 것 같은데 결과는 기대한 만큼 나오지 않고 있으니 뭔가 개혁하지 않으면 안 되겠다는 생각이다. 만일 우리 학생·교사·학부모가 교육에 바치는 노력만큼 미국에서 그 정열을 쏟는다면 아마 그 결과는 엄청날 것이다. 우리의 교육이 쓸데없는 데 낭비하고 무턱대고 열심히 하고 있는 셈이다. 여건이 갖춰지지 않은 상태이기 때문에 노력으로 땜질하고 몸으로 때우고 있는지도 모른다. 꼭 필요한 곳에 젊은이들의 귀중한 시간과 정력을 바치게 하기 위해 뭔가 바꿔야겠다.

더 넓고 큰 이유는 교육개혁의 시대적 요청이다. 21세기 사회가 지식·기술·정보사회, 국제사회, 민주·복지사회로 되어 20세기와는 판이하게 다르기 때문에 우리의 교육이 변하지 않으면 안 되겠다는 것이다. 우리의 학교교육체제는 19세기의 상황을 근거로 설계된 그대로 남아 있는 것이다. 지은 지 20년도 못 된 집을 때려부수고 다시 지으면서 학교와 교육체제는 근대 학교 설치 당시 그대로이다. 학교와 교육이 변화를 주도하기는커녕 밖의 변화를 따라

가기 바쁘고 낙후된 채로 내던져 놓고 있는 처지이다. 우리나라에서도 정치와 교육 분야만 빼놓고 모든 부문에서 몇 번씩 reengineering, restructuring, remodeling한 지 오래되었다.

교육, 이대로 안 되겠다. 무엇인가 변해야 되겠다는 국민적 공감대가 형성된 아주 유리한 조건에서 우리나라 교육개혁이 착수되고, 그 안이 발표되었다. 그런데 교육개혁 목표와 내용, 방법, 모두 실망을 안겨 주고 있다.

교육개혁 작업의 출발에서부터 문제가 있었다. 교육개혁위원의 인선과 구성에서 문제가 있고 출발이 너무 늦어 정권 중반이 지나서야 개혁안이 나왔다. 그것도 너무 졸속으로 발표되었다. 민족의 운명을 건 교육개혁이 졸속으로 발표되고, 이 정권 기간 내에 마치려고 하니 1, 2년 내 모든 걸 끝내려고 하고 있다. 분명 또 조령모개를 추가하는 결과가 나오지 않으리라는 보장이 없다. 졸속으로 만들어진 것은 졸속으로 사라지기 쉽다. 이 작업에 참여한 사람들은 역사 앞에 책임을 져야 할 것이다.

교육개혁의 목표와 내용을 잘못 짚고 있다. 지금 당장 우리에게 필요한 것은 敎育의 質 向上이다. 교육개혁의 방향과 초점을 교육의 질을 국제수준으로 높이는 데 맞췄어야 한다. 교육의 질을 높이려면 교육의 주요요소인 교육목표와 내용, 교육자인 교사, 교육방법, 교육환경·여건(시설·교재) 개선에 집중되었어야 한다. 이것이 모두 돈이 들어가는 일이고, 또 돈이 들어가도 잘 표시가 나지 않는 부분들이다. 처음에 교육재정의 확보가 불투명한 상태에서 교육개혁안을 만들려니 돈 안 드는 주변적인 것만 떠벌려 놨던 것이다. 98년에나(정권이 끝나는) 가서 GNP 대비 5% 확보한다고 나중에

합의 발표하게 되니 꿰맞추는 식이 되었다. 교육개혁 할 때 돈이 들어가는 것인데 교육개혁이 끝나갈 때에 가서 교육재정을 확보하 겠다니 논리에 맞지 않는다. 교육개혁은 졸속으로 하겠다고 하고 돈은 느림보로 따라붙겠다니 문제이다.

필자는 다음 여섯을 강조 하였다.

① 우수교사 확보

② 교육행정가와 지도자 양성

③ 입시제도

④ 교육과정

⑤ 교육환경·여건 개선

⑥ 부패·부조리·비능률을 교육개혁 우선순위로 꼽았었다(93. 2. 9. 제주도교육청 교장·전문직 연수, 『전환기의 교육행정』성 원사, 1996).

현재 교육을 더 열면, 교육의 질은 더 떨어진다. 장기적으로는 더 열어야 하지만 지금 당장 더 여는 게 절박하지는 않다. 학교운 영위원회가 더 절박한 것도 아니다. 학급당 학생 수를 줄이고, 교 육시설을 갖추고, 교사의 질을 높이고 사기를 높이는 일이 더 급하 다고 본다. 입시교육에 매달리는 것을 창의성 교육으로 바꾸게 하 는 일이 급하다. 그러려면 교사당 학생 수를 줄이고 교육여건을 개 선하고, 교사의 양성과 연수를 통하여 교수방법을 바꿔야 할 것이 다. 공급자 경쟁-소비자 선택을 잠시 유보하더라도, 학부모가 선 택은 못하더라도, 어떻게 하면 질 높은 교육을 제공해 주느냐에 개 혁의 메스를 가했어야 한다.

교육개혁 전략과 방법에서도 공개적으로 논의를 거쳐 밑으로부터의 개혁을 유도했어야 한다. 하향식 개혁은 1960년대 개발의 연대에나 먹혔을 전략이다. 교원의 동기 유발이 개혁에서 중요한데, 그러려면 교원 참여하에 밑으로부터의 개혁을 불러일으켰어야 한다. 교사와 교육 지도자들을 구경꾼으로 돌려놓고 누구를 통해서 개혁을 하겠다는 것인가? 깜짝쇼를 발표해 놓고 뒷북치는 식으로 이제야 홍보에, 연수에 바쁘니 그게 교원에게 밀착되겠는가? 이제부터라도 스스로 개혁하겠다는 학교와 교육청에 대하여 중앙에서 돈을 대 주고 지원해 주는 식으로 동기 유발시키면서 점진적으로 개혁을 확대해 나가게 하는 게 좋을 것이다. 획일적 강제는 정권이 바뀌면 배터리가 닳아 없어져 멈추거나 변질된다. 강제를 하려면 현장검증을 거쳐 완벽한 것을 발표하든가, 아니면 현장에서 스스로 현장검증을 거쳐 취사선택하여 개혁하도록 동기 유발을 유도하는 전략을 짜야 할 것이다.

이렇게 문제점이 있으나 한 나라의 정책이므로 어떻게든 교육개혁안을 추진시켜 성공으로 이끌어야 할 입장이다. 이를 실현시키지 못한다면 국력의 낭비와 혼란, 이로 인한 좌절감은 이루 헤아릴 길 없게 된다. 이에 교육 지도자들의 역할이 막중하다 아니할 수 없다. 엎질러진 물을 주워 담기라도 하고, 깨어진 독을 주워 맞춰서라도 성공으로 이끌어야 한다. 만만치 않은 일이다. 쉬운 일은 누구나 한다. 어려운 일을 해내야 지도자라고 할 수 있다.

2. 교육개혁에 있어서의 장학담당자의 역할

장학담당자의 지위와 위치에 따라 역할과 기능도 달라진다. 교육감이나 교육장 수준, 부교육감이나 국장·과장수준, 장학사 수준, 교장·교감수준, 주임교사 수준에 따라 각각 역할과 기능은 달라진다.

일반적으로 장학담당자의 역할을

① 조직하고 조직을 관리하는 조직자/관리자의 역할

② 교사의 어려움을 상담해 주고 자문해 주는 상담자/자문자의 역할

③ 방향을 제시해 주고 교직전문성을 신장시켜 주는 지시자(instructor)/전문직자(professional)의 역할

④ 주로 수업관찰을 하고 자료를 수집해 주는 관찰자의 역할

⑤ 교사에게 피드백을 해 주는 피드백자의 역할

⑥ 교사와 수업을 평가하고 판단하는 평가자의 역할

⑦ 수업계획, 수업실행, 특수아 지도, 교사발전, 인간관계 등에서 지도력을 발휘하는 지도자의 역할

⑧ 교사와 교육과정, 수업환경 등을 변화하도록 촉진하는 변화촉진자 역할

⑨ 여러 부서와 일을 조정하는 조정자 역할 등으로 정의하고 있다.

이러한 역할과 기능을 수행하려면 이에 필요한 자질과 능력·기술을 갖춰야 하는 것은 너무나 당연하다.

교육개혁에 있어서도 장학담당자는 중심적 역할을 해야 한다. 교육이 교사가 학생(행위)을 바람직한 방향으로 변화시키는 것이라고 한다면, 장학은 교사(교수행위)와, 교육과정과, 수업환경을 변화시켜

수업개선을 가져오려는 것이므로 장학은 본질적으로 변화(變化)를 그 속성으로 하고 있는 셈이다. 바꾸어 말하면, 장학담당자의 역할 속에는 이미 변화와 개혁의 요소가 내재되어 있었다고 볼 수 있다. 그렇기 때문에 교육개혁에서도 중심적 역할을 해야 한다. 사실은 교육개혁안을 정할 때에도 중심적으로 참여했어야 마땅하다.

교육개혁에 있어서 장학담당자는 상황과 위치에 따라

① 교육개혁 지도자

② 교육개혁 촉진자

③ 교육개혁 대리자(중개자)

④ 교육개혁 보조자 등의 역할을 수행하게 된다.

가. 교육개혁 지도자

장학담당자는 원래 지도력을 발휘해야 하기 때문에 교육적 지도력, 장학 지도력, 수업 지도력이 강조되고 교육개혁에서도 장학담당자의 지위와 위치에 따라 강도의 차이는 있지만 모두 교육개혁 지도력을 발휘해야 한다(어떤 때는 장학직이 필요 없다고 해 놓고 교육개혁을 하려다 보니 아쉬워서 장학직의 지도력을 필요로 한다는 모순을 낳고 있다). 장학자의 도움 없이는 교육개혁을 추진해 나갈 방도가 없다는 것을 알게 될 것이다.

지도자는 기본적으로

① 비전을 제시하고

② 구성원의 참여를 끌어내고

③ 지원을 해 주고

④ 성취와 결과에 대하여 계속 관심을 갖고 확인하고

⑤ 스스로 자원자(resource)가 되어야 하는데 교육개혁의 지도력에서 이 다섯 가지가 똑같이 적용된다.

첫째, 교육개혁에 대한 비전을 명확하게 제시해야 한다.

교육개혁이 달성됐을 때의 모습이 분명하게 드러날 때 교사들은 교육개혁을 위해서 최선을 다하고, 불편과 어려움, 개인적 손해도 기꺼이 감수하게 된다. 아직 교육개혁안의 비전이 교사들에게 분명하게 다가오지 않는 것을 우리 장학담당자가 교사에게 쉽게, 실감나게 풀어서 제시해 줘야 할 것이다.

둘째, 장학담당자는 교육개혁 관련자들, 모든 교육구성원들로부터 교육개혁에 대한 자발적 참여를 끌어내야 한다. 구성원의 자발적 참여, 동기 유발 없이 교육개혁은 절대적으로 성공할 수 없다. 불참자를 처벌하기보다는 참여자에게 보상을 해 주고, 적극적 지원을 해 주면 좋을 것이다. 각 기관·조직별로 교육개혁팀·태스크포스를 조직하여 집단사고, 집단결정, 집단지혜를 모으는 것도 참여를 끌어내는 방안이 될 것이다.

셋째, 교육개혁에 있어서 지원적이어야 한다. 교육개혁의 방향에서 무엇인가 하리고 하는 조식, 개인을 금전적·시간적·심리적으로 적극 지원해 주고, 후원해 주는 입장을 취해야 한다. 교육개혁을 끌고 가기보다는 밀어주는 식이 되어야 한다.

넷째, 교육개혁의 성취와 진척상황에 대하여 계속 관심을 기울이고, 청취하고, 확인해야 한다. 교육개혁에 열을 올리다가도 지도자가 관심을 안 나타내면 금방 식어지게 마련이다. 완전히 제도화로 정착될 때까지 끝까지 관심을 나타내야 한다.

다섯째, 교육개혁을 위해서 줄 것, 자원을 가지고 있어야 한다. 교육개혁 내용과 방법에 관한 지식·기술·정보 등 전문성과 인적·물적·재정적·시간적 자원을 갖고 필요할 때 제공해 줄 수 있어야 한다.

나. 교육개혁 촉진자

교육개혁 지도자의 역할과 비슷하기도 하지만 그보다 좀 더 구체적인 위치에서 촉진하는 역할을 한다. 교육개혁촉진 팀을 교육청과 학교수준을 통합하여 구성하는 방안을 <그림 1-4>와 같이 생각해 본다. 교장을 핵심적 중심 역할로 보았다.

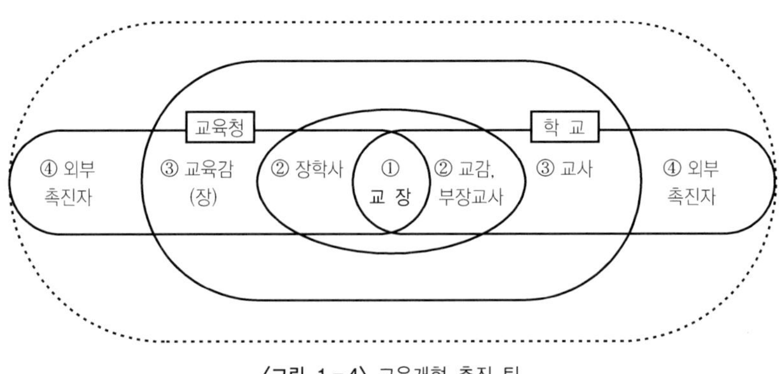

〈그림 1-4〉 교육개혁 촉진 팀

교육개혁 촉진자는

첫째, 교육개혁을 지원하고, 추진하는 조직을 배열해야 한다. 개혁 방침 개발, 전반적 규칙 제정, 의사결정, 기획, 준비, 스케줄, 직원조직, 역할재구조화(개혁에 맞게), 자료탐색과 제공, 공간제공, 재정탐색과 획득, 실비제공 등의 활동이 이에 해당된다. 이러한 총체적인 노력 없이 개혁이 이루어질 수는 없다.

둘째, 개혁 촉진자는 계속적인 훈련과 연수를 실시해야 한다. 긍정적 태도형성, 지식의 확충, 정보의 검토, 워크숍 개최, 개혁활용의 시범, 개혁활용의 참관, 개혁활동에 대한 피드백 제공, 개혁에 대한 오해 해소 등의 역할을 수행해야 한다.

셋째, 자문과 상담, 강화의 역할을 한다. 1:1로 관련자 격려, 소집단에서 개혁 활동 장려, 문제해결을 위한 개별적 조력, 개혁활용을 위한 소집단 코치, 비공식적 담소 나누기, 개별적 기술 지원, 진전에 대한 격려, 문제해결 소집단 촉진 활동, 부담 없는 소집단 회의, 개인적 개혁 시도에 대한 격려, 실질적 조력 제공, 작은 성공에도 축하의식 개최 등의 활동이 포함된다. 개혁은 말로 이루어지고 공문지시로 이루어지는 게 아니다.

넷째, 확인활동을 해야 하는데 지도자의 역할 중 넷째에 해당되는 것이다. 정보수집, 자료수집, 비공식적인 개혁지식과 기술에 대한 평가, 공식적 평가, 자료 분석·처리, 정보의 해석, 산출보고·공유, 수집된 정보에 관한 피드백, 워크숍에 관한 질문지 적용, 개혁활용에 관한 교사와의 협의 능이 이에 해당된다.

다섯째, 의사소통을 해야 한다. 상하좌우로 의사소통하고, 홍보하여 협조를 얻어 내야 한다.

여섯째, 전파의 역할도 의사소통의 하나로 중시된다.

다. 교육개혁 대리자

교육개혁 대리자는 개혁 기관과 개혁대상기관 사이에서 <그림 1
-5>와 같이 중간자의 역할을 한다.

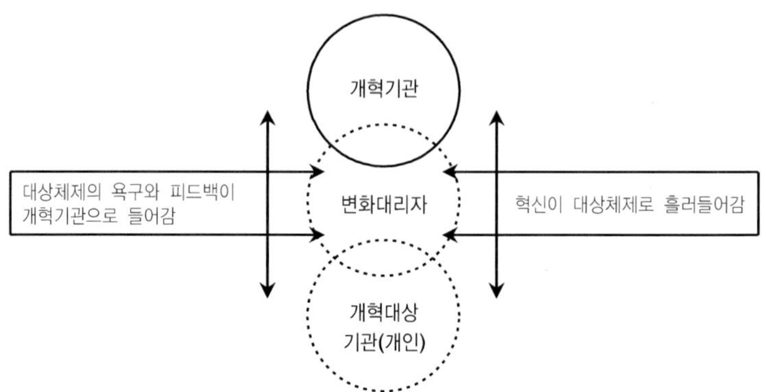

〈그림 1-5〉 교육개혁 중개자는 개혁기관과 대상기관을 연결시킴

교육개혁 대리자는 첫째, 개혁대상기관·사람, 개혁수혜자로 하
여금 개혁의 필요성을 절실히 느끼도록 개혁욕구의 개발을 해야
한다.

둘째, 개혁에 관한 정보교환의 관계성을 형성해 줘야 한다.

셋째, 고객의 문제점을 진단·분석해야 한다. 그러려면 고객의
관점에서 볼 줄 알아야 한다.

넷째, 고객으로 하여금 개혁의 의도를 갖도록 동기 유발하는 데
초점을 둬야 한다.

다섯째, 고객의 개혁의도를 실천·행동으로 옮기도록 한다.

여섯째, 개혁을 행동으로 옮겼으면, 이 채택을 안정화시키는 데
주력해야 한다. 강화·고정(freezing)시켜야 한다.

일곱째, 영원한 계속적 관계성을 확립해야 한다.

교육개혁 대리인은

① 고객과 계속적 접촉을 하고,

② 고객 중심이어야 하고,

③ 개혁안을 고객의 요구와 일치시켜야 하고,

④ 고객과 감정이입이 되고,

⑤ 고객과 동류의식을 가져야 하고,

⑥ 고객의 눈으로 봐야 신뢰를 얻고,

⑦ 여론형성자와 협동하고,

⑧ 고객의 개혁평가 능력을 증진시키도록 세심한 주의를 기울여
야 한다.

이 외에도 개혁보조자의 역할이 있는데 장학담당자가 보조자의
역할을 맡기보다는 보조자를 활용해야 할 입장이기 때문에 여기서
는 줄인다(『전환기의 교육행정』 pp.129~130 참조).

3. 맺는말

교육개혁은 쉬운 일이 아니다. 수백 년 또는 수십 년 내려온 교
육에서 무엇인가 바꾸려면 그동안 굳혀지는 데 들었던 노력의 몇
배의 노력을 가해야 한다.

개혁에는 반드시 저항세력이 따른다. 이 저항세력보다는 추진세
력이 강해야 개혁은 이루어진다. 계속 개혁이 이루어지면 불안하므로
어느 시점에 가서는 평형을 유지해야 한다. <그림 1-6>과 같다.

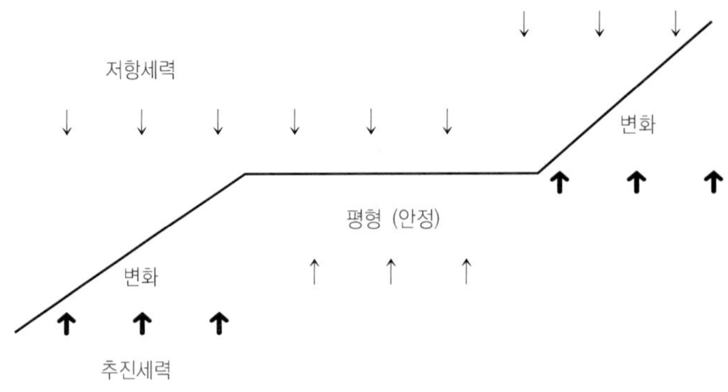

<그림 1-6> 개혁 추진세력과 저항세력

교육이라는 자체가 문화유산·지식을 전달하고, 유지하는 기능이 주가 되기 때문에 본질적으로 개혁과 반대되는 보수적 요소가 있다는 것도 염두에 두어야 한다. 그래서 교육개혁이 어렵다는 것을 인정해야 한다.

교육개혁에서 장학담당자의 역할은 지도자, 촉진자, 대리자로서 핵심적 역할을 한다. 교육개혁의 방향이 옳다고 믿는다면, 우리 민족의 운명을 걸고 추진하여 한국교육사의 새장을 열어야 한다.

※ 『우리의 교육, 몸으로 가르치자』 일독을 권합니다.

V

한국교육행정 체제와 조직의 발전*

1. 서론

현대는 가히 변화의 시대라고 할 수 있다. 특히, 정보·지식의 폭발과 기술의 가속적 발전으로 인해 변화에 맞추지 못하는 조직과 기관, 개인은 발전의 대열에서 낙오되거나 아니면 생존 자체에 위협을 받게 된다. 또 적극적 측면에서는 조직, 기관, 개인이 먼저 변화하여 정보·지식과 기술의 발전을 가져와 국가와 사회를 선진국 대열에 올려놓아야 할 입장에 있다. 어쨌든 우리의 조직과 기관, 개인은 변화해야 한다.

특히 우리 사회는 산업사회에서 후기산업사회 또는 정보기술사회로 이행해 가고 있고, 또 이행해 가지 않으면 안 된다고 하는데, 우리의 체제와 조직은 아직도 과거의 틀에서 벗어나지 못하고 있는 것이 현실이다. 또 산업사회에 맞게 설계된 현대학교의 틀 자체를 바꿔야 한다고** 하고, 학교교육이 학습(學習)과 학습자(學習者)

---

* 한국교육행정학회 제24차 연차학술대회 발제강연. 1996. 12. 6. 서울대 호암관.

** Bela H Banathy, *Systems Design of Education,* (Engltwood Cliffs, N. J.: Educational Technology Publications, 1991).

에 초점을*** 맞춰야 한다고 하고, 또 맞춰 가고 있는 실정인데 이를 지원하는 교육행정 체제와 조직이 그대로 있어서는 안 될 것이다.

우리의 교육행정 체제와 조직은 모든 수준에서 아직 관요제(官僚制)를 견지하고 있는 근본적으로 산업사회를 위한 과학적 관리의 사고에 기반을 두고 있는 것이다. 이렇게 굳어져 있는 관료제가 정보사회의 교육을 촉진하고, 지원하기에 적합할 리가 없다. 가능하다면 정보사회교육에 맞게 교육행정 체제와 조직의 틀 자체를 바꿔야 할 것이고, 그렇지 못하다면 최소한 분권화, 자율화와 참여, 융통적이며 협동적인, 연결과 통합의 방향으로 바뀌어야 할 것이다.

그래서 여기서는 우리의 교육행정 체제와 조직의 현실을 잠깐 살펴보고, 변화의 방향을 제시하며, 이에 따라 좀 더 구체적인 제안을 하고자 한다. 이미 많은 사람들이 우리의 교육행정 체제와 조직의 불합리와 모순을 지적해 왔고, 또 우리 스스로 몸으로 느끼고 있는 것이기 때문에 이를 반복 열거하면 오히려 독자 여러분들이 신물을 느낄 것이기에 가능한 한 이를 줄이기로 한다. 그런데 여기서 제시한 발전방향이 현실적 문제점에 기초하고 있지만, 또 다른 한편으로는 다분히 주관적이고 이상적인 면이 있으며, 선진 외국에서의 경향성에서 파악된 것이 있기 때문에 실현 가능성을 위한 더 깊은 연구가 있어야 한다. 그리고 일부는 다음에 이어지는 각론에 해당하는 주제발표와 토론에서 다루어질 것으로 기대한다. 그래서 구체적인 방향이 아닌 많은 사람들이 동의할 것으로 생각되는 기본방향에 터하기로 한다.

____

*** Ibid.

2. 현 교육행정 체제와 조직의 문제점과 발전방향

여기서는 우리나라 교육행정 체제와 조직의 근본적인 문제점을 지적하고 이에 대한 발전방향을 모색해 보고자 한다.

가. 현 교육행정 체제와 조직의 문제점

우리나라의 현재의 학교 형태와 교육행정 체제와 조직은 근본적으로 산업사회의 철학과 상황에 기반을 두고, 실증주의에 바탕을 둔 과학적 관리에 근거하고 있다. 학교는 대량생산체제, 조립생산* 공장 모형을 따르고 있다. 많은 사람을 한꺼번에 빨리 교육시켜 내놓자니 학교·학년·학급단위로 시간만 채워서 내보내야 했다. 교사는 학생(개인)을 가르친 것이 아니라 학급(집단)을 가르쳤던 것이다. 학생이 배우느냐(학습) 못(안) 배우느냐에 상관없이 열심히 그리고 잘 가르치라고만(교수) 강조해 왔다. 열심히 가르치기로만 따지면 우리나라가 세계에서 제일일지도 모른다. 그리고 교사가 많이 가르쳤다고 해도, 또 학생이 학교에, 책상 앞에 오래 앉아 있었다고 해서 모두 학습했다고 볼 수 없다. 어쨌든 우리의 학교교육은 대량생산이란 측면에서는 성공적이었다고 볼 수 있다. 어려운 시기가 있었음에도 짧은 기간 내에 많은 사람을 의무교육으로 중학교까지 마치게 하고, 거의 고등학교까지 보통교육을 모두 마치게 한데 이어 고등교육까지도 해당 연령인구의 반수 이상이 받을 수 있

---

* Hedley Beare and Richard Slaughter, *Education for the Twenty−First Century*(London: Routledge, 1993).

도록 교육기회가 확대된 것은 세계에 유례를 찾기 어려운 대단한 업적이라고 하지 않을 수 없다. 대량교육 생산의 덕으로 우리나라가 짧은 기간 안에 산업화에 성공했었을 것이다.

그러나 우리가 양적(量的)으로는 성공했으나 질적(質的)으로는 실패했다는 것을 인정하지 않을 수 없으며, 앞으로의 사회에서는 보다 質이 요구된다는 사실을 우리는 너무도 잘 알고 있다. 마치 공장처럼 분업에 의하여 전문화하여 물건의 부품을 만들어 이를 조립하여 하나의 완성된 물건을 만들어 내는 조립생산체제를 학교에 적용했던 것이다. 초등학교, 중학교, 고등학교, 대학으로 학교수준을 전문화하여 철저하게 칸막이하여 나누고, 1년마다 학년으로 쪼개고, 이를 다시 학급으로 분리하여 학생들의 이동 통행로는 철저하게 잠금장치로 통제되었던 것이다. 학교 간, 학년 간, 학급 간 연결(connection)과 협동, 통합이 안 되었다. 그러고도 부족하여 국어, 수학, 음악교과로 쪼개어 가르치고, 읽기, 쓰기, 말하기…… 로 분해되고, 단원으로, 과(課)로 자르고, 학기 간, 주간, 일간, 시간, 모듈로 조각내어야만 속 시원하게 잘 가르칠 수 있다고 믿었다. 이렇게 지식을 난도질하여 가르쳐 놓고 어린 학생들로 하여금 조각난 지식들을 주워 모아 全人(whole person)이 되라고 하고 또 全人이 안 되었다고 학생들을 나무라거나, 기껏해야 잘못 가르쳤다고 교사들만 비난하였던 것이다. 조각내서 가르치는 것이 학습과 학습자를 위한 것이었나, 아니면 교수(teaching)와 교사의 편의에 의한 것이었겠는가?

이렇게 대량생산하고 조립 생산하는 산업사회에 기반을 둔 학교교육을 하자니 교육행정 체제와 조직은 요지부동의 관료제에서 한치도 물러설 수 없었던 것이다. 권력을 집중화시키고, 일을 일상화시키고, 산물을 표준화·획일화시키지 않으면 도저히 대량·조립 생산체제를 감당할 수 없었던 것이다. 효과성과 효율성, 합리성이라는 지상 최고의 가치를 실현해야 했기 때문이다(이것도 학생의 입장에서 본 가치는 아니었다). 이제(정보사회에서)는 관료제의 역기능뿐만 아니라 순기능(ideal type)이라고 했던 것까지도 더 이상 맞지 않게 되었다. 특수화·세분화·분업화(professional도 아닌 specialization)로 인해 수직·수평적으로 연결이 안 되고, 체제나 조직을 전체적으로 보려는 통합성이 없었던 것이다.

굳어진 관료제는 급변하는 사회에 융통적·신축적으로 대처하지 못했다. 뒷북치기도 못하고, 시간은 시간대로, 돈은 돈대로 낭비해야만 했다.

나. 교육행정 체제와 조직의 발전방향

정보사회에 맞게 완전히 새로운 학교체제를 만들고, 이에 맞춰 교육행정 체제와 조직을 만든다는 것이 우리나라의 실정으로 보아 어려울 것으로 판단된다. 그렇더라도 다음 몇 가지는 어떤 형태로든 반영되어야 할 것이다.

첫째, 옆이 아닌 밑으로의 분권화의 방향이다. 정보사회가 아니더라도 분권화는 지금까지 수없이 주장되어 왔지만 우리나라에서는 아직도 중앙중심 체제가 되어 있다. 마침 지방자치와 지방교육자치가 시작되었으므로 어차피 분권화하지 않으면 안 될 입장이고, 모든 권한을 학교단위로 넘겨주는 학교단위 자율책임경영제를 채택하려는 경향이므로 이 계제에 확실히 분권화의 원칙을 세우고, 체제와 조직 개편을 했으면 한다. 학교 안에서도 교사의 권한 확대, 학습과 학습자에의 초점, 학부모의 학교 선택권 보장의 경향을 참작하면 이제는 말로만의 분권화가 아닌 실질적인 분권화를 실현해야 한다. 지금까지 정책과 행정은 학습과 학습자와는 너무 멀리 떨어져 있었다. 학습과 학습자를 위한 교육행정 체제와 조직이 되어야 하겠다.

둘째, 분권화와 맞물려 돌아가는 것으로 自律化와 동시에 責任制이다. 단위조직과 개인에게 최대한의 자율권을 주고 책임 있게 운영하도록 하는 것이다. 자치제는 곧 자율과 책임에 바탕을 둔 것이고, 외국에서 이루어지고 있는 학교단위 자율경영제와 여러 대안학교와 헌장부여학교도* 바로 자율과 책임에 근거한 것이다. 궁극적으로 학생의 자기주도 학습도 자발적 동기와 자기책임에 근거한 것이다. 과거의 상급기관은 완전히 지원체제가 된다. 이제는 더 이상 지시와 명령, 타율에 의한 교육행정은 실효를 거두기 어렵다. 학교단위 자율 경영, 교사의 자율성, 학생의 자기주도 학습을 위한 교육행정을 할 수 있는 체제와 조직이 되어야 한다.

셋째, 참여와 협동에 의한 행정을 바탕으로 해야 할 것이다. 정책 결정, 의사 결정하는 사람 따로 있고, 이를 집행하는 사람 따로 두는 형태로는 조직과 집단의 목표를 효과적으로 달성하기 어렵다. 주요 의사결정에 최소한 소집단의 대표로서 참여하고, 때로는 전원이 참여하여 의사결정을 하고, 전원이 책임지는 형태까지도 생각할

---

* ASCD, *Educational Leadership* Vol. 54 No. 2(Oct, 1996)와 Phi Delta Kappa, *Phi Delta Kappan*(Sep. 1996)은 Charter School을 공교육에 대한 새로운 선택으로 하여 특집으로 다루고 있다.

수 있다. 또 좋은 결정, 좋은 실천을 위해서 협동하지 않으면 안 된다. 위대한 한 사람의 단독결정보다 집단지혜에 의한 집단결정 체제를 더 선호하게 된다. 여기서 팀 조직이 필요하게 된다. 과거에는 수평적 팀만을 생각했었는데 이제는 수직적 팀 조직을** 고려해야 한다. 학교에서는 교장·교감, 교사, 학생, 학부모의 수직적 경영팀, 교육청에서는 교육감·교육위원·교육장, 교장, 교사, 학생, 학부모의 정책팀에 의한 정책·행정·경영도 생각할 수 있다.

넷째, 연결과 통합을 중요한 정신으로 고려해야 할 것이다. 과거의 산업사회는 과학에 바탕을 두었는데 과학은 곧 특수화·전문화를 의미했던 것이다. 그래서 분업화와 조립이 하나의 업이 되다시피 하였다. 관료제도 수직적 계단으로 자르고, 수평적 부서로 쪼개는 것을 전문화와 능률화의 명분으로 내세웠던 것이다. 수직적으로도 긴 줄을 필요로 하게 되고, 수평적으로도 너무 넓은 범위로 확대되어 수직적·수평적으로 대화와 의사소통이 안 되고, 서로 간에, 또 자기 자신조차도 누가, 왜, 무엇을 위해서, 무엇을 하는지 자체를 모르고 열심히, 일만 많이 하면 된다고 생각했던 것이다. 산업사회의 산물 중 하나가 분리주의이다. 이제는 계층 간, 부서 간에 다리를 놓아 연결하고 봉합하여 전체를 보려는 안목을 가져야 체제와 조직의 목적을 달성할 수도 있고, 또 구성원은 일하는 의미와 재미도 느껴야 한다.

이것이 앞에서 소개한 팀 조직의 필요성을 말해 주는 동시에 망 조직이 요구되는 이유가 된다. 방송망, 전산망, 정보망을 생각하면

** William G. Cunningham and Donn W. Gresso, Cultural Leadership(Boston: Allynand Bacon, 1993), pp.53~73.

된다. 정보사회에서는 관료제보다 각자 독립적인 일을 하면서 서로 협조하는 그물조직이 더 필요한 것이다. 그래서 자연스럽게 전산망, 정보망이란 말이 나오게 되었다. 교육부, 교육청, 학교도 관료제의 상하계층이 아니라 각자 하나의 그물눈이 되는 것이다.

정보사회에서는 고도로 훈련받은 무능한 전문가보다는 아마추어적인 통합적 사고를 하여 아이디어를 가진 협동인을 더 필요로 할지도 모른다. 정보를 쪼개고 분석도 해야겠지만 그다음엔 반드시 종합하고 통합해 봄으로써 새로운 정보를 창출해 내야 한다. 교육행정 체제와 조직도 그렇게 일할 수 있도록 고안되어야 한다.

하나의 지구를 쪼개 가질 생각을 하지 말고 생태학적 사고로 통째로 보았어야 한다. 지금은 하나의 지구관이 요청된다. 학생들을 쪼개서 보려고 하지 말고 한 인간으로 보았어야 한다.

이러한 몇 가지 기본적 생각과 방향감을 갖고 우리의 교육행정 체제와 조직을 보아야 제대로 보일 것이다.

3. 한국 교육행정 체제와 조직의 발전

여기서는 교육행정 체제의 전반과 각 단계별로 행정조직이 어떻게 바뀌어야 할 것인가에 대하여 제안하기로 한다. 물론 명확하게 바뀐 모습을 제시하지 못하고, 또 모든 것을 포괄하지도 못하고 있으므로 각론에서 좀 더 자세히 다룰 것으로 미룰 수밖에 없으며, 체제와 조직을 바꾸려면 좀 더 나아가 보다 철저한 연구를 해야 한다. 여기서 제안되는 것은 소박한 아이디어와 일종의 주장에 불과하다고 보아야 할 것이다.

가. 교육행정 체제 전반

첫째, 학교수준 간·계통 간의 유기적 연결과 통합적 사고의 노력이 있어야 한다. 이러한 사고와 노력이 교육행정 체제 발전의 기반이 되고 학습과 학습자 중심의 행정이 될 수 있기 때문이다. 학생들의 보통교육 학교수준 간 이동을 자유롭게 하고, 학생 각자의 능력에 따라 기간에 융통성이 있어야 하며, 같은 수준의 학교 간에도 이동이 자유스럽게 되어야 한다. 학교수준 간에 교사들이 서로 연결하고, 협동하여 학생 개인에 맞춰 가르칠 수 있어야 한다. 또 각 학교교육수준의 교육행정가들이 협동하여 한 학생이 보통교육 기간을 마칠 수 있도록 되어야 한다. 보통교육기간 전체를 하나로 보아야 한다. 교육과정만 학교수준 간 계통성을 찾을 게 아니라 학교행정을 비롯한 보통교육을 하나의 커다란 학교로 보고, 그 안에 초·중·고등학교는 각각 학교 안의 작은 학교의 개념으로 연결될 수 있는 체제로 생각하여 전체의 연결성과 통합성을 고려해야 한다. 특히 똑같은 중등교육인데 중학교와 고등학교 가에는 교사의 인사교류만 있을 뿐 연결이 잘 안 되고 있다. 유치원과 초등학교의 통합도 연구할 필요가 있다.

둘째, 중앙·지방·학교 사이의 교육행정 조직의 체제적 연결과 통합성을 위한 노력을 해야 한다. 하향적 선은 굵은 데 비하여 상향적 선이 가는 것은 말할 것도 없고, 특히 지방교육청이 교육부의 다리 역할만 하다시피 해 왔다. 이제 보통교육을 위한 행정은 완전히 지방교육청이 맡고, 중앙은 한 나라의 교육의 방향과 정책 방향만 연구하여 제시하는 기능을 담당하도록 하여야 할 것이다. 즉 교육부는 좀 연구하여 철학적인 일을 하여 교육의 방향·정책의 방향을 제시하고, 지방교육청은 이를 각 지방에 맞게 풀어서 행정으로 학교를 지원하는 일을 하게 되어야 한다. 학습과 학습자를 위한 실질적인 교육행정은 학교수준에서 이루어지게 하여야 한다. 그래서 교육행정 중앙교육행정이 아니라, 교육행정 학교행정이 되도록 체제를 정비해야 한다. 우선 중앙·지방·학교의 행정 비중이 20:50:30 정도가 되기를 희망해 본다.

행정조직도 지방교육청이 강화되고 학교에 행정·장학 인력이 보강되어야 한다. 현재 교육부에서는 부서가 많은데 시·도, 시·군, 학교로 내려올수록 영세하여 큰 강물(교육부)을 실개천(지방·학교)이 다 받아 내야 하는 사실상의 역삼각형, 역피라미드형으로 되어 있다.

여기서 또 생각해야 할 것은 시·군 교육청의 문제이다. 지방자치(일반 행정)처럼 지방교육자치가 기초단위(시·군)까지 내려갈 것인가, 아니면 지금처럼 시·도 단위에서 멈출 것인가의 방향을 정해야 한다. 만일 지금처럼 지방교육자치의 단위를 시·도 단위로 할 것 같으면, 시·군 교육청의 조직과 인력을 시·도 교육청으로 합쳐 학교행정을 지원하는 것이 더 나을 수도 있다. 지금은 교통·통신이 발달하였기 때문에, 또 앞으로 더 발전할 것이므로 시·군 교육청에서 하는 일을 시·도 교육청에서도 충분히 할 수 있다고 보기 때문이다. 지금도 고등학교는 시·도 교육청에서 관할하고 있으므로 중학교와 초등학교도 지원할 수 있다고 생각한다. 그러면 현재의 학교, 시·군 교육청, 시·도 교육청, 교육부의 4층집을 학교, 지방, 중앙의 3층집으로 낮추는 동시에 행정조직과 인력을 시·도 교육청으로 확충하여 유기적 연결과 협동을 끌어낼 수 있다. 초·중등교육의 연결과 특히 중등교육행정(중학교, 고등학교)을 일원화할 수 있다.

셋째, 교사와 교육행정가 양성·연수를 위한 행정 체제를 구축해야 한다. 우선 교사양성을 위해서는 교육부 - 교사양성대학 - 지방교육청 - 학교 간의 유기적 협동체제가 되어야 한다. 특히 대학과 현장학교 간의 밀착이 요구되는데 현재는 모두가 무책임하다. 지방교육자치가 활발하게 되면 지방교육청의 교사양성행정의 역할이 증대되어야 할 것이다.

지금 일반직이니 교육전문직이니 하여 자리가 나누어지고, 또 갈등이 있는데 어느 쪽도 교육행정을 위한 충분한 전문성을 갖추었다고 보기 어렵다. 교육행정대학원 또는 대학원의 교육행정학과를 만들어 석·박사 수준의 전문교육행정가를 양성·연수시키는 방안을 생각해 볼 수 있다. 교장·교감도, 장학직도, 지금의 일반직이 하는 자리도 모두 여기서 길러 내어 자격증을 딴 후 공개경쟁에 의하여 중앙 지방 - 학교에 배치될 수 있게 하는 것이다. 한국 교육행정의 체제와 조직을 잘 구축하더라도 교사와 교육행정가를 수준 높게 길러 놓지 못하면 모든 것이 의미가 없기 때문에 인적 양성을 위한 체제에 대하여도 언급하지 않을 수 없다.

넷째, 앞으로 교육재정은 지방세에 의하여 대부분 지방에서 충당되어야 하겠지만, 지금이라도 공식에 의하여 자동적으로 대학과 지방에 배분되어야겠다. 그리고 각 지방교육청도 공식에 의하여 재정을 학교에 배분해 명실 공히 지방교육자치와 학교자율경영을 가능하게 한다. 평가에 의하여 재정 배분하는 식으로 교육을 통제하려고 해서는 교육의 질을 보장하기 어렵다. 교육재정체제를 재정립해야 한다.

나. 중앙교육행정 조직

첫째, 대외관계에서 교육부의 자율과 독립성, 융통성이 어느 정도 보장되어야 한다. 직제와 인원, 예산이 총무처와 재경원에 매어 있어 교육부가 재정과 인원을 여기서 따내어 지방교육청에 나누어 주는 식이 되어서는 관료제의 틀에서 벗어나기 어렵다. 정부 전체의 큰 윤곽 속에서 교육부 나름대로의 자율성과 독립성, 융통성이 인정되어야 한다. 앞으로 많은 부분이 지방교육자치로 넘어가려면 우선 교육부 자체에도 융통성이 있어야 가능하다.

둘째, 교육부에도 집단결정 체제를 도입할 필요가 있다. 학교도 학교운영위원회, 지방교육청에도 교육위원회를 두어 집단결정을 한다면 중앙에도 중앙교육위원회를 두어 같은 원리를 적용하여 의사결정의 질을 높일 수 있을 것이다. 지금은 중요한 일들이 너무나 쉽게 소수관리나 장관에 의하여 쉽게 결정되는 경우가 많다. 그리고 그동안에도 중앙교육심의회, 대학교육심의회 같은 것이 있었으나 무슨 선심 쓰기와 같이 형식적으로 운영되었다. 물론 중앙교육위원회는 국회의 교육위원회보다 낮은 수준의 교육부 내의 집단결정 체제를 의미한다. 특히 보통교육은 교육위원회라는 결정기구에 의하여 이루어지게 되어 있는데, 대학교육은 교육부 관할하에 있어

소수 관리에 의하여 엄청난 재정과 정책이 움직여지고 있다. 사립대학에는 이사회라는 결정기구가 있지만, 국립대학의 경우에는 그런 집단결정기구 자체도 없다. 교육부에 최소한 대학교육위원회라도 두어 대학행정을 담당해야 한다.

그리고 중앙 - 지방 - 학교 - 교사 - 학생으로 구성되는 수직적 행정 팀에 의한 팀 행정을 연구해 볼 수도 있다. 지방, 학교, 교사, 학생과 관련된 문제들이 관리에 의하여 책상 위에서 이루어지는 일이 없게 되어야 한다.

셋째, 교육부에 전문 연구조직과 인력이 있어야 한다. 보통교육은 지방교육청에 많이 넘겨주고 국가 전체의 교육의 방향을 설정하고 정책을 제시하려면 연구하고 생각하는 조직과 사람이 있어야 한다. 싱크탱크와 브레인이 나라의 심장부에 있어야 한다. 지금은 그때그때 대학의 교수나 외부의 전문가들을 동원해서 쓰고 있는 실정인데 일관성도 없고, 책임도 없어서 조령모개 소리를 듣게 된 점도 있다. 일반관리라고 하는 사람들이라도 이쪽저쪽(수평적)으로 수시로 자리를 옮기지 말고, 한자리에서 수십 년씩 전문성 있게 일을 하게 되어야 전문성, 일관성, 책임성이 확보된다. 지방교육과 대학교육은 지방직에 맡기고 중앙직은 중앙식에 맡기는 방안도 생각할 수 있다. 교육부에서 지방교육자치기관으로, 대학의 자율성이 보장되어야 할 국립대학으로 자리를 옮겨(중앙 - 지방·대학) 다니는 것도 이제는 차단되어야 한다.

중앙의 조직이나 기구, 인력이 비대하다고는 보지 않는다. 다만 앞에서 언급한 전문교육행정인력으로 구성되지 못하고, 이들 간의 팀워크가 안 되는 것이 더 문제일 것으로 본다.

다. 지방교육행정 조직

첫째, 우리나라 역사와 문화를 고려하여 일단 지방교육자치의 독립성을 확보받는 것이 유리하다고 본다. 외국에서는 지방정부가 교육에 책임을 지고 주지사나 도지사, 지방의회에 교육에 관한 책임을 맡겨도 교육과 교육행정이 잘되는 경우가 있고, 또 우리나라의 경우 교육을 중시하기 때문에 시·도지사와 지방의회가 교육을 공약으로 내걸고 당선되면 교육을 위해서 힘써 줄 것으로 생각할 수도 있으나 우리나라의 과거의 역사에 비추어 볼 때 교육이 경시되거나 무시될 우려가 더 크다. 그리고 중앙수준에서도 교육과 교육부가 항상 밀리는 것을 보면 교육권과 교육행정권, 교육재정권을 법적으로 충분히 확보받고 교육행정자치권과 독립성을 유지하는 것이 유리할 것으로 본다.

교육위원의 주민 대표성을 인정받고, 주민의 교육과 교육행정에의 참여를 이끌어내고, 민주주의 권력의 근원인 주민들로부터 직접 권력을 받아 내기 위해서는 주민 직접선출 방안을 강구할 필요가 있다.

교육감의 경우는 주민으로부터 직접 권한을 받아 올 수도 있고 교육위원으로부터 받아 올 수도 있다.

현재의 지방교육자치에 관한 법률은 오히려 자치를 제한하는 결과가 되고 있다. 심지어는 회의 기간, 방식, 위원 수, 선출방식 같은 것까지 전국적으로 규제해 놓고 자치를 하라고 하면 자치가 가능할 것인가? 재고할 필요가 있다.

둘째, 시·군 교육청 수준의 자치를 하려면 이를 확충하여 시·

도와 50:30의 비중은 되어야 할 것이고, 시·도 단위의 지방교육자치를 하려면 시·도 교육청을 확충하기 위하여 시·도 교육청을 흡수하는 방안을 고려해 볼 수 있다. 학교를 지원하기 위하여 지방교육청이 확충되어야 한다. 현재의 시·군 교육청으로는 학교를 충분히 지원할 수 없게 되어 있다. 지방교육청에 교육과정을 연구·개발할 수 있는 조직과 기구를 확충하는 등 자치의 기반을 다져야 한다. 지금까지는 지방교육행정조직이 중앙의 지시를 받기 위한 조직이었지 자치를 할 수 있는 조직이라고 보기 어렵다. 교원과 직원도 모두 지방공무원화하고 자치적 교육·교육행정가의 양성·연수 체제도 갖추어 나가야 할 것이다.

셋째, 교육감, 교육행정담당자, 교장, 교사·학생 대표 등으로 구성되는 수직적 교육행정 팀에 의한 지방교육행정도 고려해 볼 수 있다. 행정도 학습에 초점을 맞춰야 하고, 교장·교사·학생의 협조를 받아야 행정의 목적도 달성할 수 있고, 정책과 행정의 현장적용 가능성이 높아지기 때문에 이를 적극 검토해 볼 필요가 있다.

라. 학교의 행정조직

첫째, 기왕에 학교운영위원회가 설치되기로 했다면 본래의 목적과 의도를 충분히 살리도록 하되 전문적 영역은 교사와 학생의 참여에 의하여 결정되도록 해야 한다. 학교에서도 팀 행정이 되고, 교사도 팀에 의하여 교수가 이루어지고, 학생도 개인과 팀에 의하여 학습이 이루어져야 한다.

둘째, 인사권, 재정권, 교육과정결정권 등 많은 부분이 학교수준으로 내려온다면 제일 중요한 것 중의 하나가 교장·교감의 교육행정 전문성의 수준이 한층 더 높아져야 한다는 점이다. 지금도 교장·교감의 자질과 능력의 수준이 중요하지만 앞으로 더욱 중요해진다. 이들을 교육행정전문가로 양성·연수해야 한다.

셋째, 주임교사를 반행정가－반수업자로 하여 행정력을 신장해야 한다. 교육과정이 학교수준, 교사수준에서 다루게 되면 학교에도 교육과정 전문가가 있어야 하며, 재정·시설도 학교 단위에서 관리·운영되게 되면 이에 따른 과장급 행정가를 필요로 하게 될 것이다. 또 수업장학과 연수 등을 담당하는 교사, 학생상담을 주로 담당하는 전문가나 전문교사도 필요할 것이다. 교장·교감에게 과장급 반행정가 참모가 필요한 것이다. 교장은 이들을 리드해 가는 지도력을 길러야 할 것이다.

4. 결론

정보기술사회에 맞게 학교와 교육이 변해야 한다. 그러려면 교사만 변하라고 하지 말고 이를 지원하는 교육행정 체제와 조직이 먼저 변하는 것도 한 방법이다. 부분적으로 손질하여 재구조화하는 수준을 넘어 완전히 새로 설계하는 방안도 연구할 필요가 있다.

지금까지는 과학과, 전문화(특수화)라는 명분 아래 우리의 교육과 교육행정 체제와 조직이 지나치게 세분되는 분리주의를 지향해 왔다. 이제는 반대로 모든 면에서 수직·수평적으로 서로 연결하고 통합하려는 노력을 해야 한다. 체제를 전체적으로 보려는 통합적 사고가 절실히 요구된다.

이제 모든 면에서 量을 넘어 質을 추구하게 되었다. 교육에서도 질을 심각하게 고려해야 한다. 학생과 교사, 교육행정가의 삶의 질도 동시에 생각해야 한다. 이들은 학교와 조직 속에서 배우고 가르치기 전에 학교와 조직 속에서 인생을 살고 있는 것이다. 교육의 질, 삶의 질을 보장해 주기 위해서는 교육행정 서비스의 질을 가지고 뒷받침해야 한다.

부모가 자식을 대신하여 살아 줄 수 없고, 교사가 학생 대신 배워줄 수 없다. 교육 지도자들도 교사와 학생 대신 다른 조직과 사람을 통제하려고만 해서는 안 된다. 가능하다면 스스로를 통제할 수 있도록 올바른 방향을 잡아 주고 동기 유발시키는 일이 더 중요할 것이다. 자율과 책임, 자발성과 참여를 이끌어 내는 데 노력해야 한다.

모든 면에서 전환적 사고가 요구된다. 세기가 바뀌고, 사회와 시대가 바뀌고 있다. 21세기형 교육행정 체제와 조직, 21세기형 교육행정가의 모습을 그리는 작업은 더욱 깊이 있게 지속되어야 할 것이다.

참고문헌

ASCD(Oct, 1996), *Educational Leadership* vol. 54 No.2.

Banathy, Bela H.(1991), *Systems, Design of Education,* (Englewood, Cliffs, N. J.: Education, Technology, Publications.

Beare, Hedley and Slaughter, Richard(1993), *Education for the Twenty‑First Century, London*: Routledge.

Cunningham, William G and Gresso, Donn W.(1993), *Cultual, Leadership,* Boston: Allan Bacon.

Glatthorn, Allan A.(1994), *Developing A Quality Curriculum,* Alexandria, VA: ASCD.

Lieberman, Myron(1995), *Public Education: An Autopsy,* Cambridge, Massachusetts: Harvard University Press.

Maehr, Martin L. and Midgley, Carol(1996), *Transforming school Cultures,* Boulder, Colorado: Wester Press.

Phi Delta Kappa(1996), *Do We Still Need Public Schools?* Bloomington, IN: P. D. K.

Phi Delta Kappa(Sep. 1996), *Phi Delta Kappan.*

Schlechty, Philip C.(1991), *Schools for the Twenty‑First Century,* San Fran cisco: Jossy – Bass Publishers.

Ⅵ

남교사임용할당제, 발상의 빈곤*

과거에는 남성만이 직업을 갖고 일을 하여 돈을 벌어 오고, 여성은 집안에서 가사를 돌보며 살림을 꾸리는 일을 했다. 그래서 초등학교 교사도 대부분 남성이었다. 여성이 직업을 가져도 부업 정도로 생각하는 것이 보통이었다. 당시는 이런 상황을 너무나 당연한 것으로 생각해서인지 아동(학생)교육 정서문제나 교직의 남성화를 우려하는 목소리는 들리지 않았었다.

그러다가 직업의 종류가 늘어나고, 여성의 직업 진출이 보편화되고, 특히 정부의 교원정책 경시 또는 실패로 교직이 경쟁력을 잃고, 교직이 남성에게 매력을 잃으면서 교직, 특히 초등교사의 여성화에 우려를 제기하는 목소리가 나오기 시작하였다. 그동안은 교육대학에서 억지로 신입생 선발 시 할당제 같은 것을 적용하여, 예를 들면 여성 합격자가 70%를 넘지 못하게 하여 30% 정도를 남성 장래 교사(교대생)로 확보하였던 것이다. 실력 본위 자유경쟁에서 우수한 여학생을 불합격시키고 질이 떨어지는 남성을 합격시켰던 결과이다. 모든 국민은 법 앞에 평등하다는 민주주의 국가인 대한민

국 안에 있는 교육대학에서, 그것도 국립대학에서 헌법정신을 어겨가면서 남성을 확보해야 할 명분과 논리가 없었던 것이다. 특히 교육대학은 교사양성기관으로서 자유경쟁에 의하여 우수한 학생을 뽑아서 잘 가르쳐서 내보내면 그만이지 억지로 남교사 숫자 확보하는 일까지 책임을 떠맡을 필요가 없었던 것이다. 남교사 확보하는 일은 교육대가 맡아서 할 일이 아니라 현장의 장관이나, 교육감, 교장들이 할 일이었던 것이다. 당장 중등교원양성을 맡은 사범대학은 성차별을 안 하는데 교육대학만 성차별할 이유가 성립되지 않았다. 헌법소원을 하거나 재판을 청구하면 꼼짝없이 당하게 되어 있어 이제 교육대학이 거의 모두 남성할당 신입생 선발제를 포기하게 되니 여학생 장래 교사가 많아지게 되었다.

더구나 교육대학 졸업 후에도 임용고사를 통하여 초등 교사를 임용하다 보니 실력이 우수한 여성이 더 많이 합격하여 서울의 경우 94.4%를 여교사가 차지하게 된 것이다. 그래서 서울의 경우 96년 3월 기준으로 72.5%가 여교사로 되어 있고, 이런 추세로 나가면 전국의 초등뿐만 아니라 중등까지 모든 교사가 100% 여성만으로 충원될 것으로 보게 되었다.

교직이 여성화하자 아동(학생)까지 여성화한다는 점과 학교운영상 힘을 요하는 일을 할 수 없다는 두 가지 이유를 들어 문제를 제기하고 있다. 그래서 마침내 『전국초등학교교사임용공동관리위원회』라는 데서 소위 '남교사임용할당제'라는 세계에서 유례를 찾아보기 어려운 해괴한 제도를 만들어 일정 비율의 남교사를 확보하게 해 달라는 건의서를 교육부에 제출했다고 한다.

필자는 초등교사 생활을 약 15년 동안 해 본 남자로서 교직뿐만 아니라 모든 직장이 남녀성이 조화를 이루는 것이 좋고, 특히 교직에서 남녀 조화를 이루어 아동이 남교사, 여교사에게서 골고루 배우는 것이 바람직할 것이라고는 생각한다. 또 그렇게 되는 것이 학교경영에도 좋을 것이라 생각한다.

그러나 이런 이유만으로 '남교사임용할당제'를 만들어 인위적으로 남교사를 희귀종으로 만들어 보호구역을 설정하자는 발상 그 자체를 단호히 반대한다.

첫째, 인간의 기본권인 평등권(平等權)을 무시하면서까지 남교사를 확보할 수 없다는 점이다. 다른 직업에서 '여성채용목표제' 또는 '여성채용할당제'와 같은 논리로 교직에서도 거꾸로 '남성할당제'를 채택할 수 있을 것으로 보는 것은 오해이다. 다른 직업에서 '여성할당제', '장애인할당제'를 적용하는 것은 고용구조가 불평등으로 되어 있기 때문에 불리한 사람에게 인간의 기본권인 평등권을 확보해 주기 위해 역차등하는 것이라는 점을 이해해야 한다. 세계적으로도 교직에서 여성의 비율이 높은 것을 당연시하고 있는데, 우리나라에서만 기본권을 무시하면서까지 인위적으로 물길을 돌리려는 것은 무리이다.

둘째, 시상원리, 자유경쟁은 우리나라의 기본정책이고, 최근 교직에서까지 이를 점차 확대 도입하려는 정책과도 모순을 일으키고 있다. 최근의 교육개혁의 정신에서도 경쟁논리를 채택하고 있지 않은가? '공급자경쟁'이란 말을 귀 따갑게 듣고 있지 않은가? 남교사가 되고 싶으면 먼저 실력을 기를 것이지 천연기념물·희귀종이되어 보호받으려고 해서는 안 될 것이다. 또 현장이나 학부모 입장에서 남교사가 필요하면 근본적으로 우수한 남성을 교직으로 유인하여 확보하고 남교사로 하여금 사기충천하여 계속 발전, 노력하게 하는 정책을 개발해야 할 것이다.

셋째, 교사가 모두 여성화하면 아동까지 모두 성격이 여성화되고 학교경영에 어려움이 있다는 것도 충분한 연구에 의한 증거가 제시되지 못하고 있다. 여교사도 충분히 아동을 남성답게 키울 수 있다고 하면 이를 어떻게 공격할 것인가? 세상의 모든 어머니가 아들을 여성화시키고 있으며, 아버지가 있기 때문에 아들의 여성화를 방지하고 있는가? 편모슬하에 자란 아이는 모두 여성화되었으며 이들이 남교사 덕분에 여성화가 방지되었다는 근거가 있는가? 막연한 추측을 가지고 기본권을 어기는 정책을 만들어 달라고 건의할 수는 없다. 학교경영에서 남교사의 힘이 필요했다면 이제는 돈을 가지고 그 힘을 살 수밖에 없다. 무거운 물건을 옮기고 체육대회나 추진하기 위해서 남교사가 필요하다고 할 수는 없다. 이제는 힘(forced technology)에 의해서 교육하는 시대가 아니라 정보(information)에 의하여 교육하는 시대가 되었다. 미국 여성들은 군대 가게 징집해 달라고까지 하여 평등권을 주장하고 있다. 이스라엘 여성은 실지로 군복무를 하고 있지 않은가? 한국의 여교사를 남교사들이 하던 일까지 해낼 수 있도록 양성하고 길러 내야 한다. 학교 교사가 여성화되고 있는 것이 어쩔 수 없는 세계적인 추세라면, 가정에서 아버지가 자녀를 남성답게 키우라고 오히려 학부모를 설득하는 입장이 되어야 할 것이다.

'남교사임용할당제'는 임시방편적 단견에 의한 그야말로 고육책이라는 것을 우리는 잘 이해한다. 교직에 꼭 남성이 필요하다면, 또 얼마간이라도 확보하고, 보호하고 싶다면 국가는 이제부터라도 근본적인 정책을 세워야 한다. 초등학교뿐만 아니라 중등교사 문제까지 같이 생각해야 한다. 똑같은 보통교육의 문제, 의무교육의 문제이기 때문이다.

첫째, 근본적으로 교직우대정책을 세워야 한다. 옛날에는 직업의 종류가 몇 개 안 되었기 때문에 교직이 다른 직업과 경쟁하지 않아도 저절로 우수인력이 교직에 들어왔었다. 이제는 직업이 다양해져 경쟁해서 우수인력을 교직으로 빼앗아 오는 정책을 쓰지 않으면, 남교사뿐만 아니라 우수한 여성인력까지 다른 직업으로 모두 빼앗기게 된다. 남교사 문제가 아니라 여교사까지 빼앗겨 교직 자체가 흔들리고 있다는 것을 알아야 한다. 그런데 국가는 교직의 경쟁력을 확보하기는커녕 오히려 지금까지 계속 교원들을 실망시키는 정책을 써 왔다. 과거에 교직이 가지고 있던 유인가를 없애 버려 교직은 경쟁력을 잃은 지 이미 오래이다. 우수 인력을 다른 직업으로 다 빼앗겨 놓고 저질 남교사 몇 명 붙잡아 놓겠다는 임시처방 할당제를 쓴다는 것은 국가가 할 짓이 못된다. 경쟁력을 잃은 교직을 가지고 한 나라의 우수한 교육을 하겠다는 것은 모순이다. 국가는 지금이라도 남교사 몇 명에 연연하지 말고 근본적으로 교원우대책을 써서 교직에 성생력을 불어넣어 우수교사를 확보하려고 하면 남교사는 저절로 우수인력 속에 끼어 들어오게 된다는 것을 알아야 한다. 교육개혁도 우수교사 확보에 최우선 순위를 두고 여기에 집중했어야 한다.

둘째, 교직에 남교사가 꼭 필요하여 확보하려 한다면 차선책으로 남교사 유인정책을 세워야 한다. 전국적으로 해도 좋고 남교사를 특별히 필요로 하는 급한 시·도 지방별로 해도 좋을 것이다. 예를 들어 교직을 희망하는 우수한 남자고등학생·중학생에게 약속하고 장학금을 대 주는 것이다. 미국 같은 나라에서도 교사, 교직단체 등에서 자기들 주머니까지 털어 가면서 장학금을 마련하기도 한다. 급한 지방자치단체나 교육청에서 먼저 남고생을 위한 장학금을 마련해 보면 좋겠다. 석사·박사과정, 해외유학을 보장하는 장학금까지 생각할 수 있다.

그동안 남자에게만 해당되는 병역특혜의 부활 협조도 고려할 수 있다. 과거에 있었던 이런 유인가마저 다 없애 놓고 나서 이제 급하니까 손바닥으로 하늘을 가리는 정책을 내는 것은 유감이다.

어쨌든 인위적이 아니라 우수한 남고생이 미리 교직에 뜻을 두고 공부를 열심히 하여 실력으로 교직에 들어올 수 있도록 하는 방안을 강구하면 방안은 얼마든지 더 있을 것으로 본다.

총체적으로 교직은 지금 위기를 맞고 있다. 교직은 지금 3류, 4류 직업으로 떨어져 있다. 3류, 4류 직업으로 세계 1류 국민을 길러 내어 세계 제1이 되겠다는 국가의 정책은 모순이다. 근본적인 처방을 하여 자연적으로 남교사가 교직에 유인되어야지 인위적으로 무리한 단기적 처방인 '남교사임용할당제'를 생각하는 것은 큰 잘못이다. 마침 '교육대통령'이 나왔으니 근본적인 교원 우대에 의한 우수교원 유인·양성·발전정책을 기다려 봐야겠다.

제 2 부

전환적 장학

Ⅰ

교내장학방법*

1. 여건 조성

교내장학이란 학교의 계획하에 교사의 교수기술 향상과 전문직적 성장을 위하여 학교 자체로 또는 교육청과의 협동적 노력으로 학교 수준에서 실시하는 장학이라고 할 수 있다. 학교 수준에서의 장학이기 때문에 교장의 지도력이 중요하다. '교내 자율장학'이라고도 하여 '자율'이란 말을 자주 붙이는 것을 보면 지금까지의 학교 수준에서의 장학이 다분히 '타율'장학이었음을 반증으로 알 수 있다. 교사 개인수준에서 스스로 실시하는 장학은 교사 수준에서의 자율장학이라고 할 수 있는데 이것도 타율에 대한 반작용으로 나온 말이다.

가. 장학환경의 변화

교내장학이 강조되는 여러 가지 상황에 대하여 살펴볼 필요가 있다. 교내장학의 강조는 교육 내·외의 여러 상황의 변화와 맥을

---

* 새교육 96. 6.~11. 연재, 한국교총.

같이하기 때문이다.

첫째, 교내장학의 강조는 분권화의 경향과 맥을 같이하고 있다. 정치적인 측면에서 중앙집권으로부터 지방분권으로 가고 있어 지방자치가 주민 가까이 다가가고 있다. 지방교육자치도 기초단위에서 활발하게 이루어지고 있는 나라에서까지 이에 불만을 갖고 학부모와 지역사회인이 학교운영에 직접 참여하고자 한다. 교내장학의 강조도 중앙장학, 교육청장학으로부터 학교장학으로의 이행으로 파악될 수 있다.

둘째, 기업경영에서 현지 책임경영제의 강조와 교내장학의 강조는 일치되는 경향이다. 기업경영에서도 결재 라인이 긴 거대기업 경영체제로는 변화와 경쟁이 심한 현 상황에서 살아남기 어렵고 공멸하기 쉽다는 판단에서 기업을 작게 도막내어 각자 현지에서 살아남기 경영을 하고 있는데 교육에서도 기업경영과 마찬가지로 학교단위자율책임경영제가 도입되고 있다. 실질적 인사권과 재정권을 학교단위에 넘겨주고 그 범위 내에서 책임경영을 하게 하는 것이다. 교육청 수준의 교육위원회 대신 학교수준에서의 학교운영위원회가 맡아서 기능을 하게 하는 것이다. 장학도 학교 단위에서 책임을 져야 하는 섯은 낭연한 이지이다.

셋째, 교육의 질 향상에 대한 관심의 증대로 교내장학이 강조되고 있다. 교육의 질을 가지고 국제경쟁을 하고 있는데 교육의 질은 교사가 가르치는 수업에 의하여 결정된다. 그래서 수업에서의 장학이 중시되지 않을 수 없다. 이것이 바로 교내장학이다. 교육개혁도 교육의 질 향상에 초점을 맞춰 수업장학, 교내장학을 강조해야 하는 것이다. 이러한 논리를 무시한 채 장학직 자체를 이미 중앙에서 일부 폐지하고, 또 전국적으로 모두 폐지하려고 했던 엄청난 오류를 정부는 범하고 말았다.

장학은 원래 교내장학이 중심이었으므로 교내장학의 강조는 장학이 제자리로 돌아가려는 것이다. 교사와 교장이 장학의 필요를 느끼면 교육청에 장학 전문가의 도움을 요청하여 장학팀이 되어 협동적 장학을 하는 것이다. 이제 교육과정도 학교 수준으로 점차 내려오고 학교 자율권이 인정되면 교내장학이 활성화되고 제도화로 정착되어야 할 것이다.

나. 장학 자체의 변화

이러한 교육 외적 상황변화와 장학 자체에도 여러 가지 새로운 경향이 나타나고 있다.

첫째, 장학의 철학이 교사의 자아실현을 도와주려는 인간자원철학으로 바뀌고 있다. 장학이 단지 교사로 하여금 학생을 잘 가르치게 하려는 것이 아니라 교사가 가지고 있는 잠재적 능력을 최대한 발휘하게 하여 교사로 하여금 교직과 생애에서 의미와 보람을 찾게 도와주려는 장학철학으로 바뀐 것이다. 교사를 도와주려면 교사가 일하고 있는 현장 가까이 학교 안에서 해야 효과가 있다. 이것이 교내장학이다.

둘째, 장학에서도 다른 분야와 마찬가지로 자율과 참여가 강조되고 있다. 교사에게 최대한 권한을 주고(teacher empowerment), 책임을 지게 하여 스스로 성장하고자 하는 동기 유발을 불러일으키려 하고 있다. 교사 자율장학, 자기장학과 동료장학의 강조 경향이다.

특히 동료장학은 학교 내 신뢰적 협동의 학교문화의 형성과 함께 강조되고 있는 것이다. 이러한 장학의 변화는 상부의 장학보다는 교내장학이 더 효과적이다.

셋째, 장학도 구체적, 미시적 접근으로 바뀌고 있다. 원격 장학, 상부의 장학, 형식적 장학이 아니라 아주 구체적이고 실질적인 미시적 접근을 하고 있다. 실질적 도움이 되어야 교사들이 장학을 수용하기 때문이다. 그러자니 교내장학이 강조되어야 한다.

다. 교내장학 활성화의 장애

이러한 외부상황의 변화와 장학 자체의 변화 경향에도 불구하고 교내장학을 활성화시키고 제도화시키기에 어려운 여건이 많이 작용하고 있다.

첫째, 상부의 장학만을 장학으로 생각하는 우리나라의 전통적 사고가 교내장학의 활성화에 장애가 되고 있다. 심지어는 교장까지도 상부의 장학을 받는 것으로 착각하는 피동적 장학의 사고를 아직도 벗어나지 못하고 있다. 교사는 장학에서 더욱 피동적, 소극적일 수밖에 없었다. 장학은 교사와 교장의 필요에 의하여 이루어지는 것이라는 사고의 전환이 절실히 요구된다. 이를 위해서는 장학연수를 강조해야 할 것이다. 상부 교육청의 장학은 교내장학이 잘 이루어지도록 도와주고, 필요할 경우 교내장학팀과 같이 팀을 구성하여 도와주는 입장으로 바뀌어야 한다. 장학에서는 전적으로 교장이 중심인물이라는 것을 교육청도, 교장도, 교사도 올바르게 인식해야 한다. 이런 인식 전환을 위한 연수를 필요로 한다. 교사에 관한 한,

교사의 수업에 관한 한 전적으로 교장에게 책임이 있다. 교장의 교육적 지도력, 장학 지도력, 수업 지도력이 강조되는 새로운 전통을 창조해야 한다.

둘째, 교사의 장학에 대한 만성적 거부감이 교내장학의 제도화에 장애가 된다. 교사가 장학에 거부감을 갖고 소극적, 피동적 태도를 갖는 한 장학은 겉돌고, 효과를 거두기 어렵다. 장학이 교사를 위한 실질적 교내장학으로 바뀌어야 하고, 또 교내장학 수용자와 참여자, 협조자에게 이익과 도움이 되도록 보상을 해 줘야 교내장학의 수용이 촉진될 것이다. 반대로 교내장학에 거부적인 교사에겐 불이익이 돌아가게 되어 교내장학이 당연한 것으로 받아들여지게 되어야 교내장학의 출발이 가능해진다.

셋째, 교내장학담당자의 장학능력과 기술의 향상이 교내장학 성공의 관건이 된다. 과거에 교장·교감이 장학담당자라는 의식이 없었기 때문에 교장·교감이 장학 지도력과 장학기술을 익힐 필요도 없었고, 또 그럴만한 제도도 없었기 때문에 교내장학담당자의 지도력에 문제가 있을 수 있다. 교장·교감 자격연수에 장학론 과목이 2～3시간 배정되거나 아주 없거나 했으니 장학기술과 능력을 기를 기회가 주어지지 못했다. 특히 중·고등학교에서는 전공교과목이 다르면 장학을 못하는 것으로 생각했던 것도 문제이다. 교장·교감은 장학담당자이지 더 이상 전공교과목 교사가 아니라는 것을 피차 알아야 한다. 일반 수업장학은 전공교과가 달라도 가능하다는 것이다. 장학에서 교과내용을 다루는 것이 아니라 교수방법과 기술을 다루는 것이기 때문이다. 전공교과전문가가 필요할 경우에는 교육청의 교과전문장학사의 도움을 청해야 한다. 앞으로 교내장학이 활성화되려면 교장·교감의 장학능력을 신장하기 위한 방안이 강구되어야 한다. 특수 분야 장학을 위해서 교무주임, 연구주임, 특수 교과 주임을 교내장학담당자로 임명하는 방안도 적극 검토할 필요가 있다. 교내장학이 장학의 중심이라는 생각으로 바뀌고, 교사의 장학에 대한 거부적 태도가 수용적 태도로 바뀌어야 하고, 교내장학담당자의 자질과 능력, 기술을 갖추는 기본적 교내장학여건조성이 필수적이다.

라. 교내장학의 영역

교내장학의 영역, 교내장학에서 해야 할 일은 무엇인가?

교장·교감이 하는 모든 일을 다 장학이라고 말할 수 있다. 인사, 재정, 시설, 지역사회와의 관계 등도 모두 교내장학의 범주에 포함된다. 그러나 여기서는 몇 가지 중요한 영역으로 줄여 잡을 수밖에 없다.

첫째, 수업의 질 향상과 교사의 교수기술 향상에 초점을 맞춘 수업장학을 제일 중요한 한 영역이라고 할 수 있다.

개발된 교육과정에 의하여 어떻게 수업을 하느냐가 장학이 대상이 된다. 수업장학의 바탕은 임상장학의 방법이 된다. 교실 현장에서 수업과 장학계획을 장학자와 교사가 협의하여 정하고, 수업관찰을 하여 자료를 수집하고, 이 자료를 분석하여 피드백하여 수업개선과 교수기술 향상을 위하여 활용하기 위한 협의회를 하는 과정을 거치는 형식을 취한다. 학교교육에서 제일 중요한 것이 수업이라면 교내장학의 핵심도 수업장학이라고 할 수 있다.

둘째, 교육과정과 교육 프로그램 개발과 운영이라고 할 수 있다. 교육과정이 학교 수준으로 내려오면서 이에 대한 장학이 강조된다. 학생들이 입학에서 졸업까지, 학기·학년 동안, 1주간, 1일 동안 어떤 교육 프로그램에 의하여 움직이게 하느냐는 학교에서 제일 중요한 장학영역에 속한다. 여기엔 학교교육목표의 설정이 선행되어야 한다. 물론 교육목표는 철학에서 나오게 된다. 과거에 교장·교감만 되면 교육과정이나 수업과는 상관없는 것으로 생각하고, 이들은 교무주임이나 연구주임에게 맡기면 되는 것으로 생각했던 것이 잘못이다. 그리고 학교 수준에, 심지어는 교육청 수준에까지 교육과정 전문가나 교육과정 담당 부서까지 없었던 것이 문제이다. 이 영역이 교내장학 중에서 교육과정 장학에 속한다.

셋째, 교사의 계속적 전문직적 성장을 위한 교사개발은 중요한 교내장학의 한 영역이다. 아무리 유능한 교사를 유치했더라도 성장과 발전을 멈춰 버려서는 안 된다. 교직 전문가로 계속 성장하도록 도와주어 교사의 잠재능력을 개발할 수 있도록 해야 한다. 물론 교사의 동기 유발이 중요하다. 이것이 모두 교내장학의 중요 영역이다. 수업장학에서 다룬 교수기술 향상 노력까지 교사개발 장학에 포함시킬 수 있어 첫째 영역과 중복되기도 한다. 흔히 교내연수라고 했던 영역에 해당된다.

넷째, 수업환경 개선도 교내장학의 주요 영역의 하나이다. 교재·교구를 개발하여 제공해 주는 일도 교내장학에서 해야 할 일이다. 자료실에 전문가를 배치하여 교사에게 필요한 자료가 즉시 공급될 수 있게 확보·유지·활용되도록 장학 지도력을 발휘해야 한다.

수업, 교육과정, 교사개발, 수업환경 이 네 가지를 교내장학의 주
요 영역으로 생각한다. 이들 관계를 정리하면 <그림 2-1>과 같다.

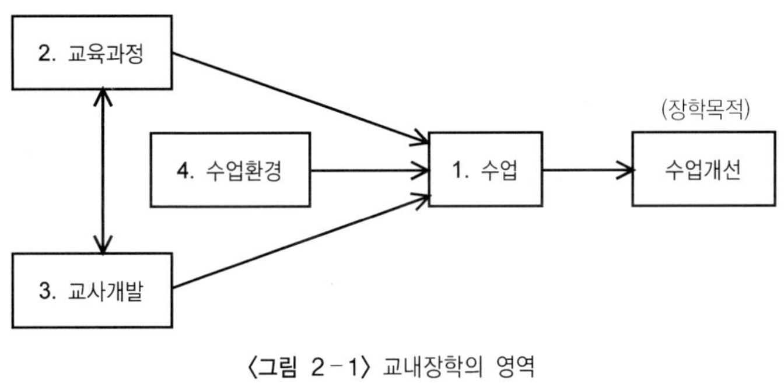

〈그림 2-1〉 교내장학의 영역

개선된 학습 환경 속에서 교육과정 개발과 교사개발에 의하여
수업장학을 하여 수업개선(improvement of instruction)을 하려는 것
이 교내장학의 궁극적 목적이 된다.

마. 교내장학여건 조성

이제 교내장학에 착수해야겠는데 교내장학을 위한 장학환경 조
성, 장학여건 조성이라는 전 단계를 한 번 더 강조하고자 한다. 앞
에서도 이미 지적한 것처럼 우리의 장학환경은 아주 불리한 상태
이기 때문이다.

첫째, 교장의 교내장학 실시의 필요성과 중요성, 그 효과 가능성
에 대한 확고하고 강력한 신념이 있어야 한다. 교내장학이 교장직
무의 최우선 순위이며 교장직을 걸 만큼 가치 있는 일이라는 신념
이 서야 한다. 그리고 교내장학의 효과성을 믿고 반드시 성공할 수

있다는 확신이 서야 한다. 교감이 교내장학을 주도하려 한다면 교장으로 하여금 이러한 신념을 갖도록 움직이는 일이 선행되어야 한다.

둘째, 이러한 신념이 섰으면 다음엔 장학담당자 자신들이 먼저 장학에 관한 지식, 방법, 기술, 능력을 갖춰야 한다. 장학에 대하여 잘 알아야 자신감을 갖고 시작할 수 있다. 장학연수, 독서, 사례수집·자료수집, 타 기관 방문, 자문자(단)를 활용하는 것도 한 방안이 될 것이다.

셋째, 교내장학의 학교문화를 먼저 형성해야 한다. 서로 믿고 신뢰하고, 수직·수평으로 협동하고, 자발적으로 참여하고, 무엇인가 배우고자 하는 학교문화가 형성되어야 한다.

① 수직적인 팀 정신, ② 결점 보충에의 초점이 아닌 명확한 비전에의 확신, ③ 동료관계의식, ④ 신뢰와 지원, ⑤ 공통의 가치와 흥미의 소유, ⑥ 광범한 참여, ⑦ 평생을 통한 성장의욕, ⑧ 현재 생활예의 충실과 동시에 장기적 전망, ⑨ 양질의 정보에의 접근 노력, ⑩ 계속적이고 지속적인 질 개선, ⑪ 개별 교사의 자율성 확대 등의 학교문화가 권장된다. 이러한 학교문화 형성에 교장이 문화지도력을 발휘해야 한다. 이러한 밑바탕의 학교문화가 형성된 후, 또는 형성되면서(무르익어야) 교내장학이라는 송곳이 부드럽게 뚫고 들어갈 수 있는 것이다.

넷째, 이러한 학교문화와도 관련되지만 그중에서도 특히 교사의 동기 유발, 자발성과 자율성, 능력 동기에 교내장학이라는 발동의 불꽃을 붙여 줘야 한다. 장학에의 교사참여가 교내장학 성패의 관건이 된다.

다섯째, 교사도 교내장학에 대한 지식, 이해, 기술을 갖고 있어야 장학파트너로서 기능과 역할을 수행할 수 있게 된다.

교내장학이 장학담당자의 솔로춤이 되어서는 실패할 수밖에 없다. 교사도 교내장학의 필요성과 중요성, 자신을 위한 것이라는 점, 장학방법에 대하여 알아야 교내장학에 협조하고 참여할 수 있게 된다. 이를 위해서는 장학에 관한 교사연수가 꾸준히 실시되어야 한다.

여섯째, 교내장학의 지지기반, 거점을 구축해야 한다. 교내장학을 수용하고 지지한 교사집단을 발판으로 하여 교내장학을 시작한다는 뜻이다. 교사 전원이 일시에 교내장학을 환영하고 찬성하고 나오지 않더라도 지지집단부터 먼저 시행하기 시작하여 이들에게 보상을 해 주면서 확대해 나가는 방안도 고려할 수 있다.

지금까지 교내장학에 관하여 개관한 것을 요약하면 <그림 2-2>와 같다. 처음부터 다시 읽으며 그림과 맞춰 보면 좋을 것이다.

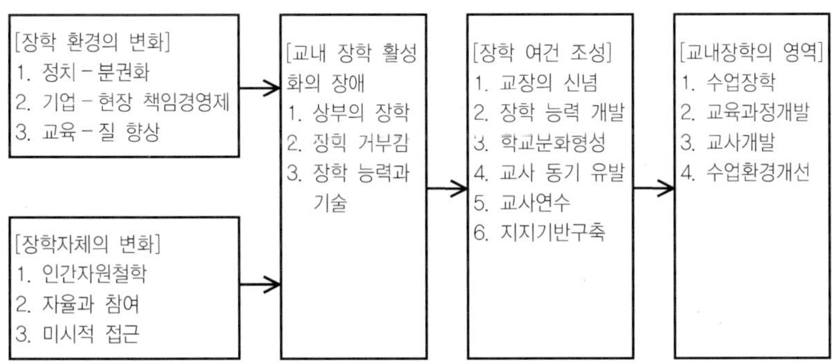

〈그림 2-2〉 교내장학여건 조성

다음에는 교내장학을 위한 계획과 준비, 모형에 대하여 살펴보기
로 한다.

2. 교내장학을 위한 준비와 계획

앞에서는 교내장학의 여건조성이라는 제목하에 장학환경과 장학
자체의 변화로 교내장학이 강조되어야 하는데 여러 장애요인이 작
용하고 있으므로 교내장학의 여건조성이 우선되어야 한다고 하였
다. 교내장학의 여건으로는 ① 교장의 장학에 대한 강한 신념이 있
어야 하고, ② 장학자의 장학능력과 기술을 개발해야 하고, ③ 장
학을 수용하고, 모두가 성장하고자 하는 학교문화·장학문화가 형
성되어야 하고, ④ 교사의 동기 유발과 자발성·자율성을 불러일
으켜야 하고, ⑤ 교사도 장학에 대하여 알아야 하므로 교사에 대한
장학연수가 선행되어야 하고, ⑥ 장학을 실시하기 위한 지지기반이
구축되어야 한다고 하였다.

이러한 교내장학이 잘 먹혀들 수 있는 여건조성이 어느 정도 되
었다고 판단이 되면 교내장학 실시를 위한 철저한 준비와 계획을
세워야 한다. 이제부터는 교내장학을 위한 준비와 계획의 중요사항
에 대하여 살펴보고, 교내장학을 위한 모형을 제시하기로 한다.

교내장학을 실시하기 어려운 상황에서 교내장학을 실시하려고
한다면 더욱 계획과 준비를 철저히 해야 한다. 그리고 모든 교육활
동은 철저한 사전계획에 의하여 이루어져야 그 실현 가능성과 효
과성이 높아질 수 있다는 믿음을 갖고 교내장학의 계획과 준비에

만전을 기해야 한다.

첫째, 교내장학(기획)위원회의 구성을 권고한다. 교장·교감, 교무주임·연구주임, 학년주임, (평)교사를 참여시켜 연간장학계획을 세우고 이를 추진하고, 평가하기 위하여 장학위원회를 구성하여 교내장학을 추진해 나가면 일방적인 장학이라는 거부반응을 줄일 수 있고, 또 교사의 입장에서 교사에 필요한 장학을 해 나가는 데 도움이 될 것이다. 학교가 작거나 위원회의 종류가 너무 많아 별도로 장학위원회의 구성이 비현실적이라면 이미 구성된 다른 위원회를 활용해도 좋을 것이다. 장학위원회의 구성을 통해 교내장학에 대한 교사의 참여와 지지를 이끌어 내는 데 도움이 되길 기대한다.

둘째, 학교교육 계획서에 장학계획이 반영되도록 해야 한다.

장학계획을 교육 계획서와 따로 작성하거나 장학계획도 없이 장학을 하겠다고 하면 장학은 수용되기 어렵고 교장의 지도력은 신뢰를 받기 어렵다. 장학위원회의 계획과 교사와의 협의와 약속에 의하여 학기 간, 학년 간 장학계획을 학교교육 계획서에 일괄적으로 포함시키고 이를 실천으로 옮겨 가는 것이 여러 가지로 유리할 것이다.

장학계획 속에는 여러 장학 프로그램별로 담당자, 일정, 목적·내용과 방법, 평가, 예산 등이 드러나도록 해야 할 것이다. 예를 들면 임상장학, 동료장학, 자기장학의 대상자와 담당자 등이 계획서에 나타나면 좋을 것이다.

또 수업연구, 공개수업, 교사연수, 현장방문, 교재·교구·학습환경 개선에 관한 계획은 교내장학계획의 중요한 부분으로 포함되어야 할 것이다.

교내순시나 전통적 장학도 개선하여 교사에게 도움이 되는 방향으로 운영될 수 있도록 계획되어 교사들의 수용을 유도해 내야 할 것이다.

셋째, 장학에 관한 정보제공도 중시해야 한다. 장학에 대한 오해를 불식시키기 위한 장학 자료, 장학이론·방법·기술에 관한 정보, 장학에 관한 자원인사 등을 충분히 확보하여 제공해 주면 도움이 될 것이다.

넷째, 지원과 자원의 출처를 준비하는 일을 해야 한다. 교내장학에 필요한 인적·물적·재정적 지원과 자원에 대한 계획이 있어야 한다. 또 장학에서는 장학할 수 있는 시간도 귀중한 자원이 된다. 장학협의 시간, 수업관찰 시간, 연수와 현지방문 시간을 어떻게 확보할 것인가를 계획해야 한다. 교사들이 다른 반 수업을 관찰하기 위하여 자신의 반 수업을 포기하거나 자습을 하게 할 수는 없다.

다섯째, 무엇보다도 교내장학에 대한 명확한 비전을 제시하고 장학의 목표를 분명하게 설정하는 일이 중요하다. 비전과 목표가 분명할 때 교사들은 동기 유발이 되고 어려움도 잘 참아 낼 수 있다. 그리고 협동과 동료의식의 공동가치, 중핵가치가 형성되어 장학이 잘 수용되고 발전할 수 있게 된다.

여섯째, 다양한 장학대안을 마련해야 한다. 학교 형편이 허용하는 범위 내에서 가능한 한 다양한 장학 프로그램을 마련하여 각 교사에게 맞는 장학을 해 줄 수 있어야 한다. 장학의 개별화로 접근해야 효과성도 높아질 수 있기 때문이다.

일곱째, 교육청의 협조와 지원을 끌어내야 한다. 교내장학계획이 잘되면 교육청의 장학을 면제받을 수 있게 한다든지, 재정적·기술적·

행정적 지원을 받아야 교내장학 계획이 잘 추진될 수 있을 것이다.

어쨌든 각 학교의 실정에 맞게 장학계획을 세워 학교교육계획에 포함시킬 것을 권고하는 데 교사의 참여와 협조를 바탕에 깔아야 한다는 것을 강조한다.

3. 교내장학의 모형

교내장학을 위한 계획과 준비의 하나로 여섯 번째에 말한 다양한 장학대안의 마련과 관련하여 교내장학의 모형을 생각해 볼 수 있다.

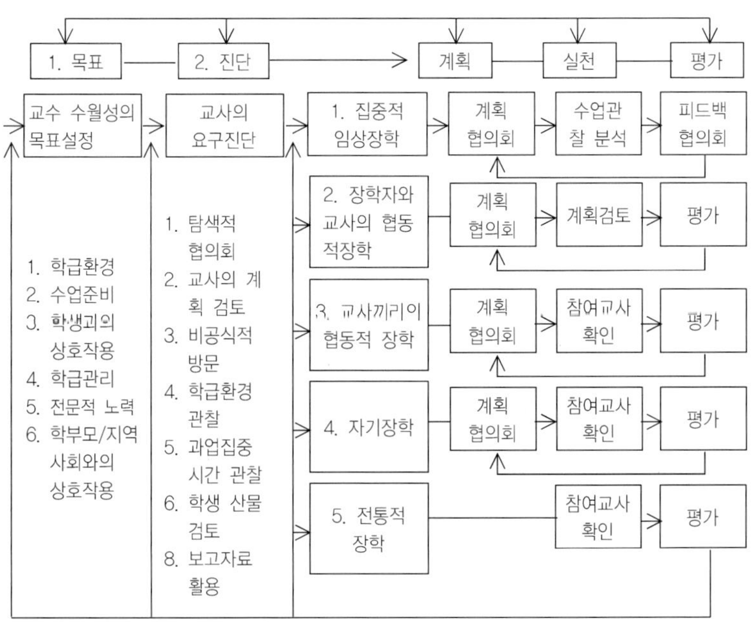

〈그림 2-3〉 교사의 필요에 의한 교내장학모형

수업모형과 마찬가지로 장학모형도 목표 – 진단 – 장학경험 – 평가의 과정을 생각할 수 있다. 먼저 교내장학모형을 <그림 2 – 3>으로 제시하고 이를 설명하는 식으로 전개한다.

우선 이 모형은 교사의 장학적 필요에 맞춰야 장학의 효과를 거둘 수 있다는 전제에서 출발한다. 다양화, 개별화, 선택적 장학체제의 가치에 근거한다는 것도 알 수 있다.

가. 장학목표의 설정

교사로 하여금 다음의 각 영역에서 표준 이상의 수월성을 향상시키고 이를 유지하려는 목표를 생각할 수 있다. 이는 학교 전체의 장학목표도 될 수 있지만 여기서는 장학의 개별화 접근이므로 각 교사별 장학목표라고도 볼 수 있다.

주요 장학의 영역은 ① 학급 환경, ② 수업 준비, ③ 학생과의 상호작용, ④ 학급관리(경영), ⑤ 전문직적 노력, ⑥ 학부모/지역사회와의 상호작용 등이 될 것이다. 이 중에서 교사가 특히 원하는 영역이 있으면 그 영역을 우선시할 필요가 있다. 특별히 요구하는 영역이 없으면 전반적으로 다루거나 한 영역씩 다루어 나가면 될 것이다.

나. 진단

이 장학은 교사의 장학적 필요에 맞추려는 모형이기 때문에 각 교사에게 알맞은 장학대안을 찾기 위하여 진단을 해야 한다. 병원에 가면 먼저 정확한 진단으로부터 진료가 시작되는 것과 마찬가지이고, 수업에서도 학생의 선수학습을 진단하여 학생에게 알맞은

학습경험을 제공해 주려는 것과 마찬가지 이치이다. 과거의 장학이
이러한 교사의 개인적 필요에 대한 배려 없이 획일적, 일방적, 형
식적 장학을 했었기 때문에 교사들이 장학을 배척하거나 거부하는
반응을 보였고, 그래서 장학의 효과도 적었을지 모른다. 교사의 장
학적 필요를 진단하는 방법은 ① 교사와의 탐색적 협의회, ② 교사
의 각종 계획(특히 학습계획) 검토, ③ 비공식적 교실 방문(또는 비
공식적 수업관찰), ④ 학급환경 관찰, ⑤ (수업 중)과업집중 시간
관찰 ⑥ 학생의 수업 산물(작품) 관찰, ⑦ 공식적 탐색적 관찰, ⑧
(각종)교사의 보고 자료의 활용 등이 될 것이다. 이러한 진단 자료
를 검토해 보면 각 교사에게 어떤 장학을 실시해야 알맞을 것인지
판단하여 결정할 수 있을 것이다.

그러나 교사가 특별히 어떤 장학을 해 주기를 요청할 경우는 진
단을 간단히 하고 교사가 요구하는 측면과 장학방법을 선택하도록
해야 할 것이다.

다. 장학대안의 결정

교사의 특별한 요구와, 앞에서의 진단, 학교의 사정을 고려하여
학교가 제공할 수 있는 여러 장학대안 중에서 각 교사에게 맞는 장
학방법을 교사와 협의·선택하여 결정한다.

각 장학대안은 임상장학이 기반이 되는데 이를 얼마나 철저하게
적용하느냐, 느슨하게 적용하느냐에 달려 있다. 그리고 장학력을
누구에게, 얼마나 분산시키느냐의 정도의 차이라고 볼 수 있다. 그
리고 모든 교사에게 공통적으로 적용하는 것도 있을 수 있고, 개별

적으로 특별히 적용하는 장학대안이 있을 수 있다. 우선 교사의 희
망을 존중하고, 앞에서의 진단결과에 의하여 교사와 협의하여 조정
하는 게 좋을 것이다. 장학대안은 학교의 형편에 따라 다양하게 마
련할 수 있겠으나 ① 주로 교장·교감에 의한 집중적인 임상장학
방법, ② 임상장학보다 좀 느슨하고 수평적인 교장·교감에 의한
교사와의 협동적(동료 의식적) 장학, ③ 학년주임, 또는 교과주임교
사의 지도력에 의한 동료장학 또는 동료코치, 2, 3명의 동료교사끼
리의 동료장학(코치), ④ 교사 자신의 자기 주도적인 자기장학, ⑤
교장·교감에 의한 전통적 장학(수업개선에 초점을 맞춘 개선된 전
통적 장학) 등을 생각할 수 있다.

이러한 장학대안 외에 ① 수업연구, ② 공개수업, ③ 교사연수,
④ 현장(타교)방문, ⑤ 실험·실연, ⑥ 현장연구(교사), ⑦ 교사와
의 상담, ⑧ 신임교사 오리엔테이션, ⑨ 마이크로티칭 등을 교내장
학의 프로그램으로 골라서 포함시키면 좋을 것이다.

장학대안은 적용하기 쉬운 것, 교사들이 잘 수용할 수 있는 것,
성공 가능성이 높은 것 등을 우선적으로 고려하여 학교 형편에 맞
게 조합하여 마련하고, 중요한 것은 철저한 실천으로 장학적 효과
를 거둬야 한다는 점을 강조하지 않을 수 없다.

라. 장학대안별 계획·실천·평가

교사 개인별 또는 집단별로 적용할 장학대안이 결정되었으면 이
를 실천하고, 평가하고, 피드백해 주어 교사의 교수기술을 개선하
고, 전문성을 신장시키고, 또 장학방법도 발전시켜 나가는 것이다.

수업장학은 대부분이 임상장학에 기반을 두기 때문에 계획협의회 - 수업관찰 - 피드백협의회의 과정을 간단하게라도 거치게 된다.

이렇게 해서 장학목표의 한 영역에서 만족할 만한 표준 이상의 수준에 도달했다고 판단되면 다른 영역으로 바꾸어 넘어가고 그렇지 못하면 같은 영역을 반복하여 실시하게 된다. 한 교사에게서 만족할 만한 수준에 도달되었다고 판단되면 그 해, 그 학기 동안은 그 교사는 개인적으로 노력하게 하고 다른 교사로 옮겨 가서 장학을 하게 되는 것이다. 교사의 필요에 의한 교내장학모형은 과거에 소개되었던 선택적 장학체제와 발전 장학과 마찬가지 논리로 장학의 개별화·차별화에 의한 장학 수용성과 장학 효과성 제고 방안이라고 할 수 있다. 교사의 요구와 수준에 장학의 수준을 맞추려는 것이다. 어려운 여건에서 교내장학을 하려면 그만큼 철저한 계획과 준비하에 학교 형편에 맞는 장학모형을 적용해야 효과를 볼 수 있게 된다. 우리는 지금 교육의 질에 국가의 운명을 걸어야 할 형편이고, 교육의 질 향상을 위해서는 교내장학에 모든 기대를 걸어야 할 형편이라는 점을 이해해야 한다.

다음에는 교내장학의 실시에 대하여 다루기로 한다.

4. 교내장학의 실시

앞에서는 교내장학을 위한 여건조성과 교내장학의 주요 영역을 제시하고, 교내장학을 위한 준비와 계획, 교내장학의 모형을 제시하고 설명하였다. 장학모형에서는 ① 장학의 목표를 설정하고, ②

교사의 장학적 필요를 진단하여, ③ 각 교사에게 맞는 장학대안을 결정하여, ④ 각 장학대안별로 계획·실천·평가해야 효과가 있을 것이라고 암시하였다.

이번에는 교내장학의 실시와 관련하여 몇 가지 언급하고, 각 장학대안별로 장학방법에 대하여 설명하기로 한다.

교내장학을 위한 준비와 계획을 철저히 해서 앞에서 제시한 교내장학모형에 의하여 교내장학을 실시해야 하는데 그 과정에서도 다음과 같은 몇 가지 계속적인 노력을 해야 한다.

첫째, 교내장학에 관한 훈련과 연수는 실시과정에서도 지속적으로 계속되어야 한다. 교장·교감, 주임교사뿐만 아니라 교사들에게도 장학에 관한 연수가 실시과정에서도 계속되어야 한다. 장학이론을 제공해 주고, 시범을 보여 주고, 실제로 실습을 하고(예를 들면 수업관찰 방법, 장학협의회 방법 등), 실시과정에서 피드백을 제공해 주는 방법을 알게 하고, 장학자와 피장학자의 역할을 서로 바꾸어 가면서 역할극을 하게 한다. 그래서 장학능력과 기술을 서로 익히고, 모두가 교내장학에서 자신감을 갖게 하기 위한 연수와 훈련이 계속되어야 한다.

둘째, 다양한 추수적 지원과 서비스가 제공되어야 한다. 교내장학 실시과정에서 중간 중간 피드백을 받을 수 있다면 교내장학은 올바른 방향을 찾아가게 되고 교내장학은 활력을 갖게 될 것이다.

셋째, 思考와 행위에 영향을 주게 되는 여러 요인에 관한 연수도 따라야 하고, 특히 교내장학에서 실제 사용해야 할 장학기술을 계획적으로 제공해 줘야 한다.

넷째, 교사로 하여금 실험하고 연습할 수 있는 시간과 기회를 마련해 줘야 한다.

다섯째, 교내장학에 관하여 복습하고 정련할 수 있는 연수회를 잊지 말아야 한다. 앞에서 말한 이론, 시범, 실습으로 연수가 끝난다고 생각하면 안 된다. 복습과 정련의 기회가 부가되어야 한다.

여섯째, 지지집단, 연구 집단에 충분한 시간과 기회를 제공해 줘야 한다. 그들에게 부닥친 곤란점이 무엇인지 확인하고, 교내장학 실시 중의 문제점에 관하여 공개토론을 할 수 있는 시간도 줘야 한다.

일곱째, 교내장학의 실시활동에 관하여 검토하고, 필요하다면 수정을 가해야 하고, 이를 위해서 교내장학 실시 중 자체평가를 해야 한다.

여덟째, 교내장학의 실시 중에도 작은 성공이라도 이루어졌으면 축하의식을 제공해 주고, 공개토론회를 하고, 필요하다면 언론매체를 활용하여 실시 중의 성공을 알림으로써 교직원의 사기를 진작시키고, 교내장학을 더욱 가속시키고, 자신감을 갖게 한다.

교내장학의 여건조성과 계획과 준비 단계에서 있었던 실시과정에서 계속 챙기고 다져 나가야 뒤에서 다룰 제도화로 굳혀 나가는 데 용이하게 되는 것이다.

이제 앞에서 언급되었던 장학대안별로 교내장학의 방법에 대하여 설명하는 순서로 넘어가기로 한다.

5. 교내장학방법

교내장학방법은 앞에서 제시된 교내장학모형의 장학대안에 해당

하는 ① 임상장학, ② 동료장학, ③ 자기장학, ④ 전통적 장학 등
과 ① 수업연구, ② 공개수업, ③ 교사연수, 현장(타교, 타 교실) 방
문, ④ 실험·실연·시범, ⑤ 현장연구, ⑥ 교사상담, ⑦ 신임교사
오리엔테이션, ⑧ 마이크로티칭, ⑨ 동호인 활동·교과서클·연구
집단·동학년·동교과회, ⑩ 직원회·각종 위원회 등을 생각해 볼
수 있다. 그리고 교내장학의 영역으로 제시되었던 것 중 위에서 빠
진 ① 교육과정과 교육 프로그램 개발 장학, ② 수업환경 개선, 교
육자료 개발과 제공에 대하여도 다루어야 할 것이다. 이를 모두 다
루기는 어려울 것이므로 지면이 허용되는 대로 간단하게라도 언급
해 보기로 한다.

가. 임상장학방법

임상장학이란 ① 교실현장에서, ② 교사와 장학자의 친밀한 1:1
의 관계 속에서, ③ 계획협의회→수업관찰과 분석→피드백협의회
의 순환적 과정을 거치면서, ④ 교사의 전문직적 성장과 교수기술
향상을 위하여 노력하는 하나의 장학대안이다. 이는 1960년대 미국
하버드 대학에서 장래의 교사에게 교수기술을 가르치기 위하여 개
발된 아주 구체적이고 세밀한 장학방법인데 기성교사에게도 똑같
이 적용되어 널리 퍼져 나가 이제는 모든 장학방법의 기반이 되었다.
임상장학도 교사의 필요에 의한 교사중심장학이라고 할 수 있다.
교사가 스스로 성장하기 위하여 장학담당자에게 장학을 요청하는
장학이라고도 할 수 있다. 그래서 교사를 부정적으로 보는 것이 아
니라 긍정적으로 선(善)하게 보는 교사관, 장학관(獎學觀)으로부터

출발하는 것이다. 부족한 교사, 결핍된 교사를 처방한다는 입장이 아니라 지금도 잘하고 있지만 더 잘하게 하기 위한 장학이라고 할 수 있다.

또 교사를 잘 가르치기 위한 수단적 존재로 보는 것이 아니라 교사의 잠재능력을 개발하여 교사의 자아실현을 도와줌으로써 교사를 보람되고 행복하게 해 주자는 인간자원 장학의 철학으로 교사를 목적시하는 장학이다.

임상장학은 지시적이기보다는 상호작용적이고, 권위주의적이기보다는 민주적이고, 장학자 중심적이기보다는 교사중심적인 장학방법이라고 할 수 있다.

그러나 임상장학은 집중적인 노력과 시간을 많이 필요로 하며 장학담당자에게 고도의 장학기술을 요하므로 모든 교사에게 일시에 임상장학을 적용하기에는 적절치 못하므로 필요한 소수의 교사에게 집중적으로 적용하지 않으면 안 된다.

그러므로 교내장학에서는 소수의 임상장학 대상 교사를 선정하는 일이 중요하다. 교사의 희망을 참작하되 초임교사(첫 3년), 그 후 매 3년마다, 교수기술과 수업방법을 바꿔야 할 경신기의 경력교사를 대상으로 하는 게 좋겠다.

임상장학은 주로 교장·교감이 담당하게 되는데 이는 임상장학에 관한 교육과 훈련을 받았다는 전제하에서 하는 말이다. 장학자의 훈련과 연수는 주로 장학협의회 기술과 수업관찰과 분석방법에 관한 내용이 중심이 되어야 할 것이다.

임상장학의 과정은 개념 정의에서 말한 대로 ① 계획협의회→ ② 수업관찰과 분석→ ③ 피드백협의회 3단계의 계속적인 순환적 과정이다. 교사가 개선하고자 하는 교수기술이 만족할 만한 수준에 오를 때까지 반복적 순환적 과정을 밟고, 이어서 다른 교수기술 개선으로 옮겨 또 임상장학을 계속하고, 그다음에는 다른 교사로 옮겨 가서 또 다시 반복적 임상장학의 과정을 거치는 것이다.

계획협의회라는 말에는 앞으로 임상장학을 어떻게 해 나갈 것인가 하는 장학계획(奬學計劃)인 동시에 교사가 수업을 어떻게 할 것인가에 대한 학습계획(學習計劃)도 포함된 의미이다. 종래의 전통적 장학에서는 이 계획협의회가 없었기 때문에 장학자와 교사 사이에 불신과 불안 거부반응이 많이 초래되었었다고 볼 수 있다.

계획협의회에서 친밀하고 허용적인 래포가 형성되어야 한다. 학급상황, 학습계획과 수업목표, 교사의 곤란점, 애로점도 듣고, 특히 교사가 교수기술을 개선하고자 하는 교사의 관심과 문제점, 걱정거리가 무엇인지 확인하여 이를 중심으로 임상장학이 진행되어야 한다. 교사 스스로 문제점을 밝히지 못하면 일단 수업 전반을 한번 관찰하여 문제점을 찾아 가지고 이를 개선하기 위한 임상장학을 하기 시작하면 될 것이다.

계획협의회는 장학자와 교사 사이의 일종의 약속·합의를 도출하는 시기라고 보면 좋다. 다음 단계인 수업관찰의 목적과 기능, 수업관찰의 특별한 측면, 수업관찰 도구, 수업관찰 시간, 피드백협의회의 목적과 성격 등에 관하여 약속을 하고 합의를 보는 협의회라고 할 수 있다. 계획협의회가 잘되어야 약속대로 수업관찰과 분석, 피드백협의회가 잘되고, 교사의 불안도 제거되어 장학의 효과도 높아질 수 있다. 첫 계획협의회는 많은 시간이 걸리겠지만 순환적 과정에서의 계획협의회에서는 시간이 단축될 수 있다.

수업관찰은 교사의 수업에 관한 객관적 자료를 수집하는 데 목적이 있다. 임상장학은 객관적 자료에 근거하여 교수 기술을 개선·향상시켜 나가려는 것이다. 과거의 장학은 수업에 관한 객관적인 신뢰할 만한 자료 없이 評을 하고 평가를 했기 때문에 설득력이 없었고, 교사의 거부적 반응만 불러일으켰던 것이다.

수업관찰 방법은 교사의 문제점을 관찰하고 측정할 수 있는 것이어야 하며, 이미 계획협의회에서 교사와 합의를 본 것이므로 수업 중에 관찰자·장학자가 있어도 불안해할 필요가 없다.

수업관찰 방법은 무한하게 많으며 계속 개발해 내어 표준화시켜 나갈 필요가 있다. 수업 중 교사의 질문이나, 학생에 대한 교사의 반응, 교사의 지시나 구조적 진술을 마치 영화나 희곡의 대사처럼 정확하게 적어 놨다가 분석하는 ① '부분적인 정확한 기록' 방법, 학생의 수업 중 과업집중 정도, 말의 오고감, 학생과 교사의 이동과 움직임을 ② '좌석 표에 기록'하는 방법, 오관을 통하여 지각되는 수업 전반을 사실 그대로 기록하는 ③ '일화기록' 방법, 비교적 객관적으로 정확하게 기록할 수 있는 ④ '녹화'와 '녹음'방법, 기타 ⑤ 각종 '체크리스트'와 '평정적' 방법, 교사의 언어와 학생의 언어를 지시석 수업행농과 비지시적 수업행동으로 분류하여 기록하는 ⑥ '플랜더스의 언어 상호작용 분석방법' 등은 널리 알려진 방법이다. 짧은 지면에서 깊이 다루기는 어려우므로 전문서적(주삼환(2003), 『장학의 이론과 기법』(학지사), 주삼환 역(2005), 『임상장학 방법』(한국학술정보(주) 등)을 참고해야 할 것이다.

피드백협의회는 교사의 수업에 관하여 관찰한 자료를 교사에게 피드백시켜 주려는 데 목적이 있다. 우리는 흔히 남의 수업을 보고

나면 먼저 評을 하기 쉬운데 임상장학에서는 평을 유보하는 대신 자료를 제공해 주고, 교사와 같이 자료를 분석하고, 분석된 자료에 의미를 부여하여 해석하고, 이에 근거하여 개선방안·대안을 결정하고, 끝으로 교사에게 긍정적 강화와 격려를 해 주는 방향으로 협의회가 진행되어야 바람직하다. 즉 제시→분석→해석→대안결정→강화의 대체적인 흐름으로 피드백협의회가 흘러가게 된다.

피드백협의회나 계획협의회, 장학협의회는 가능한 한 비지시적 협의회 방식으로 진행되는 것이 좋겠다. 임상장학은 교사중심장학이기 때문이다. 그러려면 장학자는 교사의 말을 많이 듣고, 격려하고, 칭찬하고, 명료화하고, 지지하고, 감정을 이해하고, 인정하려고 해야 할 것이다.

그러나 임상장학을 만병통치약으로 생각하면 오해이다. 필요한 교사에게 부분적으로 적용해야 효과적이다.

나. 마이크로티칭

임상장학과 비슷한 방법으로 임상장학과 비슷한 연대인 1960년대 미국 서부의 명문 스탠포드 대학에서 역시 장래 교사의 장학을 위하여 개발되었으며 축소된 연습수업이다.

정규수업이 아니라 4~20분간, 한 학급이 아닌 3~10명의 학생을 대상으로 한두 학습주제를 가지고, 한두 교수기술로 가르치면서 장래 교사의 교수기술을 향상시키는 장학방법이다.

마이크로티칭의 과정은 임상장학의 과정과 비슷하게 계획(plan) - 교수(teach) - 관찰(observe, 녹화) - 비평(critique) - 재계획 - 재교수

－재관찰－재비평…… 의 순환적 과정이다.

　　장래 교사를 위해서 이 방법이 개발되었지만 기성교사에게도 적용할 수 있고, 특히 교육실습 시 교생지도에 활용하면 좋을 것이다. 마치 운동선수와 코치가 협동하여 녹화테이프를 보면서 동작 하나하나를 분석하고 고쳐 나가는 장면과 비슷하다고 보면 좋을 것이다. 전문직의 전문가가 되려면 임상장학과 마이크로티칭과 같은 수업 본업에의 집중적 노력이 경주되어야 한다.

다. 동료장학과 동료코치

동료장학 또는 동료코치란 둘 이상의 동료교사들이

① 현재 하고 있는 교육의 실천을 반성하고,

② 새로운 교수기술을 확장・정련・형성하고,

③ 동료 상호 간에 가르치고,

④ 교실수업에 관하여 연구를 수행하고,

⑤ 현장의 문제를 해결하기 위하여 협동적 노력을 하는 신뢰적
　　과정이라고 할 수 있다.

　　여기서 장학이란 말과 코치란 말을 구태여 구별하자면 힘과 관계성의 균형에서 찾을 수 있다. 행정가에게 힘의 비중이 가고, 장학조직에 교사가 공식적으로 포함되지 않으면 장학의 의미로 기울어지고, 팀 정신에 의하여 상호 협력적으로 새로운 기술을 연마하려고 하면 힘의 균형이 이루어지면서 코치의 의미로 간주된다. 장학이란 말 속에는 여전히 평가적 요소가 내재되어 있는 데 비하여 코치에는 평가가 배제된다. 운동팀, 요리, 서예, 예술에서의 코치를

생각하면 좋을 것이다. 최근에는 코치란 말이 더 선호되고 있다.

여기서는 장학과 코치를 구별해서 쓰지 않기로 한다.

원래 동료장학이나 동료코치는 동료교사 사이에서만 이루어지는 것은 아니다. 교장과 교사 사이에서도 동료장학이나 동료코치란 말이 가능하다. 교장·교감과 같이 상급자라도 교사와 동료의식을 갖고 협동적 장학이나 코치를 할 때에도 사용하는 말이고, 또 교장·교감에게도 교사와의 동료장학이나 동료코치가 권장되었던 것이다. 그러나 여기서는 혼동을 막기 위하여 동료교사들 간의 장학과 코치로 한정해서 쓰기도 한다.

관료제 조직에서는 상급자와 하급자라도 계층성이 강조되지만 전문직 조직에서는 동료 간의 협동성이 더 강조된다. 교직이 전문직이라면 동료교사 간의 상호의존성과 협동성이 많이 강조될 것은 당연한 이치이고, 그래서 동료장학이나 코치를 통해서 교사의 전문직성을 높여 나가야 할 입장이다.

동료코치를 통해서 첫째, 교직에 만연되어 있는 교사의 고립을 줄여야 한다. 교직은 고독하고 외로운 직업이었다. 경험 있는 교사나 경험이 적은 교사나 모두 각각 독립적으로 인간교육이란 엄청난 일의 계획-실천-평가의 전 과정을 혼자서 처리했었다. 이제는 동료 코치를 통해서 교사의 고립을 줄여야 한다.

둘째, 교사로 하여금 같은 일을 하면서 서로 아이디어와 도움을 주고받을 수 있도록 협동하는 규범과 문화를 형성할 필요가 있다. 의사나 변호사와 같은 타 전문직에서 서로 협동하고, 조언과 조력을 주고받아 상호 발전할 수 있도록 해야 한다. 인간교육의 전문직에서 비밀주의의 교실 벽을 허물어 교사가 발전하고 그 혜택이 학생에게 가야 한다.

셋째, 교사들로 하여금 수업상, 교직수행상의 문제에 관하여 공개 토론할 수 있는 동료코치의 장을 마련해 줄 필요가 있다.

넷째, 성공적인 교육 실천을 서로 나누어 가질 수 있다. 다른 사람의 성공적 실천을 서로 축하해 주고 나의 성공에 대하여 축하를 받은 속에서 시행착오를 줄이고 발전할 수 있다.

다섯째, 연수에서 훈련받은 것을 단순한 연수로 그치지 않고 교실 현장에 전이 활용할 수 있다.

여섯째, 동료코치 속에서 연구적으로 계획하고, 연구적으로 실천·자료 수집하여 결과를 분석하고, 수정하게 되어 교사는 연구적인 교사로 격상되고 발전하게 된다.

일곱째, 동료코치의 과정에서 자연스럽게 현재의 교육실천을 반성하고, 연구하고, 다듬는 기회를 갖게 되어 반성적 실천을 격려하게 된다.

동료코치를 실시해 본 교사들이 말하는 동료코치의 이점을 열거해 보면 다음과 같다.

① 전문직 기술에 대한 향상된 의식을 갖게 되었다.

② 자신의 수업을 분석할 수 있는 향상된 능력을 갖게 되었다.

③ 교수-학습에 대하여 더 잘 이해하게 되었다.

④ 수업전략의 레퍼토리가 광범하고 다양하게 되었다.

⑤ 자아효능감이 향상되었다.

⑥ 동료들과 강력한 동료적 유대감을 갖게 되었다.

⑦ 교수직무수행이 한층 향상되었다.

⑧ 학생들의 진보가 향상되었다.

⑨ 교육과정의 적용이 더 명확해졌다.

⑩ 보다 응집력이 강한 끈끈한 학교문화가 형성되었다.

⑪ 긍정적인 학교풍토가 이루어졌다.

동료장학·동료코치의 형태는 각 학교의 형편과 사정에 따라 여러 가지로 고안할 수 있다. 공식적인 형태와 비공식적 형태로 <그림 2-4>와 같이 나누어 볼 수 있다.

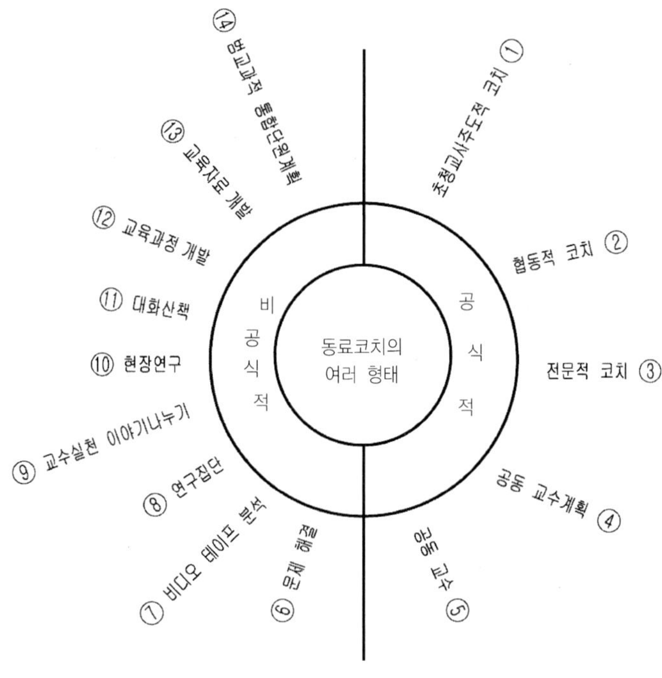

〈그림 2-4〉 동료코치 활동의 여러 형태

① 공동교수는 동료교사가 교수계획·실천·평가의 전 과정을 공동으로 하는 것이고,

② 협동자로서의 코치는 코치와 교사가 50 : 50의 대등한 관계에
　서 이루어지는 것이고,

③ 전문지도자로서의 코치는 코치에게 비중이 더 가고,

④ 개인교수로서의 코치는 코치가 교사의 개인교수 역할을 하는
　것이고,

⑤ 공동수업계획은 수업계획만 코치와 교사가 같이 세우고, 실
　천·평가는 각자 하는 것이며,

⑥ 자료수집자로서의 코치는 코치가 수업 중 자료수집만 하여
　교사에게 주고, 그 활용에 대하여는 교사에게 맡겨 수업자에
　게 비중이 가는 형태이다. 비공식적 형태에 대하여는 지면관
　계로 생략하니 주삼환 저『학교경영과 교내장학』(서울: 학지
　사, 1996)을 참고하기 바란다. 동료장학의 기본 바탕도 임상
　장학에 두게 된다.

동료장학을 도입하여 실시하고자 할 때 학교의 조직변인과 교사
의 개인변인을 동시에 고려해야 한다. 조직변인으로는 다음 11개
변인을 고려할 필요가 있다.

첫째, 학교의 기존 풍토가 상호 의존적인 동료의식의 풍토인가?

둘째, 모험감행과 실험정신을 지원하고 격려하는 규범인가?

셋째, 교사들이 과거에 유쾌한 장학경험을 가지고 있는가?

넷째, 교내의 과거의 노력의 기록으로 보아 직원발전의 주제로
동료코치를 다룰 차례가 되었는가?

다섯째, 학교의 중핵가치가 공동작업, 아이디어공유, 상호 지원적
분위기, 빈번한 모임과 대화가 장려되고 있는가?

여섯째, 교장, 교육장, 교육감, 비공식적 지도자가 동료코치를 지

원하는가?

일곱째, 현재 동료코치 이외에 다른 중요한 일이 동시에 진행되고 있는가? 동료코치보다 더 중요하고 절박한 일이 진행되고 있으면 동료코치는 그것에 가리어지기 쉽다.

여덟째, 학교의 관료적 구조가 동료코치를 지원해 줄 것인가, 아니면 방해할 것인가?

아홉째, 현재 학교에 동학년회, 교과서클, 각종 위원회, 담임 – 부담임제, 팀 티칭, 경험자 – 미경험자 짝과 같은 협동적 구조가 있는가?

열째, 학교에서의 의사결정 형태가 공동결정 · 참여형인가?

열한째, 학교문화에서 융통성은 어느 정도인가?

교사 개인변인으로서는 다음 4개 변인을 고려할 필요가 있다.

첫째, 과거의 경험으로 보아 동료코치를 하기에 적절한가?

둘째, 개인적으로 참여하기에 실현 가능한가?

셋째, 동료코치에 참여할 것인지 말 것인지를 교사 개인이 결정할 수 있는가?

넷째, 동료코치의 근본요인인 신뢰성이 있는가?

이런 11개 조직변인과 4개 개인변인을 신중하게 고려해서 도입 · 실천해야 한다.

동료코치의 도입 · 실천에서,

첫째, 동료적 협동의 학교문화를 형성하기 위해서 지도력을 발휘할 것을 다시 한 번 더 강조한다.

둘째, 장학에 관한 계속적 연수를 강조한다.

셋째, 교사의 자발성 · 자율성에 근거하되 계속적인 행정적 지원을 강조한다.

넷째, 동료코치의 짝을 잘 선정해야 한다는 점을 강조한다.

라. 자기장학

장학이란 말의 어원 속에는 이미 우수한 사람이 되었든, 동료가 되었든, 다른 사람이 있다는 것이 전제된다. 다른 사람이 감독하든, 평가하든, 도와주든, 누군가는 있다는 의미이다. 그래서 자기 스스로 자기를 장학한다는 자기장학이란 말에는 모순이 있다.

그러나 장학이 교사의 전문직성을 높이고 교수기술을 향상시키는 것이라면 전문지향성이 높고 성장의욕이 강한 교사에게는 자기장학이 가능하고, 오히려 다른 장학 형태보다 효과가 더 높을 수도 있다. 자기장학을 자유방임으로 착각해서는 안 된다.

자기장학도 계획에 의하여, 교장과의 협의하에 이루어진다는 점을 분명히 해야 한다. 자기장학의 가장 좋은 방법으로 녹화와 녹음을 권장하고 싶다. 자기 수업을 녹화·녹음했다가 몇 번씩 되돌려 보면서 고칠 점을 찾고, 또 앞에서 했던 수업과 비교·분석해 보면서 개선해 나간다면 충분히 타인에 의한 장학과 비슷한 효과를 거둘 수 있다.

학생이나 학부모, 동료교사로부터의 피드백 자료를 수업개선에 활용할 수도 있다. 더 전문적으로는 대학원 수강, 각종 연수회 참석, 전문학술지 구독, 전문학회에의 가입·활동, 교과서클·동호인 서클 활동도 자기장학의 범주에 넣을 수 있다.

모든 교사를 자기장학에 맡길 수는 없다. 독립심이 강하고, 유능하며, 스스로 성장·발전하고자 동기 유발된 교사를 자기장학의 범주에 넣는 게 좋다. 일단 자기장학의 계획서를 교장과 같이 검토하여 합의를 보고, 그대로 실천하게 하여 결과를 받아 보고 조언을 하는 형식을 취하면 좋을 것이다. 자기장학에서 지나친 간섭도, 지나친 자유방임도 모두 바람직하지 못하다.

잘만 이루어진다면 자기장학은 장학의 궁극적 목표가 될 수 있다.

마. 전통적 장학

전통적 장학은 교장·교감에 의하여 수시로 잠깐잠깐 교실을 방문하여 교사의 수업을 관찰하던 방법을 말한다.

전통적 장학방법이 오랫동안 지속되었다는 사실을 보면 그 나름대로 강점이 있거나, 어쩔 수 없는 여건 때문이었을 것으로 이해할 수도 있다. 전통적인 방법을 모두 나쁜 것으로만 몰아붙이고, 내버려야 하는 것으로만 비난하는 것은 바람직하지 못하다.

교사 수가 많고, 학교가 크고, 교장·교감의 일거리가 많은 경우 전통적 장학은 어쩔 수 없는 경우도 있다. 몇 가지 개선하여 활용할 필요가 있다.

첫째, 전통적 장학의 목적을 감독에 둘 것이 아니라 교사를 도와주고, 수업개선을 하겠다는 데 초점을 두어야 한다.

둘째, 계획에 의하여 교실방문이 이루어지고 사전 예고되는 것이 좋겠다.

셋째, 수업관찰의 관점이 사전에 예고되거나 교사와 합의를 보는 게 좋겠다.

넷째, 수업관찰 중의 발견사항이나, 수집된 자료·의견은 서면,

구두, 협의회 등 어떤 형태로든 교사에게 피드백되어 교사로 하여금 수업개선에 활용될 수 있도록 하여야 한다.

다섯째, 가능한 한 교실에 머무르는 시간을 늘려 충분히 수업의 맥락을 파악할 수 있어야 한다.

이상의 몇 가지만 개선해도 교사들은 전통적 장학에 대하여 덜 거부적이고, 마침내 수용하는 태도로 바뀔 것이다. 교사들과 숨바꼭질을 하고, 쇼를 하는 듯한 분위기는 일종의 공해고 낭비이다. 우호적인 분위기와 장학문화의 형성이 선행되어야 할 것은 다른 장학방법과 마찬가지이다.

지금까지는 교내장학방법으로 임상장학, 마이크로티칭, 동료장학, 자기장학, 전통적 장학방법을 다루었다. 이번에는 기타의 구체적인 교내장학방법을 소개하고 교내장학에서 많이 쓰이는 장학기술을 제시하기로 한다.

바. 기타의 구체적인 교내장학방법

1) 수업연구

수업연구는 교사의 교수기술을 향상시킬 수 있는 아수 좋은 교내장학의 기회이다. 과거에는 수업을 연구하여 잘된 수업을 보여준다는 의미를 강하게 내포한 ‘연구수업’이란 말을 썼으나, 이제는 수업 공개 자체를 연구의 한 과정으로 보아 수업을 연구해 나간다고 하여 ‘수업연구’라는 용어를 사용하게 되었다.

수업에서 어떤 문제점을 중심으로 주제를 잡아 동학년 교사, 또는 동교과 교사, 장학자와 협의하여 수업계획을 세워 수업을 하고,

수업하는 동안 문제점 주제를 중심으로 수업관찰을 하고, 자료를 수정하여 이를 중심으로 수업자와 수업관찰자가 함께 협의회를 가지면서 수업상의 문제점을 공동으로 해결하려는 방법이 수업연구이다. 수업연구야말로 임상장학을 적용하기에 아주 좋은 기회이다.

수업연구도 학교교육계획에 포함시켜 활발히 전개되길 기대한다. 수업연구는 장학이란 말이 안 들어가면서도 장학할 수 있는 절호의 기회이다. 교사들이 장학이란 말 자체를 거부하는 분위기라면 수업연구의 횟수를 늘려 이를 중심으로 장학을 해 나가는 것도 좋을 것이다.

2) 수업공개

수업연구가 아니더라도 단순히 모든 교사가 자신의 수업을 공개하고, 다른 사람의 수업을 관찰할 기회를 많이 갖기만 해도 많은 것을 서로 배우게 될 것이다. 이때 교장·교감도 자연스럽게 교사의 수업을 관찰할 수 있게 된다. 수업공개 후 피드백협의회까지 가지면 더욱 좋고, 그렇지 못하면 수업공개자에게 서면 피드백이라도 제공해 주면 좋을 것이다. 수업연구를 하지 않는 모든 교사가 1년에 최소한 1회는 수업공개를 하도록 학교교육 계의에 포함시키는 방안도 고려해 볼 수 있다. 교사는 수업에 모든 것을 걸어야 한다.

3) 교사연수

교사연수는 수업연구, 수업공개를 비롯한 모든 것이 다 포함되지만 주로 연수강의를 연상하게 된다. 외부 초청강연, 교내 자원교사에 의한 연수, 비디오 시청 후 토론회, 교사클럽활동, 체육연수, 실기연수 등 학교 형편에 따라 다양한 계획을 할 수 있을 것이다.

교직 전문성과 수업기술 향상에 목적을 두고, 그런 내용을 다루는 주제에 초점을 맞추고, 가능한 한 교사의 요구를 진단하여 교사에게 필요한 연수를 계획하기를 권고한다. 교사와 유리된 연수가 무계획하게 실시되기 때문에 교사의 흥미를 끌지 못해 교사의 참여를 저하시키는 경우가 많다.

4) 현장방문

다른 교실, 다른 학교, 연구소, 유적지 등 현장을 방문하여 교사들은 많은 것을 배우고, 여기서 배운 것이 자연스럽게 학생지도에 스며들게 된다. 현장방문을 교사연수 프로그램 속에 포함시킬 수도 있다.

5) 실험 · 실연 · 시범

실기연수의 한 방법으로 실지로 실험을 해 보거나 실연 · 시범을 보여 주고, 또 보고 참여함으로써 교사들은 많은 것을 배울 수 있다. 교내장학이란 말을 사용하지 않으면서 교사의 전문성 신장에 실질적으로 도움이 된다.

6) 현장연구

교사의 현장연구는 교사를 연구자의 수준으로 격상시킬 수 있는 좋은 장학의 한 제도이다. 다만 점수 따기 위한 현장연구대회에 참여하지 않도록 지도하는 일이 중요하다. 교사의 현장연구 의욕을 돋워 주고, 연구방법과 기술을 지도하는 일이 곧 장학의 한 부분이 된다.

7) 교사상담

요즈음 학생상담의 문제는 많은 관심을 끌고 있으나, 교사들에 대한 상담은 아직 관심 밖이라 교사들이라고 직무상 또는 사적으로 어려움이 없을 수는 없다. 교사들이 상담하고 싶을 때 1차적으로 교장·교감과 상담할 수 있고, 더 전문적 상담이 필요하면 전문가에게 소개해 줄 수 있는 공식적인 상담 채널이 강구되어야 한다. 앞으로 개척해야 할 분야이다. 아동상담이나 학생상담 못지않게 교사상담은 중요해진다.

8) 신임교사 오리엔테이션

신임교사 오리엔테이션은 중요한 교내장학의 한 영역인데, 그동안 경시되었다. 교육청에서 첫 임용 시 1주일 이내에 몇 시간의 강의로 오리엔테이션이 끝나는 것으로 인식되었었다. 교육청의 연수도 더 장기간에 걸쳐 철저하게 이루어져야 하겠지만 각 학교에서도 최소한 1, 2년 프로그램을 만들어 하나씩 하나씩 친절하고 철저하게 오리엔테이션을 실시하여 올바른 교직출발을 할 수 있도록 해 줘야 한다.

과거에 신임교사 오리엔테이션을 경시하여 젊은 교사들로 하여금 비뚤어진 길로 가게 방치되었었는지도 모른다. 신임교사는 별도의 교내장학 프로그램에 의하여 지도되어야 한다. 무조건 어려운 일만 시키고 실망시키는 일만 보여 줘서는 안 되겠다.

9) 동호인·서클 활동, 연구 집단

교내외에 동호인클럽, 교과서클, 연구 집단(study group) 등을 조직하여 이들 활동 속에서 자연스럽게 교사의 전문성이 향상되도록 고려하는 것도 교내장학의 측면에서 좋은 방안이 될 것이다. 지역에 교사센터가 있으면 교사들이 모여 여러 가지 활동에 참여함으로써 교사들은 성장하게 된다.

10) 동학년회·동교과회

동학년 교사회와 동교과 교사회는 동료장학과 동료코치의 좋은 기회가 된다. 같은 전공학년, 전공교과서 같은 일을 하면서 같은 문제점과 같은 고민에 부딪히게 되기 때문에 공동의 문제해결의 장으로서 활용되어야 할 것이다. 교내장학의 측면에서 좀 더 조직적으로 활용되기를 기대한다.

11) 직원회와 각종 전문위원회 활동

특수한 안건이 있는 경우는 그 안건의 해결과 결정에 집중해야겠지만 그렇지 않은 경우는 교사의 성장과 발전을 위한 장학의 기회로 삼아도 좋을 것이다. 과거에 일방적인 지시·전달의 시간으로 활용되어 교사들에게는 나쁜 인상이 심어져 있으나 사실은 직원회야말로 조지발전을 위해서 꼭 필요하고 중요한 행사이다.

각종 전문위원회 활동을 통해서 교사들은 조사하고, 연구하여 발표하고, 조언·자문하는 속에서 위원들 자신도 발전하고, 다른 교사들의 발전에도 기여할 수 있게 된다. 직원회와 위원회 활동도 조직적·계획적으로 하게 되면 많은 장학적 효과를 가져올 수 있다.

12) 교육과정과 교육 프로그램 개발 장학

교육과정의 일부가 학교에 위임되면서 학교마다 약간씩 다른 교육과정을 적용할 수 있게 된다. 이제 학교에서도 교육과정과 교육 프로그램을 그 학교 실정에 맞게 개발해야 할 입장이다. 이는 학교를 위해서 좋은 기회이면서 동시에 어려운 일이기도 하다.

학교교육과정과 교육 프로그램 개발을 교무주임이나 연구주임에게만 맡겨 놓지 말고 교장·교감이 주도하면 자신의 철학도 스며들 수 있게 되어 보람을 찾을 수도 있을 것이다. 각 학교의 창의성과 독특성을 살릴 수 있는 교육과정의 장학은 이제 교내장학의 주요 과제가 될 것이다. 지금까지 교육과정 장학은 전적으로 중앙의 편수관리관의 몫이었으나 점진적으로 학교의 몫으로 옮겨 올 것이다.

13) 교육·교수자료 개발

교육의 질, 수업의 질을 향상시키기 위한 장학이 궁극적 목적을 달성하기 위해서는 양질의 교육자료, 교수자료를 개발해야 한다. 선진국에서는 이를 위한 전문회사들이 많이 있어서 돈만 있으면 되지만 우리나라는 많은 부분이 교사의 손과 노력에 의존하고 있는 실정이다. 설혹 교재전문회사가 많은 자료를 만들어 내놓는다 하더라도 학교에서는 여전히 그 학교, 그 학생들에게 적합한 자료를 계속 계발해야 할 입장이다. 앞으로 교육자료와 교수자료의 개발이 교내장학의 일환으로 중요시될 것이다.

지금까지 구체적인 교내장학의 방법으로 13가지를 예시하였는데 이외에도 더 많이 있을 수 있다. 이들 중에서 각 학교의 실정에 비추어 실현 가능한 것을 선택하여 수정·보완하여 적용해야 할 것이다. 그러나 가능한 한 많은 것을 종합적으로 적용하여 교내장학이란 말을 표면에 내세우지 않고도 실질적으로 장학적 효과를 거둘 수 있도록 계획하는 것이 좋겠다. 그러나 너무 가짓수가 많고, 산만하게 되면 정신없게 되고, 혼란스럽게 되기 쉬운 것이므로 이를 조심해야 한다. 다만 전 교사가 어느 프로그램에는 포함되도록 세심하게 고려해야 한다.

6. 장학기술

교내장학을 하려면 장학에 관한 지식과 이론, 방법을 알아야 할 뿐만 아니라 실지로 장학을 할 수 있는 기술과 능력이 있어야 한다. 그런데 우리나라에서 장학 지도자로 하여금 장학기술을 갖출 수 있는 기회가 주어지지 못했던 제도적 모순을 갖고 있다. 교장·교감자격 연수, 직무연수 시 충분히 장학기술을 기를 수 있는 기회가 주어지지 않고 있다. 할 수 없이 장학자가 된 후에 개인적으로 노력하는 길밖에 다른 방도가 없다.

장학자에게는 무엇보다 장학문화 형성의 기술을 갖춰야 한다. 장학문화가 형성되지 않으면 장학이라는 송곳 끝도 들어가기 어렵다.

첫째, 교시의 자발성을 불리일으키는 동기 유발 기술이 있어야 한다. 교사들이 스스로 성장하고자 하지 않으면 장학의 효과는 줄어들 수밖에 없다.

둘째, 구체적으로 수업관찰 기술이 있어야 한다. 교사에게 필요한 정보를 제공해 주려면 정확한 수업관찰을 하여 자료를 수정해야 한다. 표준화된 수업관찰 기록방법을 개발해 내야 한다.

셋째, 장학은 곧 교사와 장학자 사이의 의사소통이라고 할 수 있다. 교사와 학생 사이에 의사소통이 안 되면 교육이 이루어질 수 없는 것과 마찬가지로 장학은 곧 의사소통이라고 할 수 있을 만큼 장학에 있어서 의사소통기술은 중요하다. 계획협의회, 피드백협의회 등 장학협의회를 많이 해야 하기 때문에 정확한 의사소통 기술이 요구된다. 특히 비지시적 협의회 기술이 중요시된다.

넷째, 교육과정 개발의 기술과 능력이 요구된다. 교내장학에서도 점점 더 교육과정에 관한 기술이 필요하다. 주어진 교육과정을 운영만 하는 것이 아니라 만들어 내는 교육과정의 시대가 되기 때문이다.

다섯째, 포괄적으로 말하여 인간관계 기술, 인간적 기술이 필요하다. 장학은 사람을 다루는 것이고, 사람을 통해서 학교조직의 목적을 달성하려는 것이기 때문에 인간적 기술이 중요하다.

여섯째, 넓게 보아 조직관리의 관리적 기술이 요구되는 것은 더 이상 말할 필요도 없다. 기획, 인사, 조직, 통제, 의사결정과 관련된 기술을 말하는데 장학을 이들과 분리해서 생각하기는 어렵다.

일곱째, 수업과 관련된 전문적 기술은 수업관찰기술 외에도 많이 필요하다. 수업장학을 하려면 수업기술이 있어야 할 것은 너무나 당연한 말이다. 장학자도 교사와 마찬가지로 수업을 떠나서는 더 이상 존재할 수 없다는 것을 알아야 한다.

여기서는 교내장학자들에게 요구되는 기술에 대하여 몇 개 항목만 제시했는데 좀 더 자세한 것은 전문서를 참고하고, 또 실지로 장학기술 개발을 위해 노력해야 한다.

지금까지 교내장학방법과 기술에 대하여 예시했는데, 다음에는 교내장학의 제도화 방안과 교내장학자의 지도력에 대하여 살펴보기로 한다.

7. 교내장학의 제도화

　교내장학이 장학의 핵심이 되고, 또 교내장학을 통해서 교사의 교수기술을 향상시켜 교육의 질을 올려야 한다고 생각하여 교장·교감이 중심, 또는 연구주임이 중심이 되어 교내장학을 준비하여 실시하였다고 해도 일시적인 것으로 그치고 말면 그동안 교내장학을 위해 쏟은 정성과 공이 모두 수포로 돌아가기 쉽다. 계속해서 교내장학을 활성화시키고, 하나의 제도로 굳혀 교내장학을 하나의 학교문화로 정착시켜야 한다. 그리고 교내장학의 계획·준비·실시·평가의 과정에서 교장·교감은 주도적으로 지도력을 발휘해야 한다.

　첫째, 앞에서 제시된 여러 교내장학방법 중에서 각 학교에서 실시하기에 가능한 것, 꼭 실시하고 싶은 것만을 선택하여 학교교육계획 속에 포함시키고, 교육계획대로 실천하고, 평가·반성하는 기회를 가지라고 권고하고 싶다. 교육계획에 빠진 것을 나중에 별도로 집어넣어, 끼워 넣어 실천하기는 훨씬 더 어렵다. 교장은 학교교육 계획에 의하여 학교경영을 하고, 장학을 한다는 이미지를 심어 줄 필요가 있다. 임상장학, 동료장학, 자기장학, 전통적 장학, 수업연구, 공개수업, 교사연수, 현장(타교, 타교실) 방문, 실험·시험·실연, 현장연구, 교사상담, 신임교사 오리엔테이션, 마이크로티칭, 교과서클, 연구 집단, 동학년(동교과)회, 직원회, 각종 위원회 등 중에서 선택하여 또는 몇 가지를 결합하여 실천할 것을 학교교육계획서에 반영시켜 제도화시키는 것이 좋겠다.

　둘째, 교내장학을 제도화하기 위해서는 장학에 대한 계속적인 교내 교사연수를 실시해야 한다고 권고한다. 물론 교내 교사연수 자체가 장학의 한 부분이기도 하지만, 장학 자체의 정착과 제도화를 위해서도 계속적인 교사연수가 요구되는 것이다. 교내장학은 교장·교감의 장학에 대한 의욕만으로 성공할 수 있는 것은 아니다. 장학은 솔로춤이 아니다. 교사라는 파트너와 함께 손을 잡고 기분 좋은 춤을 추어야 한다. 그래서 교사도 장학에 대하여 알아야 하고, 알아야 장학에 대하여 협조하게 되고, 장학에 대하여 교사들의 동기가 유발되어 스스로 교내장학에 참여하여 제도화로 이어지게 된다. 장학에 대한 교사연수는 교내장학을 위한 준비과정에서도 필요하고, 실시과정에서도 중요하며, 제도화를 위해서도 반드시 계속되어야 한다.

셋째, 교내장학에서 성공적이었거나 협조적이었던 교사에 대하여는 계속적으로 격려와 축하, 보상과 지원을 해 주고 또 홍보도 해 줄 것을 권고한다. 노력한 사람과 노력하지 않은 사람을 구별해 주고 인정해 주는 세심한 배려가 있어야 한다. 처음에 지도자가 관심을 보여 잘되는 것같이 보이다가도 지도자나 기관장이 지속적으로 관심을 보이지 않게 되면 다시 원점으로 돌아가고 허물어지게 된다.

넷째, 교내장학의 제도화를 위해서는 교장·교감의 계속적인 지원이 있어야 한다. 우선 교사들이 연수하고, 협의하고, 장학할 수 있는 시간을 확보해 주어야 한다. 교장·교감 자신에게도 시간이 있어야 하지만 교사들에게도 장학에 쓸 수 있는 시간을 제공해 주어야 한다. 또 교사들에게 장학과 관련된 정보를 제공해 주고 지원해 주어야 계속적인 발전을 할 수 있다. 재정·시설·도구의 지원도 필요하다. 학교에 돈 쓸 곳이 많겠지만 교육의 본질에 가까운

장학을 위해서 쓰는 것만큼 가치 있는 것도 드물 것이다.

다섯째, 교내장학의 제도화를 위해서는 무엇보다도 교육청의 지원이 절대적이다. 교장으로 하여금 교내장학을 할 수 있도록 교육청은 우선 교장에게 권위를 실어 주고 기술 지원, 재정적 지원을 해야 한다. 교장·교감에게 장학에 관한 연수의 기회도 제공해야 할 것이다. 장학 연구학교, 시범학교도 지정하여 이를 보급하는 일도 생각해 볼 수 있다. 이제 교육청은 교사를 대상으로 직접 장학하기보다는 교장·교감으로 하여금 교내장학을 잘하도록 지도하는 데 더 힘을 써야 할 것이다. 때로는 교장·교감과 협동하여 교내장학을 하는 모형도 개발할 필요가 있다.

예를 들면 교장과 교사와의 수업관찰 전 협의→(교육청)장학자와 교장의 관찰 전 협의→장학자와 교장 둘 다 교사의 수업관찰→교장과 장학자 따로 각자 수업분석→교장과 교사의 관찰 후 협의회, 장학자는 이를 관찰→장학자는 교장·교사의 관찰 후 협의회 분석→장학자와 교장의 보고 협의회로 교육청 장학자와 교장의 협동적 장학을 마치는 것이다.

교내장학의 제도화와 관련하여 하나 더 첨가하고 싶은 것이 있다면 새로운 것을 제도화시키는 노력도 해야겠지만, 이미 있었던 제도를 허물지 않고 유지하고 지키는 일도 중요하다는 점이다. 예를 들면 학습지도안 작성이나 수업연구 제도는 교내장학을 위해서 좋은 제도였는데 이런 것이 허물어진다면 복구하기 힘들게 된다.

교내장학의 제도화를 위해서 우선 ① 장학 프로그램의 학교교육 계획에의 반영 ② 장학에 관한 계속적 교사연수 ③ 계속적 격려와 축하의식, 보상과 지원, 홍보 ④ 시간·정보·재정의 지원 ⑤ 교육청의 지원 등 다섯 가지를 제안하였다.

8. 교내장학을 위한 지도력

모든 일에서 지도자의 지도력이 가장 중요하다. 교내장학에 있어서도 교장·교감의 지도력이 절대적이다.

먼저 교장·교감의 수업적 지도력(Instructional Leadership)의 중요성을 강조한다. 교장도 학생을 잘 가르치기 위해서 존재한다. 수업에서 지도력을 발휘하지 못한다면 교장의 존재 이유는 사라지게 된다. 그런데 과거에 우리나라에는 교감·교장만 되면 수업과는 결별하는 것으로 생각하는 사람들이 있었던 것은 큰 잘못이다.

특히 중·고등학교에서 과거 교사시절에 교과전공이 있었다는 이유로 교과전공이 다르면 장학을 못하고, 교사의 수업에 관하여 지도력을 발휘하지 못하는 것으로 착각하였던 것이 잘못이다. 교장·교감은 교육행정가, 장학 지도자가 되는 순간부터 더 이상 (교과)교사의 신분이 아니다. 모든 학년, 모든 교과 교사를 장학하고 지도해 나가야 하는 장학자이고 지도자인 것이다.

그래서 교장·교감은 모든 교과, 모든 학년에서 수업적 지도력을 발휘해야 하기 때문에 교육과 수업에 대하여 더 많이 공부하고 연구해야 한다. 수업 지도자로서 ① 자원제공자(resources provider) 역할을 하고, ② 스스로 수업적 자원(instructional resource)이 되어야 하며, ③ 원활한 의사소통자가 되어야 하고, ④ 가시적인 존재(visible presence)가 되어야 한다.

학교의 모습은 전적으로 교장에 의하여 좌우되고, 효과적인 학교, 좋은 학교에 있어서 공통점의 첫째는 교장의 강력한 지도력이었다는 것이다.

지도자는 교사의 욕구를 파악하고, 욕구충족으로 동기 유발을 시켜야 한다. 교사의 욕구 수준을 높이고 높은 수준의 욕구에 발동을 걸어 줘야 한다. 교사가 하는 일에 의의와 의미를 심어 주고, 의미 있는 교직 생활, 의미 있는 인생을 영위할 수 있도록 해 주어야 한다.

지도자가 되려면 힘이 있어야 하는데 그 힘은 행정가, 지도자로서의 기술과 능력이 있어야 하고, 사람을 다룰 줄 알고, 교육에 대하여 알아야 하며, 상징성을 갖고, 또 교사에게 상징성을 심어 줄 수 있어야 하며, 새로운 역사와 전통, 문화를 창조하고, 또 이미 형성된 문화에도 맞출 수 있어야 하고, 도덕적·윤리적으로 흠이 없고, 존경을 받을 수 있어야 한다. 특히 상징적 지도자, 문화적 지도자, 도덕적 지도자가 강한 지도력을 갖는다.

교내장학의 학교문화를 형성할 수 있고, 윤리적·도덕적으로 강력한 지도력을 발휘해야 교내장학도 잘 먹혀 들어갈 수 있다.

교장은 관료주의적 권위, 심리적 권위 수준을 넘어, 기술·합리적 권위를 거쳐, 교육행정 전문직적 권위, 도덕적 권위를 인정받을 수 있어야 한다. 권위 없이 지도력이 나올 수 없고, 낮은 수준의 권위에 의존하면 지도력은 약해질 수밖에 없다.

빠타제(Bartering)의 수준을 넘어, 형성해 주는 지도자(Building), 접착시키고(Bonding), 결합시키는(Binding) 지도자가 되어야 한다.

그러면 교사들은 계산해 봐서 이익이 되면 교장의 말을 듣는 수준(Calculated)을 넘어, 내적 동기(Intrinsic)에서, 도덕적(Moral) 동기에서 교장을 따르게 된다. 지금 교사들은 가지고 있는 능력을 최대한 발휘하려 하지 않고 있다. 교사에게 원래 능력이 없었다고 하더라도 능력을 더 끄집어내기 위해 노력해야 할 입장인데 문제는 교사들이 가지고 있는 능력, 있는 능력마저도 사용하려 하지 않는 데 있다. 무엇에 호소해서 교사의 내적 동기를 유발하고 도덕적 참여를 이끌어 내느냐가 교장의 지도력에 달려 있다.

① 과거에 교육행정가 양성과정에서는 주로 행정가의 손기술·발기술(Hand)에 해당되는 행정기술을 가르쳐 주기에 노력했고 행정가들도 행정기술에 주로 의존하려 했었는데,

② 이제 행정가들도 머리를 써서(Head) 행정을 해야 한다. 행정이론, 교육이론, 장학이론, 지식이 있어야 한다. 손과 머리만 가지고 훌륭한 지도자가 될 수는 없다.

③ 따뜻한 가슴(Heart)이 있어야 한다. 인격과 인품, 윤리성, 도덕성, 양심에서 우러나오는 훈훈한 마음으로 교사들을 지도해 나가야 한다.

그러나 손발(Hand)과 머리(Head), 가슴(Heart)이 따로 놀 수 없다. 찬 머리에서 나온 번뜩이는 아이디어를 뜨거운 가슴으로 받아 걸러 내서 날랜 손발로 뛰는 행정과 장학을 할 때 훌륭한 지도자, 존경받는 교장이 될 수 있다. 학생, 교사에게만 지·덕·체 조화가 요구되는 것이 아니라 교장의 지·덕·체 교육행정지도력도 요구된다.

① 낮은 수준의 교환적 지도력(Transactional Leadership)도 필요하고 중요하지만 이 수준을 뛰어넘어 ② 더 높은 수준의 전환적 지도력(Transformational Leadership)으로 승화시켜 나가야 한다. 교환

적 지도력을 형태만 바꾸는 물리적 변화에 비유한다면, 전환적 지도력은 성질까지 바꿔 놓는 화학적 변화에 비유된다. 우리 학교문화에 화학적 변화를 일으켜야 한다(지금까지 설명한 교장의 지도력을 <그림 2-8>과 맞추어 보면서 다시 읽어 본다면 좀 더 이해가 잘될 것이다).

필자는 교장을 교육에서 가장 중요한 핵심인물, 열쇠와 같이 중요한 사람이란 의미에서 'Key Person'이라고 하였다. 그리고 우리나라 교육을 전략적으로 발전시키려면 교장을 움직여야 한다는 뜻으로 '전략적 인물'이라고도 하였다.

한 학교의 교육은 전적으로 교장에게 달려 있다. 우리의 교육여건이 어렵지만 교장의 수준이 높아지고, 교장에게 권한이 충분히 위임된다면 우리의 교육은 한 단계 더 도약할 수 있다고 믿는다.

그런데 안타깝게도 우리나라의 교육정책과 교육개혁이라는 방안들이 자꾸만 교장의 권위를 실어주기는 고사하고, 오히려 교장의 힘을 빼는 방향으로 가고 있으니 걱정이다. 무슨 무너뜨려야 할 대상처럼 보고 있는 점을 심히 우려한다. 교장의 힘을 빼놓고, 무슨 힘, 누구의 힘으로 학교교육을 할 것인가?

권위주의는 배격하는 대신 오히려 정당한 권위로 교장에게 무게를 실어줘야 교사장학을 하고 학생교육을 효과적으로 할 수 있게 된다. 교장과 교사는 권위를 상호 존중해 주어야 한다. 교내장학이 제자리를 찾는 데 이 글이 조금이라도 도움이 되었으면 한다.

Ⅱ

장학조직의 문제점과 개선방향*

여기서는 ① 장학환경과 철학의 변화에 비추어 보아 ② 우리나라 장학의 조직의 문제점이 무엇인지 알아보고, ③ 장학조직의 개선방향을 제시하고자 한다.

1. 장학환경과 철학의 변화

교육은 정치·경제·사회·문화 등 외부환경, 상황의 변화와 고립되어 무관하게 다루어질 수 없다. 외부환경과 상황의 변화에 적응하면서 교육 고유의 목적을 달성해야 할 것이다. 우리가 다루고자 하는 장학조직도 외부의 거대한 흐름과 교육 내 여러 다른 활동과 관련 지어 파악해야 할 것이다.

이러한 환경변화 중 뚜렷한 세계적인 거대한 흐름의 하나는 분권화(分權化)라는 현상이다. 모든 권한이 중앙에서 지방으로, 그리고 계속 그 아래로 내려가고 있다. 그래서 중앙은 작은 정부를 지향하고, 또 지방정부까지도 정부의 기능을 줄이는 쪽으로 가고 있

---

* 96. 4. 29. 중앙교육행정연수원 장학관·교육연구관 연수 강의 원고.

다. 강력한 정부라는 것은 외교와 국방에만 해당되는 말이다. 물 흐르듯 내버려 두고, 자유경쟁·시장원리 속에서 나름대로 질서를 찾아야 한다는 생각이다. 정부가 인위적으로 물꼬를 돌려놓고 계획적으로 개발하던 시대는 이미 지나갔다는 것이다. 이는 개발의 연대에나 통했다. 계획적으로 할 일은 복지 분야뿐이다.

지방자치, 지방교육자치도 이런 맥락에서 봐야 하고, 학교단위책임경영제도 같은 맥락이다. 기업도 문어발식 재벌경영으로는 생존조차 할 수 없기 때문에 작게 도막내어 현지책임경영제를 채택하고 있다. 학교단위책임경영제도 이러한 기업계의 흐름 속에서 파악할 수도 있다. 학교로 넘어간 권한은 다시 교사에게로 넘어가 교사권한 확대(teacher empowerment), 학생권한 확대(student empowerment)로 이어지게 된다.

아무리 전지전능한 사람이라도 중앙에서 혼자 모든 것을 결정하는 것보다는 나누어서 맡기는 것이 낫다는 생각으로 바뀐 것이다. 위대한 한 사람이 모든 일을 하던 시대(Great-man-theory, One-best-theory)는 한물갔다고 봐야 한다.

둘째, 참여와 자율·책임의 거대한 흐름도 분권화와 같은 맥락이다. 참여하고 스스로 결정하고 또 무거운 책임도 져야 주인의식, 주체의식으로 일도 잘되어 일의 성과도 오르고, 일하는 개인도 성장·발전하게 된다. 아무리 좋은 결정이라도 남이 해 준 것은 내 것으로 받아들이려 하지 않는다. 특히 교육과 장학에서는 자율과 참여, 책임이 중시된다. 생존에 위협을 받는 현실에서는 스스로 살길을 찾도록 자율과 책임을 줘야 생존도 하고, 성장·발전도 하게 된다.

셋째, 다시 자율과도 연결되는 것으로 선택의 자유 확대의 경향이다. 개별성, 독특성이 존중되면서 다양성 속에서 선택을 보장받고자 하는 욕망을 충족시켜 주려는 것이다. 이제는 무조건 커피를 돌리거나, 군대에서까지도 군화의 크기에 발을 맞추라고 하지는 않는다. 백의민족이라고 해서 더 이상 흑백으로 처방할 수는 없다. 물건도, 색깔도, 디자인도, 다양해지고 화려해졌다. 그 속에서도 선택권을 행사하고자 한다. 남이 결정해 준 멋있는 드레스보다 찢어진 청바지라도 자기가 골라 입을 때 만족한다.

학교도 학구제한 없이 학부모가 선택하고자 하고, 아무 학교에나 등록하면 그 학교 학생이 되고, 공·사립 구분 없이 등록만 하면 그 사람 몫만큼의 세금이 등록한 학교에 떨어져야 한다는 것이다. 아무리 의무교육이라도 학교를 못 믿겠으니 자기자식을 집에서 가르치겠다고 하여 인정해 주는 나라도 생긴다.

이제 아무리 어린애라도 자기가 좋아하는 것을 선택하고자 하는 세상이 되었으며, 또 사실 좋아하는 일 하면서 살아야 살맛도 나고 또 좋아하는 것을 해야 성과도 오른다. 교사도 학생도 한 학교, 한 학급집단 속의 몇 분의 1이 아니라 100/100, 1/1 그냥 하나의 전체인 1인 것이다.

넷째, 質을 찾고자 한다. 값있게 살고자 하고 意味를 찾고자 한다. 시간도 질과 의미, 물건도 질과 의미, 삶에도 질과 의미를 중시한다. 양을 선호하던 시대는 지나갔다. 質的 轉換이 요구된다. 교사도 학생도 질의 교육·질의 학습을 해야 한다. 의미 있는 것을 가르치고 의미 있는 것을 배워야 한다. 의미 없는 것, 의미를 모르는 것을 어렵게 배우려니 짜증나고, 성과도 오르지 않고, 때로는 배우는 일로부터 벗어나고파 하게 되는 것이다. 장학에서도 교사에게 질과 의미를 부여해 줘야 한다.

기쁨과 희열·열광·홍분·재미있는 시간을 제공해 줘야 의미도 있고, 성과도 있고, 그래서 국제경쟁력도 확보되는 것이다.

다섯째, 그래서 장학도 교사를 선하게 보고, 능력이 있다고 보고, 그 능력을 발휘하게 하여 교사의 자아실현을 도와주려는 인간자원 장학의 철학으로 바뀌었다. 교사를 수단시하는 것이 아니라 목적시 한다. 교사는 교육을 잘하기 위한 수단으로 이 세상에 태어난 것이 아니라 자신의 자아실현을 하고자 태어난 것이다. 학생의 자아실현 을 도와주는 것이 곧 교사 자신의 자아실현이 될 때 장학도 의미를 갖게 된다.

장학도, 장학조직도 이러한 거대한 흐름과 일치해야 한다.

여섯째, 장학여건은 최악의 상태에 있다. 무리한 요구들이 난무 하고, 교원은 정체되고, 사기는 저하되어 있으며 장학 지도력은 먹 혀들지 않고 있다. 장학의 권위가 수용되지 않는 위기상황이다. 장 학자 자신들의 사기도 극도로 저하되어 있는 실정이다. 이런 상황 에서 한국교육은 질을 갖고 국제경쟁을 해야 하는 시대적 요구를 받고 있다.

2. 장학체제의 문제

우리나라 장학체제 전반적인 구조상에 문제가 있다. 장학이 무엇 이냐 하는 개념이 행정적인 것으로부터 교육과정과 수업개선 쪽으로 강조점이 바뀌고, 권위주의적인 것으로부터 민주적·전문적인 것으로 전환하는 과정에서 장학 무대책의 상황이다. 더구나 정치적 전환과 함께 모든 권위가 흔들리면서 장학적 권위도 흔들렸고, 설상가상으로 방향감 없는 책임자들의 무책임한 행동으로 우리나라 장학은 위기를 맞고 있다.

우리나라의 장학이 행정위주에서 교육과정 개발과 교육의 질 관리 쪽으로 바뀌어야 한다는 이론과 논리에는 모두 동의하지만 이에 상응하는 장학체제와 제도가 뒷받침되지 못하고 있다. 교육과정장학, 수업장학이 강조되려면 교육청과 학교수준에서의 장학조직이 확대·강화되어야 하는데 이것은 그대로 있다. 이게 아니라도 지방교육자치가 되려면 지방교육청의 장학조직이 변해야 하는데 오히려 장학에 노력을 집중하지 못하게 되어 있다. 다른 행정을 위하여 장학 인력도 빼앗겨야 하기 때문이다.

이런 실정에서 장학폐지론을 내세워 중앙의 장학실을 없애 장학의 중심을 잃게 하고, 지방까지도 없애려고 했으니 사실상 장학부재 현실이 되었다. 이렇게 되어 행정과 관리로 엉성하게 얽어매 놓고 있는 정도이니 착실하게 교사를 지도하는 책임을 맡은 조직과 사람이 없어진 셈이다.

우리나라에서는 행정조직을 장학조직으로 사용하고 있는 셈인데, 이 장학조직들 간에 수직적·수평적으로 긴밀하게 체제적으로 얽혀 있지 못한 실정이다. 교육부-시·도 교육청-시·군 교육청-학교-교사양성대학의 장학이 긴밀하게 연결되지 못하고, 역할과 기능분담도 되지 않고 있다. 장학책임은 시·도 교육청에 있다든가, 학교장에게 완전히 넘겨줬다든가, 무엇은 넘겨주고, 무엇은 갖고 있다든가 하는 명확한 책임분담이 되지 않고 있다. 교생 지도하는 것 하나도 대학 – 교육청 – 학교의 3박자가 맞지 않고 있는 것을 보면 잘 증명이 된다. 책임지는 부서도 없고 개선하려고 노력하는 부서도 없다.

장학담당자의 선발·임용과 양성 또는 연수에 관하여도 어떤 체계성이 없다. 그리고 자질향상을 위해서 머리 싸매고 노력할 필요성도 별로 못 느낄 것이다. 연수의 체계도 어떤 명확한 규정도 없다. 몇 년에 몇 시간 무슨 연수를 받아야 한다는 것도 없다. 많이 받는 사람은 많이 받고, 전혀 안 받는 사람은 안 받을 수도 있다. 모든 것을 각 지방, 각 학교에 맡긴다고 하더라도 최소한의 틀과 체계는 있어야 한다.

우리나라 전반적인 장학체제와 인적구성의 틀을 본격적으로 재검토해야 할 필요가 있다. 장학전문가들이 장학을 담당하고, 교육의 목적을 행정보다는 장학으로 달성할 수 있는 체제로 체제정비를 해야 한다.

이제 장학조직별로 문제점을 검토해 보기로 한다.

3. 장학조직의 문제점

장학조직을 ① 중앙, ② 지방, ③ 학교, ④ 교사양성·연수기관으로 나누어 살펴본다.

가. 중앙의 장학조직

우선 중앙에 장학 전담조직이 없다는 것이 문제이다. 장학실, 또는 장학편수실이라고 하여 장학전담기구가 3실 중의 하나로서 계속 존재해 왔는데 충분한 논의도 없이, 또 앞으로 장학을 어떻게 하겠다는 대책도 없이 몇 사람의 손에 의하여 없어진 것이다. 한 나라의 교육에 관한 중앙기구가 이렇게 쉽게 없어져도 되는 것인지 모르겠다.

① 그동안의 장학이 권위주의적이고 지시적이어서 학교장 스스로 장학하기 어렵기 때문에 없앤다. ② 교육부의 장학담당자들이 무능하기 때문에 없앤다. ③ 장학 대신에 정책관으로 대체한다는 것이 장학편수실 폐지논리의 변이었다. 모두가 얄팍한 핑계이고 허구이다. 장관이 지시를 하지 않고, 권위주의적으로 하지 않도록 할 책임을 갖고 있는데 잘못한다고 기구 자체를 없애면 어떻게 하는가? 빈대 한 마리 때문에 집을 태워 버리는 격이다. 과거에 기반이 약했던 정권 자체가 교육을 정치에 이용하기 위해서 많은 지시를 했던 것은 사실이나 장학방법을 바꾸면 될 것을 장학 자체를 없앤 것은 우리나라 교육행정 역사상 큰 과오를 범한 것이다. 그리고 장학과 행정에서 지시라는 것이 전연 필요 없는 것도 아니다. 어느 정도의 지시는 지금도 필요한 것이다. 교육부는 3월 말경 장학방법을 바꾸라는 지시를 했다고 한다(한국교육신문 96. 3. 27.자). 이것 자체가 지시이다. 장학기구 자체가 없는 교육부가 어느 부서에서 이런 지시를 했는지 궁금하다. 중앙과 지방의 장학의 연결고리가 끊어져 있다. 그렇다고 장학이 전적으로 지방교육청에 맡겨진 것도

아니다. 이것이 문제이다.

한 나라의 교육을 어떤 목표 아래, 어떤 교육을, 어떻게 할 것이냐 하는 교육의 본질을 다루는 장학조직과 기구가 중앙에 없다는 것은 비극이다. 교육부 자체의 존재이유를 부정하고 있는 셈이다. 어떤 교육을 할 것인가, 무엇을 가르칠 것인가에 대해서만 편수국에서 하고 있는 셈이다. 편수도 교육과정 장학에 해당하는 일종의 장학이다. 그러나 교육의 방향을 정하고, 우리나라 전체의 교육의 질을 관리하는 장학조직은 절대로 필요하다. 장학조직 없는 교육부는 빈 껍질일 뿐이다.

둘째, 장학전문가들이 장학을 할 수 있도록 인적 조직을 하지 않고 있는 것이 문제이다. 교사교육을 전공하지 않은 일반직이 교사양성과 연수, 복지문제를 다루게 되니 현장과 유리되고 겉돌 수밖에 없다. 교원지원국에서 하는 일이 또한 가장 중요한 장학부문이라는 인식 자체가 없으니 문제가 아닐 수 없다. 교원문제는 단순한 관리가 아니라 가장 중요한 장학으로 다뤄야 한다. 유아교육, 특수교육, 보통교육, 고등교육, 모두가 장학적 차원에서 다루어져야 한다. 영국의 경우 고등교육 중에서 Universities만 빼놓고는 모두 HMI라는 칙임시학실에서 다룬다. 성인교육과 국제교육문제도 장학에서 다뤄야 하고, 사회국제교육국, 산업교육 부문도 장학조직에 해당되므로 장학 전문가들이 장학 서비스를 해 주게 되어야 한다.

학교운영위원회, 급식문제, 교육개혁 문제, 학교설립, 통·폐합문제 등을 전문가가 아닌 일반직이 다루는 것을 보면 한심한 생각이 든다.

일반직이라도 수십 년씩 같은 자리에서 일하게 되면 나름대로 전문성과 책임성이라도 쌓일 텐데 잦은 자리바꿈을 하고 있으니 장학·행정 서비스의 질은 떨어지고, 이것이 조령모개의 근본적 원인도 되고 있다. 이런 현상은 지방장학조직과 운영에도 똑같이 해당된다.

나. 지방장학조직

우선 시·도 교육청과 시·군 교육청과의 관계를 분명히 하지 못하고 있다. 자치의 단위를 앞으로 시·도 단위에서 뿌리내릴 것인지, 아니면 일반 행정처럼 시·군 단위까지 내려갈 것인지 분명치 않다. 시·군 교육청을 보조기관이나 하부기관으로 하려면 아예 시·군 단위라는 하나의 층을 없애고 시·도 단위에서 직접 학교를 관할하고, 그 대신 학교에 대폭 자율권을 넘겨주는 방안도 생각할 수 있다. 교통·통신이 발달한 상황에서는 심각하게 고려하고 연구해 볼 필요가 있다. 어차피 학교별, 교사 개인별 장학을 제대로 못하는 상황이라면 시·군 교육청의 모든 장학 인력을 시·도 교육청 한곳에 집중시키면 전문화된 장학도 시도해 볼만 하다. 특수한 지역만 출장소 형식으로 관할하는 체제를 두면 될 것이다. 현재 고등학교를 시·도 교육청에서 장학할 수 있다면 초·중학교도 가능할 것이다.

둘째, 고등학교와 중학교의 장학을 분리하여 고등학교는 시·도 교육청이, 중학교·초등학교·유치원은 시·군 교육청이 관할하게 하는 것은 논리에도 안 맞고 능률과 효과에서도 문제가 된다. 고등학교도 중학교와 똑같이 중등교육으로 묶어서 일관되게 장학해야 논리에 맞다. 중·고등학교를 합쳐서 같은 곳에서 장학하게 되면 장학사를 따로따로 이중으로 배치할 필요가 없다.

셋째, 지방교육청 내에서의 장학부서별 유기적 관계가 정립되지 않고 있다. 초등교육국, 중등교육국으로 나누어 단계별 장학도 해야 하지만 교육과정 전문 장학부서(보통교육 전체의 교육과정 개발), 직업·실업교육, 과학교육, 성인교육, 청소년 지도, 독서교육, 각 교과교육 전문 장학부서 또는 담당자들이 있어야 하고, 또 이들 조직과 담당자가 유기적 관계로 짜여야 한다. 초등교육국과 중등교육국 내 장학사들은 수업장학과 일반 장학자(general supervisor)가 되고, 다른 부서는 초·중등을 포함하는 전문영역별 특수 전문 장학자(special supervisor 또는 specialist)가 되어야 한다. 특히 현재 교육과정의 지역화가 강조되는데 지방교육청에 교육과정 전문장학조직과 담당자가 없는 것은 문제점이다. 지방장학조직도 (1) 단계별(초등·중등), (2) 영역별(특수교육, 직업교육, 성인(사회)교육, 청소년 지도, 교사교육 등), (3) 교과별(국어, 음악, 체육·보건, 과학 등), (4) 지역별(시·군 교육청, 또는 학교담당)로 장학조직과 담당자를 배치하는 방안도 강구해 볼 필요가 있다. 이렇게 전문화 조직이 되어서 지방교육청이 자연스럽게 장학 중심의 조직이 되어야 한다.

다. 학교의 장학조직

학생교육을 위한 모든 활동을 다 장학이라고 해도 지나친 말이 아니다. 학생교육을 잘하려면 곧 학교에서의 장학이 잘 이루어져야 한다.

그러나 전통적으로 우리나라에서는 상부의 장학, 장학사·장학관에 의한 장학만을 장학으로 알았던 것이 잘못이다. 근래에서야 학교장에 의한 교내장학이 강조되고 있는 것은 불행 중 다행이나, 교장력의 무력화로 교장·교감의 장학력이 먹혀들지 않고 있는 것이 문제이다. 교장은 학생교육의 책임자이기 때문에 장학책임자이기도 하다. 교장이 학교에서 장학의 필요를 느끼고, 이를 위해 교육청의 도움이 필요하면 장학적 도움을 요청하는 요청장학이 되어야 한다. 또 교사 개인 수준에서도 교사가 장학적 도움이 필요하면 교장·교감에게 자발적으로 장학을 요청하는 형식이 되어야 한다. 장학이 교사의 수업기술 향상, 교직 전문성 향상에 의하여 궁극적으로 수업개선에 목적이 있다면, 수업이 이루어지고 있고 교사가 있는 학교 현장에서의 장학이 필요하고 중요하다. 또 교육과정까지, 교과서 선택까지 학교 수준으로 내려옴으로써 교내장학이 더욱 강조되지 않을 수 없다. 또 교사초빙제가 도입되면 교사선발도 중요한 교내장학의 영역이 된다. 신임교사의 선발과 임용, 오리엔테이션 등이 모두 장학에 해당된다.

교내에 장학조직 자체가 없다는 것이 문제이다. 교장·교감도 장학자로 역할 인식을 안 하고, 교사들 자신도 교장·교감을 장학자로 인정하고 수용하려 하지 않는 경향이 있다는 점이 문제이다. 특히 중·고등학교에서 교장·교감의 교사경력에서 전공교과가 달랐었다는 이유로 더욱더 교장·교감의 교내장학을 수용하려 하지 않는다는 데 문제가 있다. 교과전공이 달라도 장학은 가능하다. 장학은 교과내용을 다루는 것이 아니라 교수방법과 기술을 주로 다루기 때문이다. 물론 교과전공까지 같은 장학자가 장학하면 더욱 좋겠지만 아직 우리는 그런 실정이 못 된다. 교장·교감이 교사에서 교육행정가로 변신하는 데 철저하지 못했던 데서 불신을 받고 있다.

둘째, 교내에 장학자를 배치하지 않고 있는 것도 문제이다. 자원인사, 자문교사 등의 형식으로 학교에 장학자를 배치할 필요가 있다. 현재의 교무주임을 교육과 정장학자, 연구주임을 수업 장학자 또는 연구·연수 장학자, 학생주임이나 교도주임을 상담 장학자, 과학주임이나 체육주임 등을 특수 장학자 등으로 임명하여 교장·교감과 이들 장학자를 교내장학 팀으로 구성하는 방안도 생각해 볼 수 있다. 장학사는 꼭 교육청이나 교육부에만 배치해야만 하는 것은 아니다. 물론 장학사를 학교에 배치하려면 법규까지 고쳐야 할 것이다, 이렇게 해서 학교수준의 교내장학이 강화되어야 할 것이다. 일반적으로 우리나라의 학교는 규모가 크기 때문에 학교에 장학자를 배치해도 충분히 할 일이 있을 것이며, 작은 학교는 몇 개의 학교를 묶어서 학교에 장학자를 배치할 수도 있을 것이다.

라. 교사양성·연수기관의 장학조직

교대니 시대, 교육대학원, 교직과정 설치대학, 각 교원연수원을 장학조직으로 간주하지 않는 데 문제가 있다. 교사양성기관은 가장 중요한 장학기관이다. 양성·연수기관과 교육청, 학교의 3박자 조화를 위한 노력이 요구된다.

4. 장학조직의 개선방향

앞에서 지적된 문제점을 해결하는 것이 개선방향이 될 것이므로 중복되는 내용이 되겠으나, 요약하고 강조하는 의미에서 몇 가지로 간추려 본다.

첫째, 장학조직이 중앙 – 지방 – 학교 – 교사양성 · 연수기관 간의 수직적 · 수평적 · 유기적 · 종합적 체계를 확립해야 한다. 각 조직의 기능과 역할이 분담되고 협동체제가 되도록 재구조화해야 한다. 기능 분담이 안 되어 중간기관이 전달적 다리 역할이나 하게 되어 중복기능을 하므로 낭비되고 있다. 교사양성 · 연수가 손발이 맞지 않아 교생장학 하나 제대로 못하고 있다.

둘째, 교육부의 장학전문조직은 설치되어야 하고 교원지원국, 사회 국제교육국, 산업교육심의관, 편수국이 장학적 차원에서 유기적 체제를 이루어야 한다.

셋째, 시 · 군 교육청의 장학을 강화하여 장학의 주도적 기관으로 하든가(바람직하지만) 아니면 시 · 도 교육청에 흡수하여 중앙 – 지방 – 학교의 3층 구조를 만들고 대신 장학 인력을 집중 배치할 수도 있다. 장학조직을 ① 학교단계, ② 영역, ③ 교과, ④ 지역별로 유기적 전문화를 꾀하고 전문가를 배치한다.

넷째, 학교에 교육과정, 연구 · 연수, 수업, 상담, 특수영역 장학사를 배치하고, 교장 · 교감과 이들을 중심으로 장학 팀을 구성하여 질 높은 교내장학을 제공한다.

다섯째, 교사양성 · 연수기관을 장학조직으로 간주하여 이들과 유기적 장학협동 체제를 구축한다.

여섯째, 조직을 잘해 놔도 인적 배치와 운영이 잘되지 못하면 소용없으므로 각 분야별 전문장학사를 양성해야 한다. 그래서 교육행정대학원 같은 기관을 설치하여 일반장학사(계장·과장·국장, 교육장·교육감), 수업장학사, 교육과정 장학사, 특수영역 장학사, 교과장학사를 양성·연수하도록 하여 각 분야 최고전문가로 하여금 장학을 담당하게 해야 한다. 또 교장·교감도 여기서 장학교육을 이수하여 자격증을 획득하도록 하여 장학 전문성을 높여야 한다. 이렇게 되면 교육부, 교육청은 장학 중심의 조직이 될 것이고, 행정과 관리를 통해서가 아니라 장학을 통해서 교육의 질을 향상시키게 되는 것이다. 행정보다는 장학을 통해야 교육의 질을 높이기 쉽다는 것은 너무나 뻔한 논리이다. 이것이 현대교육행정의 경향이다. 이런 교육개혁 없이 엉뚱한 곳에서 개혁이라는 열쇠를 찾고 있는 것은 큰 과오이다. 한 나라의 교육이 한두 사람의 입김에 흔들려서는 안 된다. 당신의 자녀가 흔들리기 전에 한 나라의 장학이 흔들렸던 것이다. 우리의 교육, 교육 지도자가 몸으로 가르치자.『우리의 교육, 몸으로 가르치자』

Ⅲ

장학의 본질과 발전방향*

1. 서론

세계는 지금 교육의 질에 승부를 걸고 있다. 21세기 정보사회, 지식사회에서는 교육에 의하여 정보와 지식이 창출되고, 조직·관리되기 때문이다. 21세기의 富인 지식과 정보는 돈(경제)으로 사올 수도 없고, 싸워서(군사) 빼앗아 올 수도 없고, 정치적 흥정으로 얻어 올 수도 없다. 자기 나라 국민에게 질 높은 교육을 제대로 제공해 준 나라만이 최후의 승자가 된다. 정보와 지식은 상징성을 갖는다. 상징과 의미부여가 중시된다. 마이크로소프트사의 재산은 상징과 의미, 아이디어뿐이다. 물질은 없다.

교육의 질은 곧 수업의 질이라고 할 수 있는데, 이는 장학의 도움을 받아야 한다. 장학도 교육의 질, 곧 수업의 질 행상에 초점을 맞춰 노력해야 할 입장이다. 장학도 21세기에 대비했어야 한다. 앞으로도 장학방법이 달라져야 한다.

교사로 하여금 정보사회에 맞는 새로운 교수법을 시도하도록 도

---

* 96 중앙교육행정연수원 교육전문직연수 강의 원고.

와주고, 수업의 질 향상을 위하여 노력하도록 지도해야 할 장학 지도자의 사명 또한 막중하다 아니할 수 없다. 21세기의 승부수는 우리 손에 달려 있다고 해도 과언이 아니다. 이런 시점에서 장학의 본질과 의미, 역할과 기능, 방법과 기술 등 장학의 기초를 재음미해 보고 장학의 발전방향을 모색해 보고자 한다.

2. 장학의 본질과 의미

장학을 어떤 측면에서, 어디에 강조점을 두어, 어떻게 보느냐에 따라 여러 가지로 각각 다르게 보인다. 또 역사적으로 볼 때도 시대 상황에 따라 장학을 달리 정의하고 해석하기도 하였다. 또 장소에 따라, 그 나라의 역사와 전통, 문화에 따라 달리 정의하고 해석하기도 하였다.

전통적으로는 많은 나라에서 시학과 감독으로부터 출발하였다. 또 行政과 장학을 거의 동일시하고 행정적 차원에서 장학을 보려고 하고, 지금도 장학에 그런 요소가 많이 남아 있다.

행정과 비슷하게 장학을 관리직(管理的) 측면에서 다루려고 하기도 하였다. 계획, 조직, 인사, 재정, 시설, 학습 환경 등의 관리적 요소에 집중하던 때도 있고, 또 지금도 그런 일을 많이 한다. 특히 교육비가 줄어들고 학교와 교육청의 규모가 커지면서 더욱 관리적 측면에 집중하게 된다.

때로는 인간관계에 집중하기도 한다. 민주장학, 협동적 장학, 수평적 장학, 참여 장학 등의 용어는 인간관계를 통하여 친구를 얻자는 것이었다.

미국에서는 한때 장학을 교육과정과 동일시했던 때도 있고, 지금
도 장학과 교육과정개발을 합쳐 ASCD라는 학회를 만들고 있다. 특
히 스프트니크 충격으로 장학에서 새로운 교육과정개발에 열을 올
리게 되는 계기가 되었다. 우리나라에서도 앞으로 장학에서 교육과
정 개발이 중시되지 않을 수 없다. 교육과정 개발이 교육청·학교
수준으로 내려오기 때문이다.

또 미국에서는 1960년대 말부터 임상장학방법이 개발되면서 수
업장학에 집중하는 계기가 되었다. 결국 행정도 그렇지만 장학은
수업개선을 위한 것인데 수업장학은 이에 가장 가까이 접근한 것
이다.

행정, 관리(경영), 인간관계, 교육과정, 수업 등 여러 측면에서 장
학을 정의하지만 궁극적인 장학의 핵(core)은 수업개선(授業改善)이
라는 데 이의를 제기할 사람은 아무도 없다. 시대와 장소, 형편에
따라 강조점이 다를 뿐이다.

1980년대 이후에는 장학에서 리더십이 강조되고 장학 지도성으
로까지 지도성이 강조되고 있다. 장학에서 지도력이 요구되고 있다.

장학직의 수준에 따라 장학의 강조점이 달라질 수도 있다. 교육
감이나 교육장을 Ⅰ수준, 부교육감과 국장을 Ⅱ수준, 국장과 과장
을 Ⅲ수준, 장학사를 Ⅳ수준, 교장을 Ⅴ수준, 학년·과주임을 Ⅵ수
준으로 한다면 Ⅰ수준은 행정, Ⅱ, Ⅲ수준은 관리(또는 Ⅰ, Ⅱ, Ⅲ
수준을 행정과 관리), Ⅳ수준은 교육과정, Ⅴ, Ⅵ수준은 수업에 각
각 강조점을 두어야 할 것이다. 인간관계와 지도성은 모든 수준에
다 관련되지만 지도성은 높은 수준에, 인간관계는 낮은 수준에 더

관련될 것으로 본다. 모든 수준에서 인간관계를 중시하고 또 지도력을 발휘해야 한다.

장학의 핵을 수업개선이라는 데 동의한다면 수업을 이루는 요소에 관심을 기울이고, 이들 요소를 변화시켜야 수업개선이 가능해진다. 수업은 ① 교사와 ② 학생 사이에 ③ 교육과정(내용)을 놓고 ④ 학습 환경 속에서 相互作用하는 활동이라고 할 수 있다. 수업개선을 하려면 ① 교사, ② 교육과정, ③ 학습 환경에 변화를 주어 결국 ④ 학생의 학습행위를 변화시켜 학습성취, 학습결과를 높여야 하는데 이것이 바로 장학의 본질이고 장학의 의미이다. 이것은 <그림 2-5>와 같이 나타낼 수 있다.

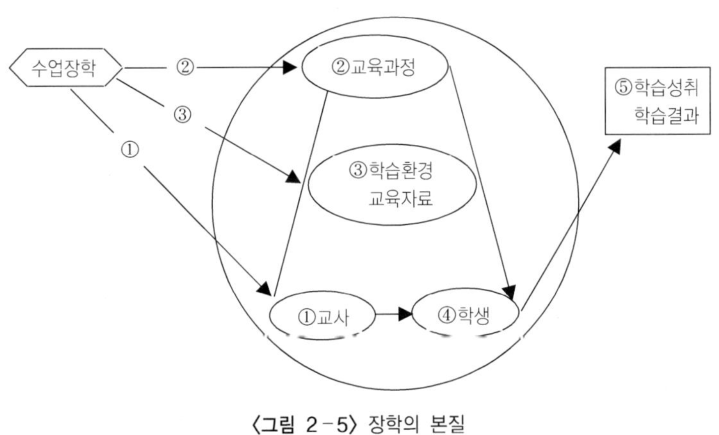

〈그림 2-5〉 장학의 본질

① 교사의 (교수)행위, ② 교육과정, ③ 학습 환경(교재・교구 등)에 변화를 주어 ④ 학생의 학습행위를 변화시켜 학습성취를 높이려는 것이 장학이다. 교사에 초점을 맞추어 교사의 교수기술을 향상시키고 전문직성을 높이려는 교육활동이라고 할 수 있다.

교사는 학생을 바람직한 방향으로 변화시키는 것이 사명이라면, 장학자는 교사를 변화시키는 것을 사명으로 한다. 교사가 1차적 고객이고, 학생·학부모·지역사회가 제2, 제3, 제4의 고객이 된다.

학생·학부모·교사로 하여금 필요한 곳, 올바른 곳에 그들의 귀중한 시간과 정력을 바치게 하여 교육의 효과성을 높이는 일이 중요하고도 필요한 때인데, 이는 전적으로 교육 지도자, 장학 지도자의 몫이다. 21세기로의 부드러운 착륙(전환)은 그래서 우리 손에 달려 있다고 본 것이다.

3. 장학의 역할과 기능

역할과 기능, 과업은 서로 얽혀 있는 비슷한 말이다. 가정에서 '아버지'라는 말은 '역할'이 되고, 아버지는 돈을 벌어오고, 가정을 이끌어 가는 '기능'을 한다. 이런 아버지의 일을 아버지가 하는 '과업'이라고 할 수도 있다.

장학은 직명이 아니라 역할이라고 한다. 교육감, 부교육감, 국장, 과장, 장학사, 교장, 주임교사라는 직명이 아니라 이들이 하는 역할이 장학이라는 뜻이다. 직명으로 봐서는 장학사만 장학하는 것으로 오해하기 쉬우나 이들보다는 오히려 교장·교감, 주임교사가 더 장학적인 일을 많이 할 수도 있다. 특히 다른 나라에서는 지방교육자치가 발달하여 Director, Coordinator, Consultant, Specialist 등 지역에 따라 다양한 직명을 갖는데, 이들이 모두 장학적인 역할을 하기 때문에 '직명이 아니라 역할'이라고 하는 것이다. 우리나라에서도 장학사라는 직명을 가진 사람만이 장학적인 역할을 하는 것으로 오해되었던 것 같다. 그래서 교장이 하는 일을 장학으로 생각하지 않았었는지 모르고 교장은 장학하지 않는 것으로 착각했었는지 모른다. 아직도 그런 생각을 가진 사람이 있다면 시정되어야 한다.

장학의 역할도 구체적으로 정의하느냐, 일반적으로 정의하느냐에 따라 약간 달라질 수 있다. 어떤 사람은 장학의 역할을 ① 조직자/관리자, ② 상담자/자문자, ③ 지시자(instructor)/전문직자(professional) ④ 관찰자, ⑤ 피드백자, ⑥ 평가자로 분류하여 설명하기로 한다. 그런가 하면 다른 사람은 수업계획, 수업실행, 특수아 지도교사 돕기, 교사개발, 인간관계에서 지도자(leader)의 역할을 하는 것이라고 하여 ⑦ 指導者 역할만 내세우기도 한다. 그래서 장학의 역할은 지위(수준)에 따라 장학을 어떻게 정의하느냐 하는 장학의 정의에 따라 각각 다르게 역할 정의된다. 앞에서 언급된 것 이외에 ⑧ 변화 촉진자, ⑨ 조정자도 추가된다.

장학의 기능도 장학의 정의, 장학의 역할정의에 따라 기능(機能)을 보는 눈도 달라진다. 어떤 책에서는 ① 교직의 전문성을 전문직화, ② 교사의 전문성 개발(연수), ③ 집단 활동에서의 지도, ④ 개별적 지도, ⑤ 교육과정 개발, ⑥ 방문과 관찰, ⑦ 수업자원, ⑧ 교사평가, ⑨ 장학평가를 장학의 기능으로 다룬다.

그런가 하면 다른 책에서는 ① 수업방법과 전략, ② 수업관리, ③ 의사소통기술 지도, ④ 학생성취 평가, ⑤ 학생이해 가이드, ⑥ 지역사회 관계를 장학의 기능이라고 한다.

Wiles와 Lovell(1975)은 ① 목표설정, ② 교육 프로그램 개발, ③ 통제와 조정, ④ 동기 유발, ⑤ 문제해결, ⑥ 전문성 개발, ⑦ 교육

산출의 평가가 장학의 기능이라고 설명한다. 이는 특히 수업장학에 초점을 맞춰 장학의 기능을 제시한 것이다.

① 수업장학에서 장학 제1의 기능은 올바른 교육목표를 분명하게 설정하기 위하여 교사와 장학담당자의 협동적 노력을 촉진하는 것이다. 목표가 분명해야 그다음의 모든 일이 명확해질 수 있다.

② 목표가 설정되면 이 목표달성을 위한 교육 프로그램을 개발하고 이를 실현하기 위해서 교사와 함께 일해야 한다.

③ 교육을 위해서는 수많은 개인과 집단, 교수 단위들이 협동해야 한다. 이때 각 개인과 집단, 단위는 그들 자신의 목표를 가지고 이들 목표들과 활동들 사이에 조정이 필요하고, 또 상위의 전체목표와 이들 개인, 또는 집단, 단위들의 목표 사이에 장학자의 조정이 필요하게 된다.

④ 다음으로는 목표달성을 위한 교사와 장학자의 동기 유발이 중요하다. 올바른 목표와 프로그램이 정해졌다면 장학자는 기꺼이 이를 실행하고자 하는 자발성과 동기를 불러일으키도록 기능을 발휘해야 한다.

⑤ 이어서 교사들이 일을 하다 보면 많은 문제에 부딪치게 되는데, 이때 장학자들은 같이 문제를 해결하기 위해서 노력해야 한다.

⑥ 또 교사들이 고도의 전문적인 교육과 훈련을 받아 자격을 갖추어 교직에 임하고 있지만 교육기술과 공학, 교육이론과 교육과정이 바뀌고, 또 국민의 기대가 높아지기 때문에 교사들의 계속적인 능력개발이 요구된다. 교사들의 자질과 능력개발을 위해서는 교사 본인의 노력은 말할 것도 없고 장학자의 체계적인 노력이 요구된다.

⑦ 그리고 목표를 설정하고 이 목표달성을 위하여 프로그램을

개발하고 실천했다면 그 교육적 산출에 대하여 평가하여 그 결과를 다시 목표설정에 피드백시켜야 한다. 이 교육 산출의 평가에 있어서 장학자가 기능을 잘 발휘해야 한다.

장학의 기능을 여러 가지로 나눌 수 있지만 핵심은 장학의 본질로 돌아가서 ① 교육과정 개발과, ② 수업개선이다(Wiles와 Lovell, 1975).

이러한 장학자의 중요한 역할과 기능을 수행하기 위하여 장학자는 이에 상응하는 자질과 자격을 갖춰야 한다.

장학이 해내야 할 기능은 장학이 해야 할 과업과 거의 동의어가 된다.

장학의 과업을 ① 기초적(예비적) 과업과 ② 운영적(직접 관련) 과업, ③ 발전적 과업의 세 토막으로 나누어 각 과업을 수행하는데 필요한 장학자의 자질과 능력을 제시하고 장학자들이 이들 자질·능력을 갖추었는지 확인하고 측정하는 도구로 삼을 수 있다. 이를 <그림 2-6>과 <표 2-1>로 나타낸다. 물론 이들 장학과업은 우리나라의 것과 다를 수 있다. 그러나 최소한 참고는 될 것이다. 그리고 <표 2-1>은 장학자 양성교육이나 연수교육의 프로그램 개발에 참고가 될 것이다.

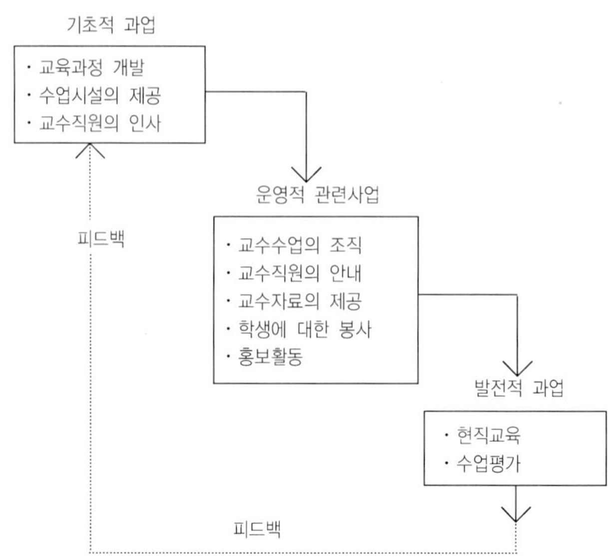

〈그림 2-6〉 수업장학의 10대 과업영역

〈표 2-1〉 수업장학에 필요한 자질(資質)·능력(能力)

A. 교육과정 개발	1. 수업목표 설정 2. 수업의 단원설제 3. 교육과정의 개발과 수정
B. 교수자료의 제공	1. 학습 자료의 평가와 선정 2. 학습 자료의 제작 3. 학습자원의 평가와 활용
C. 교수직원의 인사	1. 교수직원계획의 개발 2. 직원의 보충과 선발 3. 직원의 배정
D. 수업의 조직	1. 현존 수업구조의 개정 2. 수업 프로그램의 융합 3. 새로운 조직의 운영·감독
E. 특수학생 봉사업무	1. 봉사에 대한 분석과 보장 2. 전문직원에 대한 안내와 활용 3. 봉사계획 4. 봉사의 평가와 활용

F. 현직교육	1. 임상장학 2. 교사의 개인적 성장을 위한 개발 3. 현직연수 계획 4. 현직연수의 실시 5. 지도역할의 훈련 6. 요구조사 7. 기본계획 설계 8. 현직교육 프로젝트의 작성 9. 자기수업물 설계 10. 연속훈련 프로그램의 설계
G. 홍보활동	1. 지역사회에 대한 정보제공 2. 지역사회 활동에의 참여 3. 여론 활동
H. 수업시설의 제공	1. 교육 시방서의 개발 2. 시설개편계획 3. 시설물의 공급
I. 수업평가	1. 수업관찰과 분석 2. 질문지 작성 3. 심층적 면접 4. 자료 분석과 종합

　필자는 장학의 과업을 장학의 본질이라고 했던 것에 근거하여 <그림 2-7>과 같이 요약한다. 그림에서 네모로 표시된 것이 장학의 과업이다.

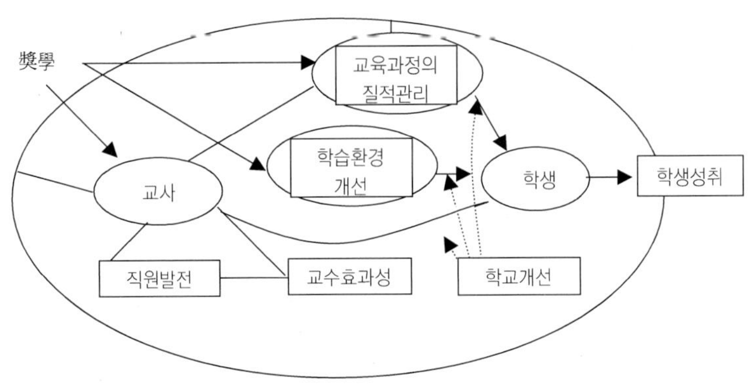

〈그림 2-7〉 장학의 과업

장학의 역할·기능·과업은 서로 비슷한 내용이다. 교육의 여러 활동 중에서 장학은 아주 중요한 역할과 기능을 담당하고 있다. 장학이 맡은 일을 제대로 해내야 우리 교육이 제대로 될 수 있다. 축구팀에서 한 선수만 제 기능을 제대로 발휘하지 못하면, 그 팀은 게임에서 질 수밖에 없다. 교육도 마찬가지이다. 교육 팀, 교육오케스트라에서 장학이 제 기능을 발휘해야 우리가 국제교육올림픽에서 최후의 승자가 될 수 있다.

4. 장학의 방법

장학의 정의, 장학의 기능과 역할·과업을 이해했다면 장학방법도 어느 정도 미루어 생각할 수 있을 것이다.

장학방법도 장학의 과업, 장학의 내용과 마찬가지로 다양하다. 흔히 생각할 수 있는 것으로 ① 학교·교실방문·관찰에 의한 방법, ② 수업연구에 의한 방법, ③ 연구와 연수에 의한 방법, ④ 실험·실연·시범에 의한 방법, ⑤ 상담에 의한 방법 등이 있다.

그러나 가장 대표적인 장학방법은 임상장학방법이다. 임상장학은

① 교육현장인 교실에서(밑으로 내려와서 범위를 좁히고),

② 장학자와 교사의 친밀한 관계 속에서,

③ 교사의 전문직적 성장과 교수기술 향상에 목적을 두고,

④ 수업과 장학에 임하기 전에 계획협의회(計劃協議會)를 하여
　　여러 가지 약속을 하고, 약속대로 수업관찰(授業觀察)을 하여
　　자료를 수집하고, 이를 분석(分析)하고, 다음 협의회 전략(戰

略)을 세워 다시 만나서, 피드백협의회를 하여 다음 수업전략을 세우고, 장학의 과정에 대하여 종합적(綜合的)인 반성(反省)을 하는 특수한 과정과 절차를 밟는(계획협의회 - 수업관찰 - 피드백협의회) 하나의 장학대안이다.

마이크로티칭도 임상장학방법과 비슷한데 축소된 연습수업(시간: 4~20분, 학생: 3~10명 소집단, 학습주제: 한두 주제, 교수기술: 한두 특정 교수기술 초점)을 하는 동안 녹화(비디오) 또는 녹음하면서 관찰하고, 이 녹화·녹음을 보거나 들으면서 피드백을 해 주고 비평하고, 이 피드백과 비평을 참착하여 다시 수업계획을 세워 재수업을 하고, 다시 비평하는 식으로 반복하면서 교수기술을 향상시키는 방법이다. 즉 계획 - 교수 - 관찰(녹화) - 비평 - 재계획 - 재교수 - 재관찰 - 재비평의 과정을 거치면서 교사의 교수기술을 향상시키는 방법이다.

최근에 강조되는 동료장학(同僚奬學) 또는 동료코치나 자기장학(自己奬學)도 기본은 임상장학방법에 두고 있다. 동료코치도 ① 자료만 수집해서 초청교사에게 제공해 주는 자료 제공적 코치, ② 대등한 관계 속에서 협동하는 협동적 코치, ③ 코치가 전문가적 위치에서 지도(코치)하는, 전문적 코치의 형태로 나누어 볼 수 있다.

이러한 장학(방법)을 하려면 앞에서 언급한 자질·능력이 요구되지만 구체적인 기술로는 ① 의사소통 기술, ② 관찰과 분석 기술, ③ 수업 감상법, ④ 상담기술, ⑤ 인간적 기술, ⑥ 갈등처리 기술, ⑦ 관리 기술, ⑧ 평가 기술, ⑨ 동기 유발 기술, ⑩ 변화기술 등이 특별히 요구된다.

5. 장학의 발전방향

필자는 이미 한국방송통신대 교재 『장학론』에서 장학의 발전방향이란 제목의 한 部를 설정하고 2개 章을 두어 비중 있게 다룬 바 있는데, 여기서 장학의 발전방향으로 ① 장학의 민주화(民主化)와 전문화(專門化), ② 장학의 효과성(效果性) 증진(평가)이라고 요약하였다. 이는 모두 다른 방향이 아니라 장학 본래의 목적을 달성하자는 것이다. 장학을 민주화, 전문화해서 장학의 효과를 높여 교육의 질 향상을 하자는 것이다.

이것을 쪼개서 좀 더 구체적으로 제시하면 다음과 같다(새교육, 1987. 9. 특집 장학의 발전방향 참고).

첫째, 장학의 철학(哲學)이 교사의 자아실현을 돕고자 하는 인간자원장학론(人間資源獎學論), 가능한 한 교사를 긍정적으로 보는 Y이론으로 확고하게 전환되어야겠다.

둘째, 장학의 초점이 교육의 질 향상에 맞춰져야겠다. 교육개혁도 교육의 질 향상에 모든 노력을 기울였어야 한다.

셋째, 중복되는 말이겠지만 장학의 中心이 학생과 교사, 교실, 수업 쪽으로 옮겨져야 한다. 그래서 교내장학, 수업장학이 강조되는 것이다.

넷째, 장학의 민주화를 위해서는 개별화(個別化), 인간화(人間化) 노력이 경주되어야 한다. 교사와 학생은 개인차가 있으므로 아무리 좋은 것이라도 획일화로는 처방의 효과를 볼 수 없다.

다섯째, 개별화와도 통하는 말이지만 장학의 효과를 위해서는 다양한 장학방법과 기술이 동원되어야겠다. 선택적 장학체제도 그 한 방안이다.

여섯째, 장학조직 수준별로 장학의 기능과 역할이 분담되어 조직별로도 전문화(專門化)되어야 한다. 교육부, 시·도 교육청, 시·군 교육청, 학교, 교사양성·연수기관 등이 서로 장학적 기능을 전문화시킬 필요가 있다.

일곱째, 교사의 동기 유발과 자발성, 장학에의 참여를 불러일으키는 방안을 강구해야 할 것이다. 교사의 장학적 신바람을 불러일으키지 못하면 장학은 실패한다. 교육개혁도 마찬가지이다. 교사 자신도 장학을 수용하고, 자기 성장과 발전의 기회로 삼아야 한다.

여덟째, 장학사의 자질·능력·기술 향상과 장학의 질, 장학 서비스의 질 향상 노력이 요구된다. 그 방안으로 장학자 양성체제와 장학연구회의 결성이 필요하다. 동시에 장학전문직의 윤리(倫理)와 책임(責任)의 강화가 요구된다. 전문직은 윤리강령에 의하여 행동하고, 자신의 행동에 책임을 져야 한다. 말할 것도 없이 지도성(指導性) 함양 노력이 계속되어야겠다.

장학자의 수업 지도력, 장학 지도력에 대하여 다시 한 번 더 보충한다.

교감·교장·장학사도 수업 때문에 존재한다. 우리나라에서 행정가만 되면 수업과는 결별하는 것으로 오해했던 사람이 많았던 것은 큰 실수 중의 하나이다. 수업 지도자, 장학 지도자로서 교사에 대하여 지도력을 발휘해야 한다.

수업 지도자로서 ① 자원제공자의 역할, ② 의사소통자의 역할, ③ 스스로 자원이 되는 역할, ④ 가시적 존재로서의 역할을 수행해야 한다.

　지도자는 구성원의 동기 유발을 어떻게 하느냐가 중요한데, 매스로우의 욕구계제를 생각하여 동기 유발시키고, 또 추종자의 욕구를 충족해 줘야 한다<그림 2-8의 2>.

　구성원의 동기 유발 수준에 따라 지도력의 개념은 달라질 것이다<그림 2-8의 3>.

　지도자의 지도력이 나오는 근원은 <그림 2-8>의 4와 같이 기술적 능력, 인간적 능력, 교육적 능력, 상징적 능력, 문화적·도덕적 능력이 요구된다. 과거에 삼각형의 아랫부분에만 강조점을 두었으나 상부의 지도력이 절실히 요구되고 있다. 그래서 관리적 측면(아랫부분)과 상징적 측면(윗부분인 상징·문화·도덕적 지도력)의 조화와 균형이 요구된다. 지도자의 권위는 ① 관료주의적, ② 심리적, ③ 기술·합리적, ④ 전문직적, ⑤ 도덕적 권위가 된다<그림 2-8의 5>.

　이것을 은유적으로 표현하면 ① Bartering, ② Building, ③ Bonding, ④ Binding의 4B가 된다<그림 2-8의 6>.

　추종자들이 지도자를 따르고 참여하는 이유는 ① 계산적, ② 내발적, ③ 도덕적인 것으로 된다<그림 2-8의 7>.

　① 맨 밑바닥에는 선호에 가치를 두고, ② 중간은 합리적·관료적인 것에 가치를 두고, ③ 맨 꼭대기는 意志에 가치를 둔다. 지도자는 손을 많이 쓰고, 머리를 쓰고, 가슴에서 우러나는 지도력을 발휘하게 되는데, 실제로 지도력을 발휘하려면 가슴(Heart)에서 우러나서→머리(Head)를 써 가지고→손·발(Hand)로 움직이는 순서로 움직여야 올바른 지도자가 될 것이다.

　그래서 궁극적으로 교환적 지도력으로부터 전환(변형)적 지도력으로 승화되어야 한다. 이를 <그림 2-8>로 요약한다.

1 지도력의 형태	2 추종자 충족욕구	3 지도력의 개념	4 지도력의 근원	5 권위	6 지도력의 은유	7 추적자의 참여	8 가치 유형
전환적 지도력 (Transformational Leadership) ↑	의의 의미 목적	도덕적지도력 문화적지도력	의의 의미 도덕적 문화적 (고유성직자) 지도자 상징적 (수장)	도덕적 전문직적	Binding (결합적) Bonding (접착적)	도덕적 (Moral)	I (Heart)
	자아실현 자율 능력 존경	권한위임 상징적 카리스마적	사명 (본질) 교육적(임상실천가) 행정가	기술·합 리적	Building (형성적)	내발적 (Intrinsic)	II (Head)
교환적 지도력 (Transactional Leadership)	자아적 사회적 안정적 생리적	관리기술 지도유형 상황조건적 교환적 목표행로이행	과정 인간적 (인간공학자) 관리자 기술적 (관리공학자)	심리적 관료주의적	Bartering (교환적)	계산적 (Calculated)	III (Hard)

<그림 2-8> 교환적 지도력과 전환적 지도력의 차원

[토의과제]

1. 교사들의 장학에 대한 거부적 태도를 어떻게 바꾸어 장학의 본질을 이해하도록 할 것인가?

2. 장학의 역할과 기능을 근거로 하여 장학 폐지론 또는 축소론, 정책관으로의 대체론을 방어해 보시오. 즉 장학 유지·활성화론을 전개해 보시오.

3. 장학의 구체적인 방법, 특히 교내장학의 방법을 말하고 이를 위하여 교육청·교육부의 장학이 어떻게 지원해 줄 것인가에 대하여 논의하시오.

4. 장학의 발전방향으로서 개선해 나가야 할 점에 대하여 더 보

충하여 논의하시오.

　5. 교육개혁과 관련하여 장학의 개혁방향에 대하여 논의해 보시오.

　6. 장학자에게 요구되는 지도력과 이 지도력을 기르기 위한 노력
과 방안에 대하여 논의하시오.

참고도서

1. 주삼환, 장학론, 한국방송통신대학, 1990.
2. 주삼환, 전환기의 교육행정, 서울: 성원사, 1996.
3. 주삼환, 학교경영과 교내장학, 서울: 학지사, 1996.
4. 주삼환, 새로운 세기의 교장·장학, 성원사, 1992.
5. 주삼환, 교육행정 논단, 성원사, 1992.
6. 주삼환, 장학·교장론: 교육의 질 관리, 성원사, 1990.
7. 주삼환, 인간자원 장학론, 서울: 배영사, 1987.
8. 주삼환, 장학론: 임상장학방법, 서울: 학연사, 1983.
9. 주삼환, 장학론: 선택적 장학체제, 서울: 문음사, 1986.
10. 주삼환, 장학론: 장학사와 교사의 상호 관계성, 서울: 교육출판사,
　　　1987.
11. 주삼환, 우리의 교육 몸으로 가르치자, 경기: 한국학술정보(주), 2005.

Ⅳ

수업장학의 발전방향*

1. 서론

지금 우리나라의 장학이 방향과 자리를 못 잡고 떠돌고, 흔들리고 있다. 이는 냉혹한 교육국제 경쟁을 하고 있는 이때에 심히 걱정되는 일 중의 하나이다. 굳건한 장학적 지도력하에 모든 교육자들이 단합하여 교육의 질 향상에 총력을 기울인다 해도 교육여건이 나쁜 우리에게는 힘든 과업인데, 장학적 지도력 자체가 흔들리고 따라서 교원들이 흔들리고 있으니 문제가 아닐 수 없다. 예를 들면 최근에 벌어지고 있는 敎育改革 사업만 해도 그렇다. 중앙에서 주도하는 그 자체에도 문제가 있지만 양보해서 중앙에서 주도한다 하더라도 장학적으로 이끌고 가야 하는데, 교수들을 중심으로 한 교육개혁위원이란 사람들이 깊은 연구와 현장조사도 없이 Edutopia라고 하여 내던져 놓고는 2년 임기라고 나가 버리고 그것을 장학실도 없어진 교육부에서 관료들이 맡아서 추진한다고 하고 있으니 이것이 현장에 먹혀들 수 없는 것이다. 교육개혁 사업도 장

---

* 96 경북교원연수원 장학담당자연수 강의원고.

학실에서 장학적으로 풀어 갔어야 한다. 한 나라의 교육의 방향과 틀을 바꿔 나가야 하는 일이기 때문이다. 누구의 지도력하에 교육개혁을 해 나갈 것인가를 심각하게 고민했어야 한다. "지금 당신의 자녀가 흔들리고 있다."는 것은 한 나라의 정책이 흔들리고 있기 때문이다. 장학편수실을 없앴던 교육부가 그 기능을 살린다고 직제 개편을 했으나 장학·편수·교원 등이 합쳐진 미약하기 그지없는 상태이다.

그렇다고 장학을 포기할 수는 없다. 장학을 포기한다는 것은 곧 교육을 포기하는 것이고, 국제교육경쟁에서 미리 백기를 들고 항복하는 것과 마찬가지이다.

① 진정한 의미의 수업장학이 무엇인지 그 개념에 대하여 살펴보고, ② 이러한 개념대로 장학을 하려고 하는 데 있어서 문제점이 무엇인지 분석해 보고, ③ 장학의 방향과 방안을 모색해 보기로 한다.

2. 수업장학의 본질

수업장학이란 ① 수업개선으로 학생의 학업성취를 높이고자 ② 교육과정과 ③ 학습 환경, ④ 교사의 교수행위에 직접적으로 영향을 주는 교육활동이라고 할 수 있다. 그동안 우리나라에서는 장학이라고 하면 으레 행정적 접근을 생각했으나, 외국에서는 당연히 수업을 생각했고 수업개선에 초점을 맞췄었다. 그래서 특별히 수업장학이란 말을 붙일 필요를 별로 느끼지 못했던 것이다. 실지로 '수업장학'이라고 이름을 붙인 책이나 그냥 '장학론'이라고 이름을 붙인 책이나 내용에서는 큰 차이가 없었다.

수업은 학교에서 이루어지므로 수업장학이라고 하면 교내에서의 장학을 주로 생각하고, 수업 장학자라고 하면 당연히 校長을 먼저 생각한다. 교장의 제1의 임무는 수업장학과 교육과정 장학이다.

수업장학이라고 해도 구체적인 어떤 특수한 방법을 지칭하지 않는 일반적 용어에 속한다. 수업장학의 구체적인 대표적 장학방법의 하나가 임상장학이다. 마이크로티칭도 그 하나이다. 그래서 일반장학, 수업장학, 임상장학을 다음 <그림 2-9>와 같이 포함관계로 나타낼 수 있다. (일반)장학하면 수업장학을 주로 생각하고, 수업장학의 기본바탕은 임상장학이 된다.

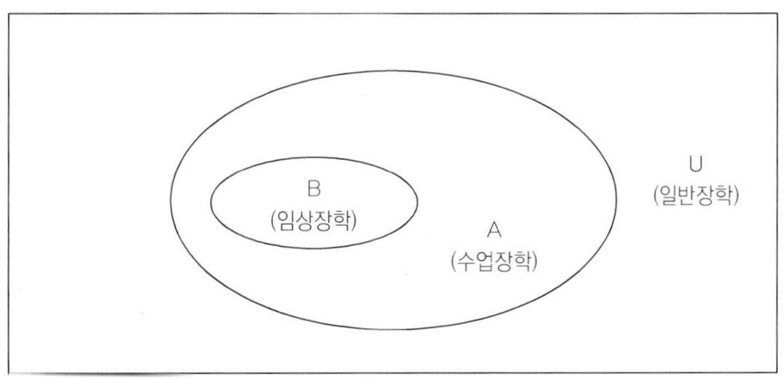

〈그림 2-9〉 일반장학, 수업장학, 임상장학의 관계

모든 장학의 궁극적 목적은 수업개선으로, 학생의 학습성취를 높이는 것이기 때문에 수업개선을 하려면 ① 교사, ② 교육과정, ③ 학습 환경, ④ 학생의 변화에 노력을 집중해야 한다. 그래서 수업장학을 달리 정의하면 ① 교사의 교수행위와 ② 교육과정, ③ 학습 환경(교재·시설)에 직접적으로 변화를 주어 ④ 학생의 학습행위에 변화를 일으켜, ⑤ 학생의 학업성취와 결과를 높이려는 공식적인 교육활동이라고 할 수 있다.

그런데 수업개선이라는 장학의 핵을 간접적으로 접근하려는 노력도 많이 있었다. ① 행정적, ② 경영적, ③ 인간관계적, ④ 교육과정적 접근이 그것이다. ⑤ 수업장학이 가장 직접적으로 수업개선에 도전하는 것이고 ⑥ 지도성의 강조는 직·간접 모든 측면과 관련된다고 할 수 있다. 이것을 이해하기 쉽게 <그림 2-10>으로 요약할 수 있다.

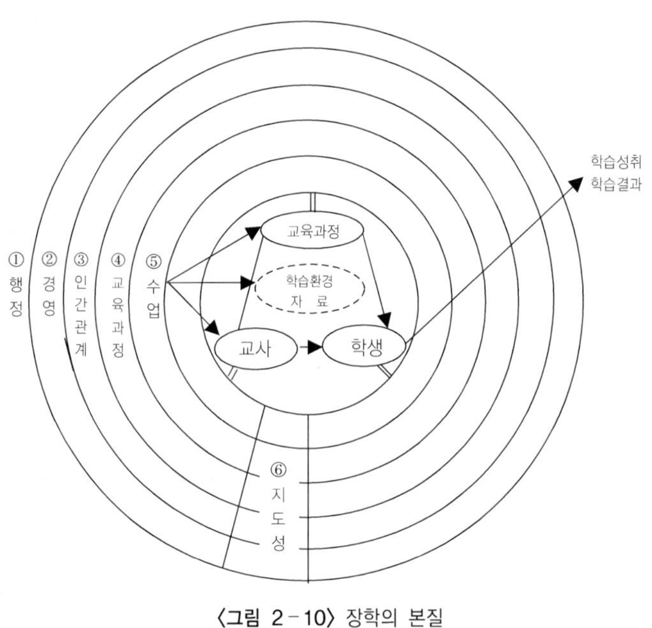

〈그림 2-10〉 장학의 본질

행정, 경영, 인간관계 등 간접적 장학도 필요하겠으나, 이제 수업개선을 위해서 수업, 교육과정, 지도성 등 직접적 장학, 직접적 도전에 더 노력하여 장학의 효과성을 증대시켜야겠다.

간접적 접근은 교육부, 시·도 교육청에서 정책적·행정적으로 한다 하더라도 (교실)학교, 시·군 교육청 수준에서는 수업, 교육과정장학에 집중하고, 교내장학이 활성화되도록 지원체제를 구축해야겠다.

직접적 접근은 행정적 장학, 일반 장학으로부터 교육과정 장학, 수업장학, 임상장학, 마이크로티칭으로 학교, 교실, 교사, 학생으로 파고드는 장학을 해야겠다. 교육부가 중심이 아니라 교실, 수업, 교사와 학생이 中心이 되고 태양이 되어 이를 중심으로 나머지 동심원, 떠돌이별이 도는 것으로 봐야 한다. 교사와 학생, 수업과 교실을 중심으로 교감, 교장, 교육장, 교육감, 교육부장관과 그들의 참모들이 지원체제로 돌고 있는 것이다.

모든 교육자는 교실과 수업, 학생 가까이 있음으로 더 행복하고 보람을 느끼게 되어야 한다. 학생과 수업으로부터 멀리 떨어지지 않아도 손해 볼 것이 없도록 정책이 바뀌어야 한다. 행정가와 교사는 높다, 낮다의 상하개념이 아니라 하는 일이 다르다는 전문적 수평관계로 파악되어야 한다. 장학의 존재 이유는 수업개선에 있다. 사실은 교육개혁도 여기에 초점이 맞춰졌어야 한다.

3. 우리나라 장학의 문제점

우리나라 장학의 문제점도 여러 측면에서 검토해 볼 수 있을 것이다. 여기서는 ① 장학의 개념과 이론, ② 장학제도와 여건, ③ 장학자, ④ 교사 등으로 나누어 문제점을 파악해 보고자 한다.

가. 장학의 개념과 이론

장학의 본질이 수업개선에 있고, 수업장학과 교육과정장학이 중요하다고 아무리 강조해도 여전히 장학을 행정의 일부로 보는 의식을 바꾸기가 극히 어렵다.

첫째, 장학의 개념에 대한 의식의 변화가 요구된다. 장학의 개념정의에 대한 합의가 장학에 관한 문제해결, 개선방향 모색의 출발점이 된다. 장학의 초점이 교육의 질 향상에 맞춰지지 않고 있다.

둘째, 장학이 행정에 압도당하고 있다. 교육의 본질을 추구하고, 교육가들을 이끌고 나가려면 모든 것을 장학적으로 풀어나갈 생각을 해야 하는데 행정식으로 단기간에 해결하려고 하다 보니 조령모개와 부작용이 속출되고 있는 것이다. 행정관료들이 득세하고 지배하는 속에서 학생을 교육해야 하는 어려운 일을 해야 하는 것이다. 장학의 중요성을 인식하지 못하고 있는 것이 문제이다.

셋째, 교내장학이 장학의 중심임에도 불구하고 아직도 상부의 장학만을 장학으로 생각하고 있다. 그래서 교장이 중요한 장학자인데, 아직도 장학사·장학관만 장학자로 생각하는 경향이 있다.

넷째, 장학의 개념을 계속 감독이나 평가로만 동일시하고 있다. 그래서 장학을 통해서 도움을 주려고도 하지 않고, 또 도움을 받으려고 하지 않는 데 일부 문제의 근원이 있다. 이로 인하여 장학에 대한 부정적 태도, 기피현상이 벌어지고 있다.

다섯째, 바른 교사관, 바른 장학관(獎學觀)이 확립되지 못하고 있다. 교사를 부족한 사람, 결핍된 사람으로 본다든지, 교사를 수단시하여 학생을 잘 가르치게 하는 도구나 수단으로 보고 장학이 출발되어 장학의 출발점부터 잘못되는 경우가 많다.

여섯째, 장학의 영역을 기성교사만을 대상으로 하고, 장래 교사를 장학의 대상에서 제의시키는 경향이 있다. 그런데 장학에서의 중요한 한 영역은 교대나 사대에서의 장래 교사에 대한 교수기술 향상과 전문직적 발전을 위한 장학이다. 교대나 사대도 중요한 장학기관으로 봐야 하고, 또 교육실습 중의 교생지도는 중요한 장학으로 다뤄져야 한다.

교사에 대한 研修도 핵심적인 장학이고 연수원 등 연수기관도 장학기관에 해당된다. 그런데 우리는 장학 따로 있고, 연수 따로 있는 것으로 생각하는 경향이 있다.

일곱째, 장학이론과 방법, 기술에 관한 체제적인 연구와 정립, 발전이 미흡한 상태이다. 특히 우리나라 실정에 맞는 장학이론과 실제를 체계화시키고, 발전시켜 나아가야겠다. 예를 들면 수업관찰과 분석방법 등도 계속 축적해 나가야겠다.

나. 장학제도의 여건

무엇보다도 먼지 장학조직이 체계회되어 있지 못하다. 중앙 - 지방·학교로 이어지는 장학체계가 되어 있지 않고, 행정과 장학이 구분되지 않고, 전문장학이 아닌 일반 행정 지배체제로 되어 있다. 그리고 중앙장학 기능과, 지방장학 기능, 교내장학 기능의 분화가 안 되어 중복되고, 이중적 다리의 기능을 하는 경우가 많다.

첫째, 장학담당자는 일반 교원보다 한 단계 상위직이어야 함에도 불구하고 이에 상응하는 우대와 보상, 존경이 따라붙지 못하고 있다. 그래서 교장, 교감 이외에는 장학직을 기피하고, 또 자부심과 긍지를 갖지 못해서 자연 장학적 지도력이 강력하게 먹혀들지 못하고 있다.

둘째, 행정 우위의 탓으로 장학 인력이 부족하고, 장학 보조 인력은 전무한 실정이다. 지금 있는 일반 행정 직원이나 보조원도 장학조직에서 활용하지 못하도록 조직상 차단되어 있는 셈이다. 예를 들면 운전기사 하나 활용하기가 어려워 장학자들은 손발로 뛰게 되고, 그럴수록 장학자들은 장학 본연의 직무와는 멀어지는 현상이다. 장학직 근무여건이 열악하다.

셋째, 장학직의 선발·양성·연수 등의 인사에 관한 문제가 체계화되어 있지 못하다. 형식적으로는 교원과 장학직을 분리시켜 놓고 있으나 실질적으로는 잦은 전직으로 전문성이 확보되지 못하고 있다. 장학사, 연구사, 편수관의 구분도 명확지 않고, 장학사(교육연구사)-장학관(교육연구관)의 승진에 관한 조건이나 자격에 관한 원칙도 없다. 전문성을 보장받지 못하게 되어 있는 셈이다. 양성을 못하면 연수라도 강화하여 높은 수준의 자격증을 요구하게 되어야 할지도 모른다.

다. 장학담당자

장학담당자의 문제점은 대부분이 앞에서 언급한 제도적 문제점과 관련된다. 장학자 양성·연수제도의 미비, 인력부족, 보수·대우의 부족, 근무여건의 미비, 이로 인한 직무 불만족, 잠시 머무르는 곳, 승진을 위한 징검다리로 인식하게 되는 점 등이다.

이러한 제도적 문제점이 있더라도 장학자는 나름대로 보람과 의미를 찾기 위해 노력했어야 한다. 이러한 것은 밖에서 주어지는 것도 있지만 스스로 쟁취하려는 노력도 있어야 한다.

또 제도적으로 전문성을 확보하고 인정받게 되어 있지 못하더라도 개인적으로라도 전문성을 신장하려는 노력이 경주되어야 한다. 이는 교감·교장직도 마찬가지이다.

장학직 내에서라도 한 분야의 전문가가 되려고 해야 하는데, 너무 잦은 자리바꿈으로 스스로 전문성을 확보하지 못하는 경우가 많다.

일시적으로 머무르는 자리가 되기 때문에 전문직 단체 활동을 하게 되지도 못하고 있다. 전문직은 전문단체 활동을 통하여 스스로 전문성을 높이기 위하여 노력도 하고, 전문직 윤리강령에 의하여 활동하는 것이다.

스스로의 자질향상을 위해서는 자신과 자신의 하는 일에 대한 엄정한 평가를 해야 한다. 그래서 장학은 교사나 학교를 평가하는 일도 해야 하지만, 장학 자체의 효과성 평가에도 게을리하지 말아야 한다. 장학에 관한 연구도 스스로 해 나가야 한다. 남이 연구해 주는 것도 필요하지만 일을 하면서 연구하는 것이 더 실질적이다.

장학을 행정처럼 너무 쉽게, 안이하게 생각하고 있는지도 모른다. 장학은 복잡하고, 간접적이고, 전문화된 일이기 때문에 시간도 걸리고, 결과도 쉽게 나오지 않는다. 그래서 지금까지 장학을 행정적으로 처리하려고 했었는지 모른다. 그래서 결국 일반 행정직과 구분하기 어렵게 되는지도 모른다. 전문적 장학의 일에 자신감이 없어서 행정적인 일에 매달리게 되고, 쉽게 행정적으로 처리하려고

하는 경우도 있을 수 있다. 전문적 장학에 자신이 없더라도 실패를
두려워 말고 도전함으로써 전문성은 길러질 수 있다.

라. 교사

장학은 상호작용적이기 때문에 어느 한쪽에만 문제가 있다고 할
수 없다. 어떤 때는 닭이 먼저인지, 달걀이 먼저인지 알 수 없이
얽혀 있고, 또 악순환을 일으키기도 한다.

교사에게 있어서는 우선 장학에 대한 거의 무조건적인 거부적
태도를 문제라고 할 수 있다. 이는 과거의 장학에서의 불유쾌한 경
험이 크게 작용하는 데에도 원인이 있다. 또 비뚤어진 자존심이 작
용한 결과도 있고, 장학자에 대한 불신도 있을 것이다.

또 이와 연결되는 것이지만 교사들의 동기 유발, 성장의욕의 저
조를 들 수 있다. 교사 양성교육에서부터 항상 부족하다는 것을 느
끼고 계속 배우고 성장하고자 하는 의욕을 키워 주지 못하고 있는
것 같다. 그리고 성장하고 배우고자 하는 교사에게는 기회를 주고,
또 보상과 격려를 제공해 주는 제도와 풍토를 만들어 주지 못하는
것 같다. 장학과 연수는 교사의 강력한 성장의욕으로부터 출발해야
한다. 장학이라는 춤은 파트너의 기분을 고려해야 즐거운 춤이 될
수 있다.

교사들이 수업의 공개와 개방, 약점의 노출을 두려워하는 풍토도
문제이다. 개방과 노출 그리고 신뢰와 협동 속에서 동료장학, 교내
장학은 발전할 수 있다. 미국에서도 교장·교감은 교실을 수시로
드나들고, 또 최소한 한 학기에 1회는 수업을 공개하는 것을 원칙

으로 하는 곳도 있다.

이 외에도 우리나라의 장학에는 많은 문제점이 있을 수 있다. 여기에 제시된 것 이외의 문제점을 독자 여러분이 보완해 주길 기대한다.

4. 수업장학의 발전방향

강사는 이미 우리나라 장학이 나아갈 방향으로 장학의 민주화와 전문화를 지적한 바 있다.(김영식·주삼환, 장학론, 한국방송통신대 출판부, 1994). 그런데 이 둘은 서로 분리 독립적인 것이 아니라 자동차의 앞바퀴와 뒷바퀴의 관계라고 표현하였다. 우선 이 두 범주에 다 묶어 보기로 한다.

가. 장학의 민주화

① 우선 교사를 위해서, 교사의 자아실현을 돕기 위해서 장학을 한다는 인간자원 장학관으로부터 장학이 출발되어야 한다. 교사를 기분 좋게 해 줘서 학생을 잘 가르치게 하고, 학교를 위해서 헌신하게 한다는 목적으로 장학이 출발해서는 안 된다. 이 세상에 그 누구도 남을 위해서 태어난 사람은 없다. 교사도 교사 자신의 행복을 위해서 태어난 것이다. 장학도 교사로 하여금 교직에서, 나아가 인생에서 보람과 의미를 찾게 하기 위해서 필요한 것이다. 이러한 장학철학, 장학관의 변화는 장학자와 교사 모두에게 필요하다. 교

사도 장학이 자신의 행복을 위한 것인데, 거부적 태도를 가질 필요가 없다. 장학은 교사를 긍정적으로 보는 데서부터 출발해야 한다.

② 장학의 다양화, 인간화, 개별화의 방향으로 노력해야 한다. 교사의 개인차는 학생의 개인차보다도 더 심하다. 학습의 개별화가 필요하듯이 교사에게도 장학의 개별화가 요구된다. 다양한 장학메뉴를 마련하여 교사 한 사람 한 사람에게 필요한 장학을 해야 장학의 인간화, 인간적 배려가 가능하고, 장학의 효과성도 높아질 수 있다. 장학의 선택적 체제도 이와 맥을 같이하는 것이고, 교사의 발전정도를 파악하여 이에 맞는 장학을 하여 교사의 발전수준을 높여 나가자는 발전 장학도 장학의 개별화 방향이다. 교사와 장학자의 친밀한 1:1의 관계에서 출발하는 임상장학이나 마이크로티칭도 같은 방향이다.

③ 교사의 참여와 자발성, 협동을 바탕으로 장학을 설계해야 한다. 교사의 참여와 자발성, 협동을 끌어내지 못한 일방적인 장학, 주어지는 장학은 효과를 거두기 어렵다. 동료장학, 자기장학이 활발하게 이루어지도록 장학문화를 조성해야 한다. 교사의 장학수용 태도를 위한 노력이 있어야 한다.

④ 장학의 중심이 중앙이나 지방으로부터 학교, 교실로 이동해야 한다. 원래 장학의 본고장은 학교의 교내장학이고 제일 중요한 장학자는 교장이며 교장의 제일 중요한 직무는 수업장학인 것이다. 교내장학을 활성화하고 제도화시키는 노력이 있어야겠다.

교육부, 교육청의 장학은 교내장학이 잘 이루어지도록 지원하고, 또 확인하는 일을 충실히 하여야 할 것이다. 그리고 교장과 협동하여 교내장학을 하는 방안을 강구해야 할 것이다.

교내장학을 잘하기 위해서는 교장·교감의 장학능력을 신장시키기 위한 방안이 강구되어야 한다. 예를 들면 자격연수, 직무연수 시장학기술을 향상시키기 위한 노력이 있어야 할 것이다.

장학에서도 고객만족 운동을 벌여야 할 판이다. 장학의 1차적 고객은 교사이고, 2차적 고객은 학생이 된다. 교사 없는 장학은 무의미하게 된다.

나. 장학의 전문화

교육의 질, 수업의 질을 향상시키기 위해서는 장학의 질이 높아져야 한다. 장학의 질 향상을 위해서는 장학의 전문성이 높아져야 한다.

① 장학조직 수준별로 기능과 역할, 방법이 분화, 전문화되어야 한다. 중앙에서는 교육의 방향과 정책을 설정하고, 교육청은 행정적 장학을 하고, 교사양성 기관과 연수기관, 학교는 수업장학, 교육과정 장학에 집중해야 할 것이다. 교내장학이 장학의 핵심이 되어야 한다.

② 장학자의 장학능력을 기르기 위해서 장학 전문가를 양성체제로 바꾸고, 지속적인 연수가 수반되어야 한다. 대학원 수준에서 교장·교감을 위한 학교행정가 전문 코스, 일반 행정가 코스, 수업·교육과정장학 코스 등으로 분화하여 장학 전문가로 양성하고, 자격증도 요구하게 한다. 전문 코스를 쉽게 바꿀 수 없게 하는 밸브장치가 필요하다. 장학직은 우대되어 평생을 바쳐 전문성 신장에 노력하게 되어야 한다.

③ 장학의 이론과 기술 방법의 개발에 지속적인 노력을 해야 한다. 여기에는 대학교수와 현장 장학자의 협동적 노력이 필요하다. 장학의 미시적 접근, 구체적·실질적 접근이 요구된다.

④ 장학조직을 전문가 집단으로 하고 인력을 확충해야 한다. 특히 교내에 자원교사나 장학사를 배치하여 교사 가까이에서 수업장학을 하고, 교장의 교내장학을 보좌하게 하는 방안도 고려해 볼 수 있다. 행정중심 조직을 장학 중심 조직으로 전환해야 교육의 질 향상과 밀착된다. 영국의 HMI는 최고 전문가 장학집단이다.

⑤ 장학에 의한 보상체제도 고려해야 한다. 효과적인 장학자, 장학으로 성장·발전한 사람에 대한 보상체제가 있어야 장학은 가속적으로 활성화되고, 교육의 질과 직결될 수 있다.

이외에도 여러 개선·발전방안이 있을 것이다. 이를 보완하길 기대한다.

5. 요약

장학의 문제점과 발전방향을 다음 표와 같이 요약하니 독자 여러분의 생각으로 보완·완성해 주길 기대한다.

〈표 2-2〉 우리나라 장학의 문제와 발전방향

장학의 문제점	장학의 발전 방향
가. 개념과 이론 (1) 교육의 질 향상에의 초점 미흡 (2) 행정이 장학 압도, 장학의 중요성 인식 부족 (3) 교내장학 활성화 미흡 (4) 감독이나 평가와 동일시 　－부정적 태도 조장 (5) 올바른 장학관 정립 요구 　－교사수단 시 (6) 장래 교사에 대한 장학의 인식부족 (7) 이론·방법·기술 부족 나. 제도와 여건 (1) 장학조직 체제 미흡 　－수직·수평 (2) 장학자 우대책 미흡 (3) 장학 인력·보조 인력 부족 　－근무여건 열악 (4) 선발·양성·연수체제 미흡 다. 장학담당자 (1) 개인적 노력 부족－금지 (2) 전문성 신장 노력 부족 (3) 잦은 인사이동 (4) 전문직 단체 활동 부족 (5) 장학 자체평가 미흡 (6) 일반 행정과의 차별화 노력 부족 라. 교사 (1) 무조건적 거부 태도 (2) 동기 유발·성장의욕 부족 (3) 수업 공개 기피 *(여기에 독자 여러분의 의견을 계속 제시하시오.)*	가. 민주화 (1) 인간자원 장학 철학 (2) 개별화 노력 (3) 참여, 자발성, 협동 근거 (4) 교내장학 　－교육청의 지원체제 　－교내 장학자 능력 신장 나. 전문화 (1) 조직 수준별 분화에 의한 전문화 (2) 전문가 양성·연수 (3) 이론·기술 개발 노력 (4) 조직의 전문가 집단화 (5) 장학의 보상 체제 *(여기에 독자 여러분의 의견을 계속 제시하시오.)*

권장도서

김영식·주삼환, 장학론, 한국방송통신대출판부, 1990.

주삼환, 학교경영과 교내장학, 서울: 학지사, 1996.

주삼환, 전환기의 교육행정, 서울: 서원사, 1996.

주삼환, 우리의 교육, 몸으로 가르치자, 대전: 대교출판, 1995.

[토의과제]

1. 교내장학을 어떻게 활성화시킬 것인가?

2. 교장·교감의 수업장학능력을 어떻게 신장시킬 것인가?

3. 교육청의 교내장학 지원체제는?

4. 장학직의 전문성 신장 방안은?

V

21세기의 장학의 방향

1. 서론: 전환기의 대처

이제 시간적으로도 21세기를 목전에 두고 있다. 우리는 이 전환기에 새로운 세기, 새로운 천 년대에 대한 예측을 잘하여 이에 잘 대비해야겠다. 동양이 서양에 비하여 뒤떨어졌던 것은 지나간 세기의 특징이었던 산업화(産業化) − 과학화(科學化) − 물질(物質) 대량생산(大量生産)의 측면이었을 것이다. 그런데 새로운 세기, 21세기는 이를 뛰어넘는 세기가 된다는 것이다. 산업후기 사회 − 정신세계 − 윤리·도덕사회 − 질(質)의 세계 − 인본사회(人本社會)를 가정해 본다면 태양은 동쪽을 위해서 비출 수도 있을 것이다.

서구산업사회(西歐産業社會)로부터 동양정신사회(東洋精神社會)로의 전환도 생각해 볼 수 있다. 그런데 우리는 서구 산업화에 너무 바쁘게 따라가다가 우리의 정신을 잃고 있는 것이 안타깝다. 그래도 우리가 교육(教育)을 어떻게 하느냐에 따라 21세기에 국제 경쟁력을 갖출 수도 있고, 태양을 'Morning Calm, 조선(朝鮮)' 반도에 비치게 할 수도 있다.

100년 전, 19세기에는 우리가 일본에 뒤질 것이 별로 없었다. 19세기에서 20세기로 전환하는 세기적 전환기에 일본은 변화의 파도, 세계적 흐름, 산업화의 맥을 잘 탔고, 우리는 그 흐름에서 밀렸던 것이다. 그 흐름에서 밀려난 결과 우리는 지나간 1세기 동안 갖은 고생을 해 왔고, 지금도 한 나라가 두 동강으로 갈라져 이 고생을 하고 있는 것이다. 다행인지 불행인지 지나간 30년 동안 뒤늦게 산업화에 노력하여 산업국가들과의 거리를 단축시키기도 하였고, 다른 나라들이 200년, 300년 걸려서 이룩한 것을 30년에 하려다 보니 시간은 벌었다. 그러나 그로 인한 부작용과 나쁜 부산물도 적지 않게 발생하고 있다. 가장 중요한 것이 우리의 정신, 사상이 뿌리째 흔들리고 윤리·도덕이 파괴되고 있다는 점이다. 물질을 얻었으나 정신을 잃고 있는 것이 더 문제이다. 정신을 찾는 것은 오로지 교육을 통해서이다. 학교교육뿐만 아니라 사회교육, 가정교육을 통해서 가능하다고 본다. 우리는 하나를 얻고 다른 하나를 잃고 있지만, 우리를 괴롭힌 일본은 물질적, 경제적 힘도 얻고 일본인 특유의 정신도 놓치지 않고 있다는 점에 주의를 기울여야 한다.

21세기에 대비하는, 21세기에 알맞은 교육을 하기 위해서는 교육 지도자들의 방향감이 중요하다. 이것이 장학(獎學)으로 지도되어야 한다.

① 21세기의 사회의 특징을 짚어 보고, ② 21세기의 교육에 대하여 살펴보고, ③ 21세기의 장학의 방향을 전망해 보기로 한다.

2. 21세기의 사회의 특징과 요구되는 인간상

다가올 21세기 사회를 학자에 따라 여러 가지로 특징짓고 있으나 여기서는 ① 고도기술·정보사회 ② 개방화·국제화 사회 ③ 민주·복지사회로 요약하여 보고, 이 사회에 요구되는 인간상을 그려 보고자 한다.

가. 고도기술 정보사회와 창조적·도덕적 인간

우리는 농경·유목사회로부터 공업화 사회로 이행해 왔다. 우리가 농공병진정책을 내걸었던 것이 불과 30년 전이었다. 당시는 공장 굴뚝에 연기가 피어오르는 것이 가장 부러운 것이었다. 미국은 1950년대에 화이트칼라의 숫자가 블루칼라의 숫자를 앞지르기 시작했는데, 우리는 1980년대에 이런 현상이 벌어지고 있다. 인간은 육체노동을 하는 산업보다는 두뇌노동에 집중하게 되고, 육체노동은 기계에 맡기고, 인간은 지식을 창출하는 일을 해내야 한다.

걸프전은 정보 전쟁이었다고 하는데, 피와 땀은 다국적군이 흘리고, 돈은 마이크로칩을 내는 일본이 챙겼을 것이다. 정보리도 이제 초고속 정보여야 한다. 보통 정보를 가지고는 그 의미를 잃게 된다.

기술도 이미 알려진 기술, 남이 이전해 준 기술을 가지고는 초고속 기술시대에 살아남을 수 없게 되었다. 이러한 고도기술, 첨단과학, 정보사회에 필요한 사람은 창조적인 인간이다. 남이 발견하고·발명해 내지 않은 새로운 지식과 기술을 만들어 내지 않고는 낙오되고 종속될 수밖에 없기 때문에 정보기술시대에는 창조적 인간이 요구된다.

기술도 하이테크가 되므로 사람이 사람과 접촉할 필요가 별로 없어지고, 사람 대신 기계나 장치 등을 다루는 생활을 하게 된다. 재택근무, 재택학습이 가능해지니 사람과 만날 기회가 줄어들게 된다. 기술과 과학이 고도로 발달하면 할수록 사람들은 사람을 더 그리워하게 된다. 그래서 하이터치가 필요하게 된다. 사람과의 관계에서 인간적인 사람, 도덕적인 인간이 필요하게 된다. 도덕적이고 윤리적인 사람의 범주에 따뜻한 정이 넘치는 인간적인 사람까지 포함시키고자 한다.

앞으로의 사회에 고도기술과 정보를 창조해 내는 창조적 인간도 필요하지만 동시에 이를 도덕적으로 사용하고, 활용할 수 있는 도덕적 인간상이 요구된다.

나. 개방화·국제화 사회의 창조적·자주적 인간

앞에서 상황변화와 생존교육에 관하여 말하면서 세계 여러 나라가 민족별로 똘똘 뭉치고(국경이 단단해지면서), 동시에 국경이 허물어지는 양극화 현상이 동시에 일어난다고 하였다. 정치적으로는 민족별로 독립하고 나라를 세우는 경향이지만, 경제적으로는 국제적으로 개방화되는 현상이다.

마을을 단위로 살던 생활이 이제 마을이나 촌락보다는 국가가 생활의 기본단위가 되었다. 특히 1일 생활권이 되면서 국가단위 생활은 더욱 강화되었다. 그러나 아프리카, 파푸아뉴기니 등에서는 아직도 국가 개념보다는 부족 개념이 강하게 작용하고 있다. 그러나 이제는 UR, GR, BR, WTO 등 국제협약에 의하여 국경을 넘어선 자유경쟁을 하게 되었다. 이러한 조약이나 기구들이 생기는 것은 다분히 강자의 논리이지만, 우리는 이 시점에서 다시 쇄국을 할 수는 없으며 개방이 불가피하다. 농산물 개방으로 우리의 쌀독을 열어 보여 주고, 금융시장 개방으로 지갑과 금고도 열어 놓아야 한다. 더 중요한 것은 교육과 문화·예술의 개방으로 우리의 안방, 머릿속, 정신세계까지 열어 보여 주어야 할 형편이다. 우리의 출발이 농업이었으므로 어떻게든 노력하면 농산물에서는 경쟁력을 갖출지 모른다. 또 우리가 지난 30년간 공업화, 경제개발로 어느 정도 돈을 벌었으므로, 기술 개발에 투자하고 집중 노력하면 얼마 후 공산품에서는 어느 정도 경쟁력을 회복할지 모른다. 교육도 막연하게 생각하면 우리나라를 교육입국, 교육의 나라라고 했으니 방향만 잘 잡으면 교육개방을 견뎌 낼 수 있을지 모른다. 그런데 문제는 교육과 직접 연결되는 문화·예술의 개방에 있다. 우리는 먹고 사는 데 급급해서 문화·예술에서는 취약하고 허약하기 그지없다. 교육·문화·예술에서 밀리게 되면 우리의 혼과 정신까지도 모두 빼앗기게 된다. 영화 '쥐라기 공원' 한 편의 수입이 자동차 2년 수출분인 150만 대에 맞먹는 것이 현실이다.

교육개방은 학원개방(95년 기술 및 예체능계 전문 강습소, 96년 외국어 입시계 일반강습소), 고등교육개방(97년)의 순서로 전개될 것으로 보인다. 의무교육은 개방하지 않거나 개방된다 하더라도 최소화되어야 할 것이다. 지금까지 우리는 교육에서 국가독점으로 학교 간에 경쟁의 원리가 적용되지 않고, 인간봉사체제(human service system)의 관점에서 운영되지 못했기 때문에 국제적으로 개방될 경우 위험하게 된다. 봉사에는 신경 쓰지 않고 봉사의 대상인 학생들만 과도하게 경쟁시켜 지옥으로 몰아넣었던 것이다.

초등교육은 외국에 대하여 교육개방을 하지 않는다고 하더라도 최소한 국제경쟁력을 갖는 교육을 해야겠고, 또 국제적인 기초가 되는 국제이해교육, 국제예절교육을 해야 할 입장이다.

의무교육 이외의 교육을 개방한다면 교육의 방향을 바로잡고 교육 서비스라는 측면에서 질 개선 노력을 하여 경쟁력을 갖춰야 할 것으로 본다. 현재도 국내 대학에 못 들어갈 것으로 예상하여 도피성 유학을 하는 경우는 국가적으로 엄청난 낭비를 하고 있는 셈이다.

국제화 시대에 요구되는 인간상은 앞에서와 같이 '창조적 인간'과 '자주적 인간'으로 본다. 모든 면에서 국제경쟁을 하기 위해서는 창조성이 있어야 한다는 것은 고도기술정보사회에서와 마찬가지이다. 이에 더하여 국제화 사회에서는 모든 면에서 국경을 넘어 경쟁을 해야 하는데, 경쟁에 앞서 주체성이 확립되어야 한다. 국제화란 남의 것을 무조건 따르는 것이 아니라 적극적으로 나를 나타내고, 나의 정체성을 나타내는 것이라고 볼 때 무엇보다도 자주적 인간이 요구된다.

개방화·국제화 경쟁사회에서는 창조적 인간과 자주적 인간만이 살아남을 수 있을 것이므로 앞으로 교육은 이런 인간상을 그리며 양성해 내야 할 것이다.

다. 민주복지사회와 자주적·도덕적 인간

인류가 이룩하고자 하는 궁극적 이상사회는 민주복지사회인데,

21세기에는 이런 사회가 가능하리라 기대하는 것이다. 국민은 주인으로서 한 사람 한 사람이 각자 가지고 있는 능력을 발휘하면서 자유와 평등을 누리고, 온갖 두려움과 공포로부터 해방되어 행복을 보장받는 사회가 민주복지사회라고 할 수 있다. 세계는 이념대결을 청산하고 평화 속에서 각 나라가 민주사회를 건설해 나갈 것으로 기대한다. 각 나라에서 국민 모두가 기본적인 생활을 보장받고, 그 나머지는 각자의 능력에 따라 행복을 추구하는 것이다. 우리는 21세기에 이런 사회가 올 것으로 기대하나, 이미 북구 여러 나라들이 이런 복지사회를 건설하여 누리고 있다.

민주사회에서는 자주성이 있어야 주인 노릇을 제대로 해낼 수 있다. 피동적·소극적으로 행동하기보다는 자주적으로 자신의 몫을 해낼 수 있어야 민주사회를 지속시킬 수 있다. 민주사회에서는 자주적인 인간이 요구된다.

복지사회를 지속하려면 사회구성원들이 윤리와 도덕을 지켜야 한다. 경제적·물질적으로 풍부해져도 윤리와 도덕이 확립되지 않고는 무질서해지고, 다시 범죄가 만연해지기 쉽고, 더 이상 복지사회를 지속하기 어렵게 된다. 우리나라가 경제적으로 조금 풍요해지기 시작하자 사회기강이 무너지고, 윤리·도덕이 파괴되는 것을 보면 복지사회를 건설하고, 이를 지탱하기가 얼마나 어려운 것인가를 가히 짐작할 수 있다. 복지사회의 극치와 동시에 고도의 '도덕적 인간'이 요구된다. 결국 21세기 미래사회는 고도기술·정보사회, 개방화·국제화 사회, 민주복지사회로 특징지었는데 이런 사회에서는 ① 창조적 인간 ② 자주적 인간 ③ 도덕적 인간이 요구된다. 결론적으로 미래사회에서는 모든 면에서 질적인 삶을 살아야 하고,

삶의 질을 높이는 일이 과제가 된다. 이런 미래사회와 인간상을 요약하면 <그림 2 - 11>과 같다.

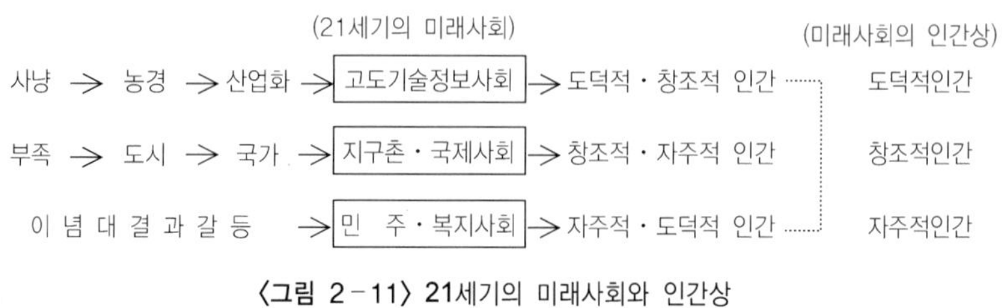

〈그림 2-11〉 21세기의 미래사회와 인간상

3. 21세기의 학교교육

현대 학교는 18세기, 19세기의 상황과 그 당시의 사고방식에 의하여 설계된 근대 학교에 그 기반을 두고 있다. "19세기의 교실에서 20세기의 교사가 21세기의 학생을 가르치고 있다."는 말을 들을 때, 단순히 시설이 낡았다거나 교수 방식이 뒤졌다는 것만 지적하는 것으로 생각해서는 안 된다. 현대학교의 모습 자체가 과거에 기반을 두고 있다는 근본적인 문제를 생각해야 한다. 오늘의 학교는 어제의 학교이지, 오늘의 학교이거나 내일의 학교가 아니라는 사실이다. 그래서 21세기의 학교와 학교교육을 생각하려면 Zero - base에서 생각하고 근본적인 틀의 전환, 사고의 전환이 필요하다. 많은 학생을 한 학교에 모아 놓고 연령을 중심으로 학년을 나누어 한 교사가 또는 여러 과목으로 쪼개어 나누어 맡은 교사가 학급으로 나누어 가르쳐서 1년마다 학년이 올라가고 6년, 3년마다 졸업하여 학교가 바뀌는 형태의 학교의 모습이 18세기, 19세기에 생각하여 설계된 학교이기 때문에 이런 형태의 학교가 21세기에도 적합할 것인가에 대하여 의심을 가져 보는 것도 의미가 있는 것이다. 연령이 아닌 방법으로 학년을 나누면 안 되는가? 꼭 1년마다 학년이 바뀌어야 하나? 학급으로 나누어야 교육이 되는가? 교과목을 그렇게 많이 쪼개야만 하는가? 공립학교제도를 해야 학생을 잘 가르칠 것인가? 의무교육제도를 채택해야만 교육을 잘할 것인가?

20세기의 교육은 근본적으로 산업혁명에 의하여 형성된 산업사회에 필요한 대량생산을 위한 대량교육의 필요성에 근거하고 있다. 한 학교에 많은 학생을 모아 놓고 편리하게 연령에 의하여 학년으로 나누고 다시 학급으로 나누어 대량교육을 하기에 편리하게 되었다.

산업혁명과 산업화는 分業, 專門化, 特殊化에 의하여 나누기, 분리를 지향했다. 학교로, 학년으로, 학급으로, 교과로, 단원으로, 과로, 주간, 일간, 시간, 모듈로 쪼개고 쪼개어, 쪼개진 지식의 파편을 가르쳤다. 그리고서는 이제야 너무 쪼개졌다. 쪼개진 인간이 됐다고 한탄한다. 지식과 정보(information agenda)는 주로 학교가 맡고, 윤리·도덕(moral agenda)은 주로 가정과 교회가 맡았었는데 이런 분업(分業)도 이제는 뒤죽박죽이 되고, 문화(cultural agenda)는 이제 주로 전자 매체에 의존하게 되었다. 100년 전에 학생들이 얻는 정보와 지식의 40%를 학교가 제공해 줬었다고 하는데, 지금은 학생들이 학교와 교사로부터 얼마만큼의 정보를 얻고 있을 것인가? 더구나 정보사회에서 정보처리 교육은 더욱 중요하지 않을 수 없다. 과거의 학교교육을 지배하던 사상은 자연주의, 현실주의, 과학적 물질주의, 실증주의 등이다. 환원주의 귀납적 사고에 의하여 사물을 쪼개고 쪼개어 더 이상 못 쪼갤 때까지 자세히 분석하고 검사하여 이해하려고 하였다. 과학자는 specialist가 되고 학문은 계속 쪼개졌다.

실증주의에 의하여 관찰과 실험, 측정, 신체적·물리적 감각과 기술에 의존하는 경험적 방법으로 검증한 것만 진실이고, 믿을 수 있는 것이고, 지식이라고 했던 것이다. 그러다가 과학이 과학주의에 빠지는 경우도 생겼다. 모든 사람이 똑같이 지각하고 읽고, 생각할 수 있고, 같은 결론을 도출할 수 있는 객관성(客觀性)만이 믿을 수 있는 것이라고 하여 동조와 획일을 지향하게 되었다. 주관이란 것은 모두 빼놓고 살아야 했다.

합리성의 이성은 경험주의와 떼래야 뗄 수 없는 동반자였다. 엄격한 논리, 가치중립적이고 정서 배제적, 비열정적인 합리적 사고만이 지식에 접근하는 가장 올바르고 안전한 방법이었다. 질을 양으로 쪼개어 환산하기 위해 무게를 달고, 비중을 매기고, 측정하여 객관화하여 평가하기 위해 계량적 분석을 해야만 했다. 철학, 형이상학, 신학, 문화적 전통에 대한 과학적 승리로 정신, 심리, 사회에 대한 의문과 우주의 신비나 삶의 방식에 대해서까지 과학적 이성으로 접근하였다. 그래서 합리 - 경험주의가 모든 것을 압도하고 지배하는 세상이 되었다.

학교와 교육에서도 과학주의가 앎과 지식의 전부였고 사고방식의 모형이 되었다.

학교의 구조나 조직에서도 과학적 사고에 의한 합리성 - 효율성 - 합법성에 기초한 산업사회에 알맞은 관료제를 채택하고 있다. 교육부 - 교육청 - 학교, 교장 - 교감 - 주임교사 - 교사, 교무 - 연구 -

서무, 학교-학년-학급 등의 사고의 자체가 관료제를 채택하고 있는 것이다. 이러한 조직구조가 21세기의 교육에 맞느냐 하는 것을 재고하지 않을 수 없다.

이제 21세기는 과학적 물질주의의 벽을 넘어야 한다. 관료제 조직구조의 틀을 넘어야 한다. 최소한 정보시대에 알맞은 교육을 해야 한다. 개방화 시대, 민주시대에 알맞은 교육을 해야 한다.

첫째, 학교와 교사의 위치를 현실적으로 파악해야 한다. 학교와 교사가 학생에게 제공해 줄 수 있는 정보의 양에는 한계가 있다. 교사는 더 이상 전지전능한 정보원(源)이 될 수 없다. 학교와 교사는 학생을 도와주는 위치로 자리매김을 해야 한다. 학생에게 필요할 것으로 생각되는 정보를 준비해 놓고 학생으로 하여금 정보를 찾고, 조직하고, 활용하는 방법을 안내해 주는 역할을 해야 할 것이다. 그리고 학교 밖에서 정보를 찾는 방법까지도 도와줘야 할 것이다. 학생으로 하여금 너무 학교와 교사에 의존하게 해서는 안 된다. 학생주도 학습, 가정주도 교육이 되어야 할 것이다.

도덕적 교육의 기능도 학교와 가정과 교회에만 맡길 수는 없을 것이다. 오히려 이것을 학교가 더 떠맡아야 할 것이다. 문화적 기능도 사회와 가정, 학교와 공유하는 방향으로 가야 할 것이다.

둘째, 새로운 학교 구조를 생각해 볼 수도 있다. 예를 들면 4세에 시작하여 4년씩 3층 구조의 학교를 생각해 볼 수 있다. 4-4-4제가 되는 셈이다. 4년 내에서도 교과별로 무학년제로 하고 3층을 이동하는 데도 자유스럽게 할 수 있다. 1층에 300~400명의 학생이 12~20명의 교사가 팀을 이루어 지도하는 모습을 그려 본다.

교사는 팀을 구성하여 1수준을 가르치되 3층의 교사가 공동으로 계획하고, 실천하고, 평가하는 학교 공동사회를 생각할 수 있다. 초등－초급 중등－고급 중등의 교육행정가도 행정 팀을 구성하여 보통 교육의 전 과정을 공동으로 관리하고 책임진다.

셋째, 개성존중과 다양성에 대한 학교교육의 대응이 요구된다. 학생 개개인의 독특성을 인정하고, 독특성을 키우고, 발전시켜야 한다. 학습의 개별화는 어쩔 수 없는 방향이 된다. 찬 머리를 쓰는 교육도 중요하지만, 뜨거운 가슴을 쓰는 교육, 아름다운 마음을 쓰는 교육, 날랜 손발을 쓸 수 있는 교육의 기회도 마련해 줘야 한다. 신체의 어느 부분에서 세계 최고가 나올지도 모른다.

다가치, 다문화, 다양한 욕구, 다지능, 다양한 학습방법과 형태가 인정되고, 충족될 수 있도록 학교는 교육 프로그램을 마련해야 한다. 다문화 프로그램, 국제교육 프로그램, 특수교육 프로그램, 천재·수재교육 프로그램, 다양한 취미·소질 개발교육 프로그램을 마련하여 다양성의 요구에 대해 줘야 한다. 문화·예술·여가활동, 봉사가 강조될 것이므로 이에 대응해야 한다. 개성과 다양성에 대응하려면 학교는 기초·필수·공통 과목은 줄이되 철저를 기하고, 대신 선택의 폭을 넓혀야 할 것이다. 기초·공통이 철저해야 이를 기반으로 다양성이 뻗어 나갈 수 있다. 기초·공통에 관한 한 필요하다면 유급도 생각할 수 있다.

정규 프로그램과 교과로 다양성을 다 흡수할 수 없다면 과외활동, 클럽활동, 학생회·학급회 활동, 학교행사를 통해서 기회를 확대하여 제공할 수 있다.

개성존중 교육, 다양성에의 대응교육을 하다 보면 자연히 창의성 교육, 인간성 함양에의 교육에 접근할 수 있다. 또 자아의 발견, 주체성 교육도 포함된다. 개방화·국제 이해의 교육 프로그램도 이런 맥락 속에서 구상할 수 있다. 전자 지구촌에서 일을 하게 될 것이므로 국경의 개념도 없어지고, 지역적 주소가 의미를 잃는다.

넷째, 조각난 지식이 아닌 통합된 지식, 분리가 아닌 연결과 통합을 위한 학교교육을 해야 한다. 기초·공통은 가능한 한 통합교과로 하여 통합된 지식, 전인을 위한 교육을 지향한다. 교사가 팀을 이루는 이유도 여기에 있다. 중등교육에서도 기초 공통은 (학급) 담임제, 팀을 이루어 지도하여 교과를 세분하지 않게 할 수 있다.

다섯째, 학교문화의 형성과 자연스런 문화교육, 도덕교육이 수행되도록 한다. 신뢰의 문화, 동료의식의 문화가 학교 밑바탕에 배게 하여 이 속에서 도덕·윤리도 몸에 배게 한다. 심미적 문화가 학교 곳곳에 깔려 있어야 한다. 쪼개고 분리하는 교육이 아니라 이어 주고, 다리를 놓고, 연결시켜 주는 교육을 바탕에 깔아야 한다. 하나의 세계관, 하나의 지구관을 생각하면 지구는 더 이상 파괴되지 않을 것이다. 인간성도 더 이상 상실되지 않아야 한다. 지구로부터 인간을 분리하고, 자연으로부터 인간을 더 이상 떼어 내어 생각하지 않게 해야 한다. 인간을 더 이상 만물의 영장이라거나, 지구의 정복자라고 생각하지 않게 되어야 한다. 지구를 나누어 갖는 것이 아니라 공유하는 것이다. 정보시대에는 봉사학습을 해야 한다. 이를 통해서 소속감, 존재의식, 참여의식, 자아 존중감을 갖게 된다. 교사도 두 종류로 나눴다는 것이다. 하나는 학급 교사이고, 다른 하나는 봉사 지도교사가 된다. 미래의 중핵가치로 참여, 다양성, 갈등 관리, 반성, 실수에 열려 있게 되면 민주교육으로 다가가게 된다. 미래를 위한 교육으로 더 많은 것, 더 중요한 것들이 제시될 수 있겠으나, 제한된 시간이므로 이 정도로 줄일 수밖에 없다.

4. 장학의 발전방향

장학의 발전방향은 앞에서 논의된 21세기의 미래의 교육이 잘 이루어지도록 지도력을 발휘하는 것으로 생각해야 한다.

첫째, 교사의 잠재능력을 최대한 발휘하게 하여 가르치는 속에서 교사의 자아실현을 도와주어 교사를 행복하게 해 주자는 인간 자원 장학의 철학으로 가야 한다. 장학에서 교사를 도구시, 수단시하는 것이 아니라 목적시하는 것이다. 이런 장학을 받은 교사는 다시 학생을 인간 자원론의 철학으로 교육하게 되는 것이다. 이런 철학으로 장학을 한다면 교사들이 장학에 대하여 거부하지도 않을 것이다.

둘째, 21세기의 장학은 21세기의 교육과 마찬가지고, 장학의 개별화나 다양화의 방향으로 가야 할 것이다. 학생들이 각각 독특성이 있는 것처럼 교사도 개인차가 있고, 독특성을 갖고 있다. 독특성을 살리기 위해 장학의 개별화가 요구된다. 교사의 다양한 욕구를 충족시켜 주기 위해서는 장학의 다양화가 필요하다. 선택적 장학체제, 교사의 필요에 의한 장학모형이 이러한 접근의 예이다. 여러 장학모형을 마련해 놓고, 각 교사에게 적합한 장학대안을 선택하게 하는 것이 '선택적 장학체제'이다. 교사의 욕구와 필요를 진단하여 각 교사에게 알맞은 장학적 처방을 하려는 것이 '교사의 필요에 의한 장학모형'이다. 교사의 발전 정도를 파악하여 발전 정도에 맞는 장학을 하여 교사를 발전시키려는 것이 '발전장학모형'이다. '임상장학'은 1:1의 장학으로 개별 장학의 형태라고 할 수 있다.

셋째, 21세기의 장학은 교사의 참여와 자발성, 자율성, 협동을 바탕으로 해야 한다. 21세기 학생에게 자기주도 학습이 필요하듯이 교사에게도 자기장학이 필요하다. 장학에서 교사가 주체적으로 참여하고, 협동하도록 해야 한다. 동료의식에 근거한 동료장학, 동료코치가 필요하다. 학습에서 팀 정신이 필요하듯이, 장학에서도 교사의 팀 정신에 의한 동료장학이 강조된다. 분권화, 교사 empower-ment에 의하여 장학에서도 교사에게 권한이 많이 이양된다.

넷째, 장학의 질 향상에 의한 교육의 질, 학습의 질을 성취하려는 노력이 경주될 것이다. 장학에서 제공하는 정보의 질이 중요하다. 장학자의 전문적 자질을 높여야 할 것이다. 장학 지도자의 지도력을 향상시켜 교사의 교수 질은 향상될 것이다. 정보제공자, 자원제공자의 역할이 중시될 것이다.

다섯째, 장학자의 윤리·도덕, 문화 지도력이 강조될 것이다. 고도의 윤리-도덕성이 유지되지 않으면 교육 지도자로 행세조차 할 수 없다. 장학자는 직접적으로 장학하기보다는 바람직한 학교문화를 형성해 줄 수 있는 지도력이 발휘되어야 한다. 신뢰의 문화, 자율의 문화, 협동과 동료의식의 문화, 학습의 문화를 형성해 줄 수 있으면 장학은 저절로 된다.

여섯째, 원래 행정과 장학이 서비스였었지만 장학은 봉사체제가 되어야 할 것이다. 교사는 장학의 봉사를 받고 학생의 봉사를 잘 지도하게 될 것이다. 21세기는 정보사회이면서 봉사시대가 된다. 직업전선은 경쟁체제이지만 남아돌아가는 시간은 봉사에 써야 한다.

5. 결론: 하나라는 세계관

미래사회를 우리가 현명하게 대비하든 말든 21세기는 우리에게 어김없이 다가온다. 21세기의 학교는 발상의 전환적 사고 속에서 그려 봐야지 과거의 틀을 가지고 보려고 하면 제대로 그려 볼 수조차 없다.

정보사회가 온다면 정보교육이 중요한 것은 뻔한 사실이다. 필요한 정보를 찾아서, 조직하고, 저장하고, 활용할 수 있도록 해야 할 것이다. 개별화, 다양화의 교육방향이 분명해진다. 의미를 찾으려면 봉사학습도 많은 부분을 차지해야 할 것이다.

산업사회가 우리에게 준 것도 많지만 파괴시키고 잃어버리게 한 것도 많다. 우선 하나로 묶어 주고, 연결시켜 주는 철학을 바탕으로 한 교육이 요구된다. 장학도 이러한 방향에서 생각해야 할 것이다. 지구도 하나요, 우주도 하나이다. 지구를 쪼개어 가질 수도 없고, 우주를 분할 등기할 수도 없다. 인간교육도 자꾸 쪼갤 생각만 하지 말고 통합할 생각을 해야 한다. 한 인간을 쪼개어 분석적으로 보려고 하지 말고, 한 인간 통째로 보려고 해야 한다.

제 3 부

전환적 학교경영

I

학교의 변화와 교원의 역할*

1. 서론: 변화의 시대

우리는 변화의 시대에 살고 있다. 현대사회의 특징은 변화라고 할 수 있다. 변화의 흐름, 변화의 파도를 타지 못하면 생존 자체(生存自體)에 위협을 느끼게까지 하고 있다.

우리는 19세기에서 20세기로 넘어가는 세기적 전환기에 변화의 파도를 타지 못해 변화의 파도를 탄 日本한테 당하고 지금까지도 허리가 두 동강으로 잘리어 이 고생을 하고 있는 것이다. 다행히 1960~1980년대 30년간의 개발(開發)의 년대라는 작은 파도라도 탔었기 때문에 이런 정도의 정치, 경제, 사회, 문화의 수준을 유지하고 살아가고 있는 것이다.

이제 20세기에서 21세기로 넘어가는 이 전환기는 시간적인 측면에서뿐만 아니라 모든 면에서 완전히 다른 모습의 더 큰 변화의 파도를 맞고 있다. 이 파도만큼은 잘 타서 우리 민족의 운명을 바꾸어 놓고 말아야 한다.

---

* 96 서울교원연수원 주임교사연수 강의원고.

이 변화의 근본, 기반은 교육(敎育)을 통해서 하지 않으면 안 된다. 파도의 표면에는 정치의 변화, 경제의 변화, 과학·기술의 변화, 사회의 변화, 윤리·도덕의 변화로 나타나겠지만 그 밑바탕은 인간교육(人間敎育)을 담당하는 교육의 변화가 뒷받침을 해 줘야 한다. 지난날 겉으로는 범죄와의 전쟁, 성수대교의 끊어짐, 삼풍백화점의 붕괴, 대구와 아현동 가스폭발, 서해 페리호의 가라앉음으로 나타났지만 밑에서, 속에서는 인간교육 전쟁에서의 패배, 교육의 부실, 붕괴, 폭발, 주저앉음이 있었던 것이다. 사고의 선증, 미증을 미리 감지 못했던 것이 안타깝다. 나는 다인수 학교, 과밀학급, 콩나물 교실, 입시지옥이라고 할 때, 그 대가를 단단히 받고 말 것이라 단언했었다. 거친 교육을 하고, 교육을 내팽개친 대가는 앞으로도 무섭고 잔인하게 돌아올 것이다.

문제는 변화를 먼저 해야 할 분야와 사람이 변화를 따라가기에도 바쁘다는 데 있다. 기능상으로 보아 교육을 통해서 경제, 과학, 기술을 변화시켜야 할 텐데, 산업계, 기업계, 경제계가 앞서가고 교육은 뒤처져 있는 셈이다. 연구소도 기업연구소가 앞서가고, 대학 연구소는 뒤따라가기도 바쁘다. 연수원도 기업연수원이 발전하고, 교원연수원이 뒤처져 있다. 그리고 우리나라에서 제일 발달한 분야는 기업이고 정치가 제일 쳐져 있다. 그래도 기업체는 소나타 자동차는 만들어 수출하는데 교육은 리어카 수준이고, 정치는 아직도 지게 수준을 못 면하고 있다.

어른이 아이들의 변화를 선도해야 하는데 아이들의 변화를 따라잡지 못하고 있다. 아이들, 학생의 변화를 부모와 교사가 따라가지 못하고 있다. 변하는 아이들을 모르고 어떻게 어른이 교육을, 변화를 시도한단 말인가? 쉰 세대가 신세대를 리드, 변화시키지 못하고 있는 것이다. 교육 지도자들이 지도를 못하고 있는 셈이다.

변화를 본질(本質)로 하는 교육 분야에서 그 변화의 기능을 잃고, 또 지도층 사람들이 제 기능을 발휘하지 못하는 데서 변화의 시대에 우리의 변화의 파도타기에 고민이 있다.

2. 교육상황·환경의 변화

우리 교육의 대상이요 고객인 어린이는 옛날의 어린이가 아닌 변한 어린이들이다. 어린이들이 자라고 있는 가정과 가정의 기능도 바뀌어 있다. 어린이와 가정을 둘러싸고 있는 사회도 변해 있다. 이에 따라 학교교육도 변해야 한다는 압력이 작용하고 있다.

가. 고달픈 현대의 어린이

지금의 어린이들은 21세기를 살아가야 하는데, 공해에 시달리고 있으며 한마디로 바쁘고 고달프다. 어린이 입장에서 배우게 하는 것이 아니라 어른 입장에서 가르치려고 하는 것이다.

우선 어린이들은 전례 없이 강력한 감각적 자극에 노출되고 있다. 불빛도 어린이에겐 너무나 강렬하고, 색깔도 어린이가 감당하기엔 지나치게 현란하다. 옛날에는 3색, 5색 영롱, 7색 무지갯빛이 최고였는데 이제는 색깔도 너무 많고 그것도 원색이다. 어린이의 눈은 너무나 피로하고 안경을 안 낀 아이들이 별로 없다. 이제 학교에서 어린이의 눈을 잡아맬 방도가 별로 없다.

귀도 지쳐 있다. 갓난아기에게까지 라디오, TV, 비디오, 거리의 소음, 괴성이 무차별적으로 투입되고 있다. 어린이의 귀도 사로잡기 어렵게 되어 있다. 코도, 혀도, 촉각도 모두 무차별적으로 자극에 노출되어 병들거나 지쳐 있다. 감각기관의 발달이 아니라 고장을 일으키고 있는 것이다. 자연의 빛, 소리, 냄새, 맛, 접촉 속에서 자란 우리의 어린 시절과는 너무나 다른 어린이들일 것이다.

둘째, 인지발달, 정서발달도 다를 것이다. 피아제의 인지발달, 에릭슨의 정서발달의 순서와 시기도 재검증해야 할 것이다. 물론 콜버그의 도덕성 발달도 재검토해야 할 것이다. 지능도 다지능론이 제시되어 Howard Gardner는 ① 언어, ② 음악, ③ 논리 - 수학, ④ 공간, ⑤ 신체 - 접촉, ⑥ 대인관계, ⑦ 내적 자아의 7영역으로 나누고 있다. 한글을 언제 가르쳐야 할 것이냐도 심각하게 연구할 필요가 있다.

셋째, 사회화, 사회성 발달도 달라지고 있다. 형제와 가족들의 수가 적어지고 또 그들과의 접촉이 적어지고, 어린이들은 일찌감치 놀이방에 넘겨지기도 한다. 나만 알게 될 수 있고, 일찍이 남과 어울려 사는 것을 배우게 될 수도 있다. 이사와 전학, 졸업을 그렇게 두려워하는 것 같지 않은 아이들도 있고, 연약한 아이들도 있다. 모든 아이들이 똑같은 조건은 아닐 것이다.

넷째, 신체발달도 달라지고 있다. 걸음마차 덕으로 일찍 서고, 걷게 되고, 넘어져 무릎이 까지는 시행착오도 있을 리 없다. 엄마 젖 대신 소의 젖을 먹고 자라서 그 덕분에 영양은 좋아지고 신체조건은 나아졌다. 항상 무언가 들고 다니며 먹고 마셔 입을 막아 줘야 한다. 성적 발달과 충동은 일찍 일어난다. 그러면서도 공부에 눌려

뒤로 밀려나거나 생략, 건너뛰어야 한다. 緣(연)이 아니라 인위의 조작이 따라붙기 쉽고, 만남이 아니라 1회용 스침으로 끝나기도 쉽다.

다섯째, 현대의 어린이들은 다양한 가치에 노출되고 있다. 옛날에는 획일적, 지배적인 단일 가치 속에서 살았으나 이제는 사람마다, 가정마다 신봉하는 가치가 다르니 아이들은 가치혼란, 가치갈등을 느끼게 될지도 모른다. 극단적인 예를 들면 어머니의 가치와 아버지의 가치가 다를 수 있다. 어머니의 가치와 담임선생님의 가치가 다를 수 있고, 담임선생님과 교장선생님의 가치가 다를 수도 있다. 내 가치와 다른 아이의 가치가 다를 수도 있다. 다문화와 다가치를 존중하고 공존을 인정해야 한다.

여섯째, 다양한 흥미에의 노출이다. 과거에는 가정의 생업 보조와 공부, 자연이 어린이의 흥미 대상의 거의 전부였다. 그러나 이제는 어린이를 유혹하는 흥미꺼리가 너무나 많다. 스포츠, 오락, 연예계 등 어린이를 광신도로 끌어들이는 것이 너무나 많다. 선생님과 학교는 이런 바깥세상의 흥밋거리와 경쟁에서 이겨야 하는 부담을 안고 있다.

나. 가정기능의 약화

가정은 삶과 사회생활의 기본단위이다. 전통적으로 ① 합법적, 성적 욕구충족의 기능, ② 출산과 종족번식의 기능, ③ 사회화와 교육의 기능, ④ 애정교환의 기능, ⑤ 지위 여부의 기능, ⑥ 보호기능, ⑦ 경제적 단위로서의 기능, ⑧ 종교적 기능 등 종합기능을 담당해 왔는데, 이런 기능들이 변하기도 하고 약화되기도 하였다.

첫째, 핵가족화와 가족 수 감소, 한 자녀 낳기 등으로 사회화와 교육기능이 약화되고 문제가 되고 있다. 여러 식구들 속에서 클 수 없고, 독자로 인해서 생기는 문제가 심각해지고 있다. 미국에서도 50% 이상의 가정이 한 자녀만을 두고 있다. 중국에서는 정치적으로 한 자녀만 갖게 되어, 8세 어린이가 달걀을 까먹을 줄도 모른다고 한탄하고 있다. 사랑도 미움도 혼자 독차지함으로써 문제가 생긴다. 독방의 쥐가 먹이 가지고 다른 쥐와 싸우면서 살아가는 쥐보다 수명이 단축되더라는 것이다.

둘째, 일하는 양부모의 문제도 제기되고 있다. 1995년도에 미국에서도 66%의 어머니가 일을 하는 것으로 추산되고 있다. 한국에서도 하교한 학생이 자기 손으로 아파트 문을 열쇠로 열고 들어가야 한다. 농촌 어린이들도 나 홀로 집에 있어야 한다. 그래서 어떤 학교에서는 온종일 학교 방을 운영해야 한다.

셋째, 이혼과 가정파괴, 결손가정의 수가 늘고 있다. 이혼으로 중간에 자녀들이 이리저리 옮겨 다니다 보면 전연 핏줄과 상관없는 사람과 가정을 꾸리기도 하고, 편부모, 소년 소녀 가장도 늘고 있다. 외국에서는 아예 부모라는 말 대신 보살펴 주는 사람이란 말을 쓰고 있기도 하다. 미국에서 30 - 40대 여자가 16 - 17세 소년과 결혼해서 사는 경우가 늘고 있다는 TV프로를 본 적도 있다. 아들보다 적은 나이, 한두 살 차이 나는 남편과 자식들이 한 가정을 꾸리고 사는 것이다.

가정이 바로 되어야 교육이 바로 서는데 가정이 흔들리고 있다. 즉 가정교육이 主가 되고 학교교육이 부(副)가 되어야 하는데 우리는 지나치게 학교교육에 의존하고 있는 것이 문제이다.

가정교육과 학교교육이 각각 따로따로 노는 것도 문제이다. 가정은 이미 ① 어린이의 탐구심을 제한하는 환경이 되고, ② 언어표현의 취약성을 낳고, ③ 성취동기를 육성하는 조건이 못되고, 창의성도 호기심도 불러일으키지 못해 학교만의 몫으로 감당하기엔 너무 벅차다. 학교교육은 과부하에 걸려 있다.

다. 사회의 인간교육 저해

이제 사회도 교육적이기에는 너무나 부적합하게 변해 버렸다. 우선 사회가 너무나 급변하여 지나치게 불안정하다. 생존을 위협하는 요소들이 너무 많다. 성공과 실패도 너무 쉽게 뒤집힌다. 개체도, 가정도, 기관과 조직도 생존위협을 너무나 많이 받고 있다. 어린이와 청소년을 맘 놓고 사회에 내보낼 수가 없다.

문화유산, 과거의 지식을 많이 알고 있어도 쓸모가 없는 사회가 되었다. 필요한 상황에 맞는, 최소한의 필요 지식만 갖고 있으면 된다. 필요한 곳에서 필요한 정보만 빼서 알맞게 처리하기만 하면 된다.

둘째, 다가치, 다문화, 상대적 윤리가 공존한다고 인정해야 한다. 남의 가치, 남의 문화·윤리를 존중해 주지 않으면 내 것도 인정받지 못한다. 배꼽티를 인정해 주지 않으면 Y셔츠도 인정 못 받는다. 청소부를 하찮게 여기면 교장도 별것 아닌 것이 된다. 창녀도 전문 서비스 직업으로 인정받게 될 것이다. 내가 가르친 아이가 창녀가 되지 말라는 법은 없다. 다가치, 다문화, 다윤리에 노출된 아이들이 모두 학교로, 교실로 몰려오고 있다.

잘못된 권력달성의 욕구가 95%의 풍기문제를 일으킨다고 한다. 부당한 쿠데타도 이런 욕구에서 나온 것일 것이다. 그래서 협동학습의 필요성이 강조된다.

다양한 능력을 모두 인정해 줘야 한다. 머리로 사는 사람, 손으로 사는 사람, 가슴으로 사는 사람, 입으로 사는 사람, 다리 하나 가지고 사는 사람, 몸으로 때우는 사람, 모두 살아가는 방법은 다를 수 있다. 학교가 머리, 그것도 왼쪽 뇌만 칭찬해 줘서도 안 될 것이다.

셋째, 사회의 불평등이 계속 문제가 되고 있다. 사회에는 불평등이 엄연히 존재한다. 자본주의에서는 빈부의 차가 더 심해지는 것이 자연스럽다. 이러한 불평등이 불만으로 이어지고 이런 불만이 학교로 몰려온다. 학교에 대한 요청이 계층에 따라 각각 다르게 된다. 학교는 이들 불만과 각각 다른 요구를 다 만족시켜 줄 수가 없다. 교육과정이 특정 계층에 유리하고 어떤 계층에서는 불리하다고 한다. 수업방법에도 유리한 계층이 있고 불리한 계층이 있다고 한다. 학교에 대한 불만이 고조되고 있다. 그래서 발길을 밖으로 돌린다. 학원이나 사설기관에서 욕구를 충족시키고자 한다. 학교가 고객만족운동을 벌이지 못하고 고객 불만을 촉발하고 있는 셈이다.

넷째, 교직의 3류화는 교육력의 약화를 재촉하고 있다. 옛날에는 교사가 존경을 받고 사윗감, 며느릿감의 최우선 순위였는데, 다른 전문직이 각광을 받고 떠오르면서 교직은 3류직으로 가라앉고 있다. 3류 교직이 세계 최1류의 학생을 길러 내야 하는 고민이 있다.

다섯째, 사회의 교육적 기능은 약화의 정도를 넘어 오히려 교약(敎惡)의 방향으로 가고 있다. 학교에서 어렵게 가르쳐 놓은 것을 사회의 각종 매체가 너무 쉽게 망쳐 놓고 있다. 사회의 교실화가 요구되고 있다.

3. 학교교육의 변화

근대 학교는 산업혁명에 의하여 대량생산을 위한 대량교육의 필요성에 의하여 디자인(설계)되었던 것이다. 그 이전에는 동서양 어디나 개별화 교육이었다고 할 수 있다. 그리고 그 이전에는 국가의 지도자, 관리의 양성이 교육의 주요 목적이었고, 또 귀족들이 즐기기 위해서 공부를 위한 공부를 했을지도 모른다.

현대의 학교도 근대 학교의 모습에서 별로 변한 것이 없다. 발달했다는 선진국이라는 나라에서도 19세기는 농경사회에서 산업사회로 넘어가던 시기이고 우리나라의 경우는 1세기를 뒤져서 농경사회에서 산업사회로 진입했다. 우리의 현대학교도 19세기를 기반으로, 근거로 하여 설계된 것이다.

우선 전지전능한 1인의 교사가 알고 있는 모든 것을 학생들에게 가르쳐 준다는 생각으로 학교가 설계되었다. 그런데 이제 교사가 알고 있는 모든 지식을 학생들이 100% 다 배워 전수받는다고 해도 21세기를 살아갈 학생들에게는 별 의미가 없다.

둘째, 정보 저장의 유일한 수단이 겨우 인쇄술의 발견으로 학생들에게 필요한 것을 모두 교과서에 나누어 저장하여 가르치는 것으로 설계되었다. 그런데 교과서에 있는 모든 것을 다 100% 외우고 안다고 해도 21세기를 살아가는 데 별로 도움이 되지 않는다.

교과서를 CD나 디스켓, 컴퓨터에 저장한다고 하면 한 귀퉁이도 채우지 못한다. 바이블처럼 모시는 교과서도 별 의미를 갖지 못한다.

셋째, 대량교육을 위해서 같은 나이의 또래들을 모아 놓고 가르칠 필요성에 의하여 학년, 학급으로 설계되었으나 나이라는 것도 이제는 별 의미가 없어졌다. 생육연령이 문제이고, 과목과 분야에 따라 정신연령도 달라지고, 또 학습 속도도 모두 다르다. 이제는 집단보다 개인이 중시되고, 대량보다 質이 중시되는 시대가 되었다.

넷째, 19세기 교통통신이 어려웠던 시절에 학생과 교사를 학교에 오게 하여 교육할 필요에 의하여 학교가 설계되고 교실이 규격화되었는데, 이제는 통신과 정보전달 수단이 바뀌어 반드시 학교에 집단 수용할 필요성도 줄어들었다. 가정에서도 얼마든지 배울 수 있게 되었다. 가정이 교육의 主가 되고 학교가 副로 보조적 위치가 되어야 할지 모른다. 학교와 교실이 규격화될 필요도 없다.

다섯째, 학생을 피동적 존재로 보고 교육하도록 설계되었으나, 이제 학생주도의 학습이 되고 교사 보조의 수업이 강조되고 있다. 교사는 학생들에게 유익할 것으로 생각되는 가능한 모든 정보를 모아 놓고 학생의 필요에 의하여 빼내어 조합, 활용하는 식이 되어야 할 것이다. 학생의 정보처리 능력이 중시된다. 학생은 학습방법을 학습하여 자기 주도적 학습을 해야 평생학습이 가능해진다. 성인교사의 학습방법이 같을 수 있느냐가 문제이다.

여섯째, 학교의 이동도 연령에 의하여 초등학교, 중학교, 고등학교, 대학교로 구분하였으나, 평생학습으로 보면 보통교육, 고등교육으로 나누어져야 할지도 모른다. 1인의 교사가 가르치는 것도 협동에 의한 접근으로 바뀌고, 교사, 학부모, 다른 성인들과 같이 팀을 이루어야 할지도 모른다.

일곱째, 실업과 직업, 그리고 상급학교의 그 트랙도 바뀌어야 할 것이다. 다양한 트랙을, 다양한 시점에서 출발해야 할 것이다. 다양성에 대한 학교의 대처, 대응이 있어야겠다. 국경 있는 교육, 국경 없는 교육도 동시에 진행되어야 할 것이다.

여덟째, 정보사회에서 정보처리는 기계에 맡길 수 있지만 인간봉사, 인간관리, 인간접촉은 여전히 인간에게 맡겨져야 한다. 인간교육은 여전히 인간에 의하여 이루어져야 한다.

19세기를 기반으로 설계된 학교에서 20세기에 길러진 교사들이 21세기를 살아갈 어린이를 길러 내기에는 너무나 어려움이 많다. 학교도 교사도 미래형으로 재구조화되고 변신하지 않으면 안 되겠다. 그러려면 학교가 앞서가고, 교사가 열리고 트여야겠다.

4. 질(質)의 교육(敎育)을 위한 교사의 변화

교사는 학생의 Boss가 아니고 Leader이거나 촉진자(Facilitator)로 역할이 확실하게 변해야 한다. 인간 관리체제가 변해야 한다.

① Drives(밀고 나가기)→Leads(지도해 나가기), ② 권위의존→협조(협동)의존, ③ 두려움 조성(겁주기)→자신감 부여, ④ How(방법) 알기→How 보여 주기, ⑤ 분개시키기→열중(열정) 일으키기, ⑥ 비난에 고정→실수 교정, ⑦ 따분하게 만들기→흥미 일으키기로 변신해야겠다.

이것을 기본으로 질의 교육을 하기 위하여 교사는 다음 몇 가지 측면에서 변해야 한다.

첫째, 먼저 학생으로 하여금 친밀감을 느끼게 해야 한다. 가르치려고 대들기 전에 먼저 따뜻하고 지원적인 수업환경을 만들어야 하는데, 그러려면 학생으로 하여금 교사 자신을 알게 하고, 좋아하게 만들고, 믿고, 감사하게 만들어야 한다. 자신을 싫어하게, 미워하게, 무서워하게 만들어 놓고는 출발점부터 비뚤어지게 된다.

① 내가 누구인지(아이들은 사적인 것까지 교사에 대하여 알고자 하는 데 굶주리고 있다.), ② 무엇을 원하는지(지지하는 것, 좋아하는 것, 신봉하는 가치, 신조), ③ 학생들이 무엇을 해 주기를 원하며, ④ 학생들에게 무엇을 요구하지 않을 것인지(위협, 처벌 안 할 것), ⑤ 학생들을 위해서 무엇을 해 줄 것인지(학생의 친구처럼 학생 편에서 조언해 줄 것), ⑥ 학생을 위해서 해 주지 않을 것에 대하여 미리 명확하게 밝힐 필요가 있다.

둘째, 학생들에게 유용(有用)한 일(교육내용, 교육과정)을 하라고 해야 한다. 쓸데없는 것을 강요하고, 쓸데없는 것으로 아이들을 바쁘게 만들어서는 안 된다. 읽기, 쓰기, 말하기, 계산하기, 문제해결하기는 살아가기 위한 기초생활 기능으로 유용하지만 아는 것, 외우는 정보는 별 의미가 없다. 오히려 직업기술, 예능, 운동 등 비학술적 기술을 더 배우고자 할 것이다.

셋째, 학생들로 하여금 그들이 가지고 있는 능력 범위 내에서 최선을 다하게 동기 유발시키는 일이 중요하다. 노력할 수 있는 기회와 시간을 주고 기다려 줘야 한다.

넷째, 학생들로 하여금 자신이 한 일을 스스로 자체평가(自體評價)하고, 개선을 위해서 노력하게 해야 한다. 학생으로 하여금 ①

자기가 한 분을 Show(보여 주고), ② Explain(설명하고), ③ Self-evalute(자기평가하고), ④ Improve(계속적 개선 노력하고), ⑤ Repeat(반복적 평가, 개선하고)라는 SESIR의 순환적 주기를 갖게 한다. 무서운 시험 공포로부터 벗어나게 해야 한다.

다섯째, 학생들로 하여금 항상 기쁨을 느끼게 해야 한다. 질의 학교에 소속된 기쁨, 수많은 사람 중에서 선생님 만남의 기쁨, 자신에 대한 자랑과 자부심, 지적 자신감과 능력감을 느껴야 한다. 배움의 기쁨, 가르침의 기쁨으로 가득 찬 학교, 교실을 어떻게 만들 것인가?

교사는 교육의 질에 인생의 승부를 걸어야 한다.

5. 질(質)의 교육(敎育)을 위한 교육 지도자의 역할

교장의 역할은 너무나 많고 이 역할 수행을 위한 자질도 너무나 많이 요구되고 있다. 베니스(Bennis, August 1984, "The 4 Competencies of Leadership." *Training and Development Journal* 38, 8: 15 - 19)는 ① 의미(意味)의 관리(管理), ② 주의(主意)의 관리, ③ 신뢰(信賴)의 관리, ④ 자기관리(自己管理)의 4영역으로 나누어 지도력의 자질을 제시하고 있다. 이는 흔히 보기 드문 분류이다.

흔히 나누스(Nanus)는 역할이 ① 빌딩 관리자, ② 행정가, ③ 정치가, ④ 변화 대리자, ⑤ 경제 확장자, ⑥ 수업 지도자 등이다. 특히 교장은 학생의 학업성취에 책임이 있으므로 수업 지도자의 역할을 강조하고자 한다. 과거에 교장, 교육행정가가 되면 수업과는 결별하는 것으로 흔히 생각했었으나 이는 특히 잘못된 것이다. 이런 잘못으로 교장직이 오늘날 도전받고 있는 것이다.

훌륭한 강력한 지도자는 모든 구성원으로 하여금 공유된 사명을 수행하도록 참여시키는 것이다. 루더포드(W. Rutherford, 1985, "School Principals as Effective Leaders." *Phi Delta Kappan* 67: 31 − 34)에 의하면 효과적인 지도자는 ① 비전을 제시하고, ② 이 비전을 학교의 목표와 교사, 학생, 행정가에 대한 기대로 전환시키고, ③ 진전 상황을 확인하고, ④ 지원적 또는 올바른 방법으로 매개시켜 주더라는 연구결과를 얻었다.

퍼셀(Persell)과 쿡손(Cookson, C. Persoll and P. Cookson, 1982, "The Effect of Principals in Action." In The Effect Principal: A Research Summary Reston, Va.: Natural Association of Secondary Pricipals.)은 75편 이상의 연구를 고찰하여 강력한 교장의 공통적 특징을 밝혀냈다. ① 학업목표에 대한 헌신성 보여 주기, ② 높은 기대의 풍토조성, ③ 수업 지도자로서의 기능발휘, ④ 강력하고 역동적인 지도자의 기능, ⑤ 효과적으로 자문하기, ⑥ 질서와 기강 확립, ⑦ 자원 동원, ⑧ 효과적인 시간활용, ⑨ 결과에 대한 평가를 특징으로 한다는 것이다.

수업 지도력은 수업을 담당하는 교사와의 전략적 상호작용을 통해서 가능한데 중요한 것은 ① 資源제공자로서의 교장, ② 수업자원으로서의 교장, ③ 의사소통자로서의 교장, ④ 가시적인 참석자로서의 교장을 들면서 한 권의 책을 구성하는 사람도 있다(Wilma F. Smith and Richard L. andrews(1989). *Instructional Leadership*. Alexandna, Va: ASCD).

최근에는 지도자의 전환적(轉換的), 변형적(變形的) 지도력(指導力)이 강조되고 역설적 지도력이 제시되고 있다.

학교의 중요한 기술적 측면, 상징적 측면의 양면성과 양면적 지도성 역할, 조화와 균형의 지도성 철학, 역설적 지도력 등은 <표 3-1>과 같이 요약될 수 있다.

<표 3-1> 역설적 지도력

기술공학자의 초상	정신적 예술가의 초상
· 치밀하게 조직되고 잘 운영되는 체제 · 학교운영위원회의 참여적 의사결정 · 학교 업적의 다양한 측정 · 분명하고 조직적이고 공정한 생활 · 질서감 · 임상장학모형 · 교육청 지침에 의한 교수 · 동료장학 대안 · 스케줄 결정 위원회 · 응원단장 선정의 공정 · 분석 기술, 기강문제 · 효율적·협동적 학교 · 산출 측정 · 예산편성 과정 · 혁신정보 보급 · 직원회 · 교사선발 · 엄숙한 졸업식 · 학교소식 · 청결	· 꽃 가꾸기 · 청바지 · 상징적 기관으로서의 학교 · 공유적 자부심 · 매력 초점의 학교 · 학교의 정신 · 학교의 로고(기, 배지, 색, 동물, 꽃, 교가, 글자체) · 영웅 만들기 · 이야기 만들기 · 의식의 활용 · 자신을 상징적 인물로 인식 · 중요한 사건과 가치의 회상으로 상징 활용
기술적 지도자 역할	상징적 지도자 역할
계획자, 자원 배분자, 조정자, 장학자, 정보보급자, 판단자, 문지기, 분석가.	역사가, 인류학적 탐구자, 비전 재시자, 상징자, 도예사, 시인, 영화배우, 치료자.

Ⅱ

교사의 질(質)의 교육*

1. 서론: 생존전략은 質의 승부에

잘 사느냐 못 사느냐, 돈을 많이 버느냐 조금 버느냐가 문제가 아니라, 이제는 이 지구상에 살아남을 수 있느냐 없느냐 하는 생존 자체가 문제이다. 이것은 국가나 기업체, 조직이나 기관뿐만 아니라 개인에게도 똑같이 적용된다.

지금 국가도 민족별로 갈라지고 독립하여 새로 태어나는 나라가 있는가 하면 혼적도 없이 사라지기도 한다. 옛 소련은 이 세상에서 생존하지 못하고 스스로 국기를 내린 대표적인 나라이다. 이제 국가 간에는 이념대결을 버리고 살아남기 위해서 노력하고 있다. 이 념대결, 정치대결, 군사대결을 버리는 대신 경제적 힘겨루기를 하고 있다. 정치적·군사적 국경은 높이 쌓도록 인정해 주는 대신 경제적 국경은 허물라는 것이다. 우루과이 라운드다, WTO다 하여 전 세계를 국경 없는 하나의 시장으로 하여 자유경쟁을 하자는 것이다. 말하자면 샅바도 없이 놓고 치기 씨름을 하자는 것이다. 이렇게 되

---

* 95 경기의정부교육청 교육의 질 연구회 강의원고.

면 강대국에게 유리할 것은 뻔한 사실이다. 세상은 강자의 논리에 의하여 돌아가고, 약자는 항상 생존 자체에 위협을 느끼게 된다.

기업체들도 돈 벌기를 포기하다시피 하고 생존과 유지에 더 신경을 써야 할 판이다. 우리나라 기업의 평균 생존율은 그동안 20% 정도였다. 80%가 사망률인 셈이다. 60년대의 10대 재벌 중 현재 2개만이 생존을 유지하고 있고, 65년을 기준으로 할 때 당시 100대 기업 중 겨우 16%만이 생존하고 있으며, 75년을 기준으로 할 때는 25%가 살아남았다는 것이다. 96년도에 우리나라에서 하루 평균 30개씩 중소기업이 망했다고 하더니 97년 5월에 들리는 소식에 의하면 하루 평균 49개 기업체가 망했다는 것이다. 중소기업뿐만 아니라 거대 건설회사도 쓰러졌고, 한보그룹도 한신공영도 부도를 냈다. 기업체들도 이 세상에 간판을 걸어 놓을 수 있는 자체를 다행으로 여기고 있는 실정이다. 대기업도 자기 제품을 만들어 팔아 돈을 벌기를 이미 포기하고 다른 나라 물건을 국내로 수입해 들여와 팔아서 돈 벌기에 매달리고 있다.

이제 양(量)의 시대는 가고 대신 질(質)의 시대가 왔다. 저질의 물건을 만들어 싼 값으로 팔아 고수익을 남기던 시대는 가고, 이제는 고품질을 만들어 고가로 팔아 고수익을 남기는 전략을 쓰지 못하면 망할 수밖에 없다. 소품종 대량생산이 아니라 다품종 소량생산, 주문생산으로 고객의 입맛에 맞춰야만 살아남을 수 있게 된다. 세계인의 입맛이 변하여 양에서 질로, 배 채우기에서 맛으로, 서비스로, 분위기로 돌아섰다. 돌아선 고객의 입맛에 맞추지 못하면 기업이나 조직은 생존할 수 없게 된다.

그런데 우리의 기업체들은 양에서도 밀리고 질에서도 밀리는 샌

드위치 신세가 되어 생존의 어려움을 겪고 있다. 기업을 하자니 땅값 비싸고, 금리·임금 모두 비싸고, 또 행정규제도 많고, 뇌물이 들어가야만 하니 자유경쟁의 벽을 넘기 어렵게 되어 있다. 어떻게든지 질(質)의 벽을 뚫어야 살아남을 수 있게 된다.

개인도 살아남기 위해서 몸부림치지 않으면 안 된다. 대학을 나와도 많은 사람들에게 나아갈 길이 막혀 있다. 지난 30여 년 동안 성장위주의 경영으로 일자리가 많이 있었으나, 이제는 줄여 매기 경영으로 가지 않으면 기업이 쓰러지게 되었다. 그래서 조기퇴직, 명예퇴직으로 떨려 나가는 사람이 생기게 되었다. 평생직장인 줄 알고 일해 왔는데 어느 날 갑자기 나가라니 하늘이 무너진 것 같지 않겠는가? 떨려 나간 사람뿐만 아니라 남아 있는 사람까지도 불안을 느끼게 되고, 충성하고 싶은 마음을 사라지게 하는 것이 더 문제이다. 남아 있는 직원들도 심리적으로 미리 떠날 준비를 하지 않으면 안 된다. 더 큰 문제는 우리나라 사회 전체가 불안에 떨게 되었다는 점이다. 개인도 조직 속에서 살아남고 봐야 한다.

이제 교육도 생존교육을 해야 한다. 지금까지 교육부문과 학교, 교직은 가장 안전하고 바람타지 않는 무풍지대였다. 그러나 이제 교육도, 학교도, 교직도 자유경쟁의 시장경제원리에 나서야 한다. 학부모에게 학교선택권을 주는 나라에서는 학부모와 학생이 학교를 선택해 주지 않으면 그 학교는 망하게 되고, 그 학교에서 근무하던 교직원은 직장을 잃게 되고 있다. 또 외국에서는 사립학교와의 경쟁에서 공립학교는 밀리게 되고, 심지어는 영리 사설 학교가 생겨나 학교운영위원회와 계약을 맺고, 교육을 도맡아 하게 되는 일이 많이 생겨나 공립학교의 존립에 위협을 느끼게 되고 있다. 교육의 주인이면서 소비자인 학교운영위원회는 자기의 자녀를 잘 가르쳐 줄 것이라 확신을 갖게 되는 교육회사와 계약을 체결하게 된다. 공립학교에서 질의 교육을 보장해 주지 못하면 학교의 존재이유 자체를 거부당하게 된다. 심지어는 자기 자녀를 학교에 보내지 않고 자기 집에서 자기 자신이, 아니면 다른 사람을 고용하여 가르치겠다고까지 한다. 교사의 입장에서는 일단 자기가 근무하는 학교가 이 세상에 존재하고 봐야 한다. 학교가 없어지고 나서는 어떤 변명을 해도 아무런 의미가 없다.

이제 우리나라의 교직도 성과급제다, 교장 초빙, 교사 초빙제다, 명예퇴직제다 하여 차차 자유경쟁의 무대로 나가고 있다. 학생 수가 줄어드는 곳에서는 교사도 줄어들 수밖에 없다.

그리고 내 교육, 우리 학교의 교육, 내 나라의 교육을 받고 나간 학생들이 직장에서, 사회에서, 국제무대 경쟁에서 살아남을 수 있어야 한다. 학교에서는 경쟁에서 패배하는 사람을 교육시켜 내놔 봐야 아무런 의미가 없게 된다. 생존에서 지지 않으려면 질 높은 교육을 해야 하고, 질의 교육이 곧 생존교육이 된다.

우리나라의 교육은 그동안 양적으로는 성공하였으나 질적(質的)으로는 실패했었다. 국가가 6·25 등 어려운 시기에 놓여 있었음에도 불구하고 초등교육을 의무교육으로 하여 그렇게 많은 학생을 다 가르쳐 내놓고, 지금은 고등학교까지 거의 의무교육화되는 정도에 이르렀다. 그리고 대학교육까지 해당 연령인구의 54.6%까지 취학하게 되었다. 그러나 대량교육에서 성공한 것만큼 질의 교육에서 실패한 것은 부인할 길이 없다. 학생들의 학교생활은 수용소생활, 감옥소생활에 비유될 정도이고 질식할 정도이다. 교사 대 학생의 비는 높고, 학교의 시설은 19C 시설에 비유되고, 교사의 교수방법은 분필과 칠판의 장벽을 넘지 못하고 있다. 학생들은 배우기 위해 학교에 가기도 하지만 거기서 살고 있는 것이다. 학교교육의 질이 곧 그들의 삶의 질이 된다. 배우고 난 후의 삶의 질보다도 배우는 동안의 삶의 질이 더 절박하다.

우리나라의 정치수준, 기술수준이 떨어졌다고 우려하는 목소리가 높은데 이보다 더 걱정되는 것은 우리의 의식수준, 정신수준인 것이다. 이것도 교육의 질을 가지고 높여 주지 않으면 안 된다. 문화수준, 예술수준, 윤리·도덕수준이 곧 선진국의 중요한 척도일 것이다. 이것들도 교육이 뒷받침해 주지 않으면 안 된다. 우리의 교육은 생존 자체를 위해서도, 삶의 질 향상을 위해서도, 선진국 진입을 위해서도 질의 교육에 초점을 맞추지 않으면 안 되게 되어 있다.

기업체에서 물건 만들기에 질 관리 운동을 벌이고 있는데, 이런 질 관리 운동은 기업체에서 먼저 할 일이 아니라 교육에서 먼저 했어야 할 일이다. 질 높은 사람을 교육해 놓으면 물건의 질을 높이는 것은 누워 떡 먹기였을 것이다. 물건의 질이 문제인가 아니면 사람의 질이 더 문제이겠는가? 불량인간을 양산하는 거친 교육을 가지고는 모든 것이 허물어질 수밖에 없다. 다리가 무너지고, 백화점이 무너지고, 기차가 떨어지고, 비행기가 곤두박질치고, 배가 가라앉는 것보다 우리나라에 있어서 윤리·도덕, 사회기강이 무너지는 것이 더 문제이다.

더 좋은 교육(better teaching)만이 국가 생존의 유일한 해답이라는 신념을 갖고 교육의 질 향상을 국가의 최우선 과제로 삼아야 할 것이다.

2. 가장 어려운 직업, 그것은 교직

이 세상에 존재하는 직업치고 어렵지 않은 직업은 없다. 그러나 그 어려운 직업 중에서도 교직은 가장 어려운 직업 중의 하나이다.

첫째, 교직은 사물을 관리하는 직업이 아니라 인간을 관리하는 직업이기 때문에 어려운 직업이다. 사물(things)은 관리자에게 결코 적극적으로 저항하지 못하는데 저항이 없는 일을 하기는 상당히 쉽다. 나무를 다루는 목수, 기계와 정보, 프로그램을 다루는 컴퓨터 프로그래머, 악기와 소리를 다루는 음악가, 기계를 다루는 운전기사, 물건을 다루는 건축가 등은 상당히 어려운 직업이고 전문성이 요구되는 직업이지만, 사람을 다루는 직업보다는 덜 어렵다고 보아야 할 것이다. 이러한 직업은 고도의 창의성이 요구된다고 해도 사람을 다루기보다는 쉽다. 이런 물건이나 기계, 정보는 다루는 사람이, 다루는 대로 가만히 있기 때문에 쉽게 다룰 수 있다. 그러나 사람은 다루는 대로 가만히 있지 않아 다루기가 힘들게 된다. 그냥 다루기도 힘든데 가르치려고 하면 더 어렵게 된다.

물건을 다룬 결과는 좋든 나쁘든 금방 나타나는데 교직의 결과는 최소 1년이고 10년, 20년 후에 나타나기도 한다. 물건을 다루다 실수하면 금방 고칠 수 있는데 교직은 결과가 늦게 나타나기 때문에 잘하고 있는지, 잘못하고 있는지 그 자체를 몰라 직무수행을 잘하기가 어렵다.

둘째, 사람을 다루고 관리하는 일이라도 그 사람이 협조적이면 그래도 쉬운데, 교직은 학생들이 협조적인 것만은 아니기 때문에 더 어렵다. 인간의 생명을 다루는 의사는 상당히 어려운 직업이라는 사실을 부인할 사람은 아무도 없다. 그러나 환자들이 살려 달라고, 병을 낫게 해 달라고 의사에게 매달리고, 전적으로 의사의 요구에 순종하고, 협조적이기 때문에 의사가 일을 해내기는 교직보다 쉽다. 학생들은 병원의 환자처럼 그렇게 고분거리지도 않고 교사에게 협조적이지도 않다. 이용사, 미용사도 손님이 전적으로 자기의 머리를 맡기고 순종하기 때문에 일을 하기가 쉽다.

의사는 환자가 협조적이기 때문에 일하기도 좋을 뿐만 아니라 근무여건도 교직보다는 좋다. 또 의사들은 교사보다 고도의 훈련을 받고 또 높은 보수를 받아 사기도 높다. 그런데 교사는 저항적인 학생들을 대면적으로 다뤄야 하는 가장 어려운 직업이라고 하지 않을 수 없다. 그러나 의사는 비정상적인 환자를 다뤄야 하는 반면, 교사는 정상적인 어린이와 청년들을 다룬다는 점에서 어렵기는 하지만 좋은 직업이라고 볼 수도 있다.

셋째, 학생을 관리하고 다루는 교사의 실수가 불분명하다는 데 어려움이 있다. 교사가 실수했는지, 아니면 잘했는지 자체를 알 수 없고, 교사는 항상 옳고 잘한다는 가정하에서 일을 처리한다. 그러다 보니 교사가 실수한 경우도 오히려 학생만 비난하고, 학부모만 비난하게 되니 교사의 실수는 고쳐지기 어렵고 교직의 질은 향상되기 어렵게 된다. 사람은 실수와 오류를 고치려고 할 때 발전할 수 있는 것이다.

넷째, 교직이 어려운 직업임에도 불구하고 보상과 보수가 수반되지 못하는 데 어려움은 가중된다. 애쓴 만큼 보답이 없을 때 일할 의욕, 더 잘하고자 하는 욕망은 줄어들게 된다. 교직 안에서도 일을 잘한 사람과 못한 사람을 보상으로 구별·차별해 주지 못하는 교직의 특성 때문에 어려움이 있다. 즉 일을 해낸 효과성과 보수와는 관계가 없고, 열심이나 열성과 보수와는 상관이 없고, 임의적 기준에 의해 보수가 미리 정해져 있다는 데 문제가 있다. 이렇게 되니 일에 대한 욕망과, 동기 유발, 사기에 문제가 있는 것이다. 동기체제에 어떤 개선이 있어야 한다.

다섯째, 학생들의 욕구를 교사가 충족시켜 줄 수 있다면 학생의 관리와 지도는 쉬워지는데 그렇지 못한 데 어려움이 있다. 학생들은 학교생활에서 그들의 요구를 충분히 충족시키지 못하고 있다. 어린이와 청소년기는 욕구가 분출하는 시기인데 학생의 관리자들은 이들 욕구를 전혀 고려조차 하지 않고 있다. 학생들의 욕구를 충족시켜 줄 수 있다면 학생들의 학교생활은 즐거울 수 있다.

생존과 안정의 기본적 욕구마저 위협을 받고 있다. 학교에도 위험 요소가 많이 있고 몸을 다치는 경우도 있다. 성적 때문에 학생들은 항상 불안상태에 있다. 최근에는 학교폭력에 의한 불안도 가중된다. 이것이 생존과 안정의 욕구인데 학생들은 생존 단계에서부터 위협을 느끼고 있다. 다음 단계인 사랑과 우정, 보살핌 등 소속감의 욕구도 충족되지 않고 있다. 급우·친구들 간에도 사랑과 우정이 싹틀 기회조차 없고, 교사로부터의 사랑에도 결핍을 느끼고 있다. 다음으로 학생들은 존경을 받고 싶어 하고, 권력을 행하고 싶고, 중요한 인물로 인정받고 싶어 한다. 그러나 학교의 여건은 말할 것도 없고 자신들이 하는 학습 자체도 자신들이 통제할 수 있는 입장이 못 된다. 학생들은 여기서 심한 무기력증, 무능력감을 느끼게 된다. 그러니 학교가 재미있을 리 없다. 다음으로는 학생들이 스스로 생각하고 행동하고자 하는 자유와 자율의 욕구를 강력하게 요구하고 있다. 그러나 학생들은 자기들의 욕구나 요구와는 정반대로 학교생활을 하지 않으면 안 되는 실정이다. 타율과 순종만을 강요받고 있는 것이다. 마지막으로 어린이·청소년 학생들은 함께 웃고, 함께 즐겁고, 함께 흥분하고 즐기기(fun)를 원한다. 특히 웃음이 많은 것이 이들의 시기인데 우리 학교에서 웃음이 사라진 지 오래이다. 이들에게 웃음을 찾아 줘야 한다. 이러한 이들의 욕구를 충족시켜 줄 수 있다면 학생들을 관리하기도 쉽고, 또 교육의 효과와 질 향상은 용이해질 것이다.

여섯째, 학생들이 수동적이면 관리하기 쉬울 것으로 생각하기 쉬우나, 동기 유발이 안 되어 다루기가 더 어렵다는 것을 이해 못하여 교사들은 일하기가 어렵게 된다. 학교에 대하여 또는 교사에 대하여 학생들이 수동적이면 수동적인 것으로 끝나 버리고 그 이상으로 발전하기는 어렵다. 문제가 생기는 경우가 있더라도 학생들이 능동적이고, 적극적이고, 주도적, 자발적일 때 교육의 질도 높아지고 관리도 훨씬 더 쉬워진다는 사실을 알아야 한다.

일곱째, 학교와 학급, 교사의 위치가 새 시대에 맞게 바뀌어야 하는데, 시대흐름에 맞추지 못하는 데 문제가 있다. 19세기 교실에서 20세기 교사가 21세기의 학생을 가르친다는 말이 있다. 낡은 시설, 뒤처진 교수방법을 지적하는 말이다. 이제야말로 생각의 틀을 바꾸지 않으면 21세기, 3천 년대 정보·지식사회에 살아남을 수 없게 된다. 20세기에 지식과 정보는 교사의 독점물·전유물이었고 교사는 전지전능한 존재였다. 모든 지식과 정보를 교사와 교과서가 갖고 있는 것으로 생각하여 이런 가정과 전제하에서 교수방법도 이에 맞게 교사 주도적으로 했었다. 그런데 이제는 지식과 정보를 교사·학생·학부모·지역사회인 모두가 공유하고, 모두가 지식과 정보에 쉽게 접근할 수 있도록 되어 있다. 이제는 학생주도의 학습을 해야 하고 '학습방법'의 학습을 해야 할 입장이다. 교사는 학생들이 필요할 것으로 예상되는 자료를 미리 마련해 놓고, 수업시간에는 촉진자, 보조자의 위치로 내려와야 한다. 학교에서만 모든 것을 가르칠 수 있다는 생각도 바뀌어야 한다. 배우는 장소가 학교로 제한될 필요가 없다. 그래서 학생들이 학교에 지금처럼 그렇게 오래 머무를 필요도 없다. 학교의 위치가 바뀌어야 한다. 지금은 교사가 학급을 가르치고, 교과목을 가르쳤다. 학생 개인을 가르치지 못한 것이다. 이제는 교사가 학급과 교과목을 가르치지 말고 학생 개개인을 가르쳐야 한다. 개별화 학습이 되면 학급의 의미도 줄어든다. 지금 우리나라는 학생들을 많이 오래 가르치고도 실패하는 교육을 하고 있다.

여덟째, 교직의 전문직성이 제대로 인정받지 못하는 데 많은 문제가 있다. 교직이 전문직이어야 한다는 당위성에는 모두가 인정하면서도 높은 수준으로 전문직성을 인정받지 못하고 있다. 교육과 학습목적, 방법, 내용, 자료 등이 전적으로 전문직인 교사에게 맡겨져야 하는데 그렇지 못한 경우도 있고, 모두 맡겨져도 그 질(質)에 관심을 기울이지 못하는 데 문제가 있다. 교사는 교직 전문성의 자부심을 걸고 교육의 질 개선에 계속적 노력을 경주해야 한다.

이상에서 살펴본 것처럼 교직은 여러 가지 면에서 가장 어려운 직업에 속한다. 교직에 관심을 덜 기울이고 교직 전문성 향상에 새로운 전기를 마련하지 못하면 반드시 그 대가를 치르지 않을 수 없을 것이다. 벌써부터 교육에 실패한 비싼 대가를 지불하기 시작하고 있다. 사회기강과 윤리·도덕이 무너지고 폭력과 거짓이 난무하고 있다. 각종 사고로 생명의 위협을 받고 있다. 자동차, 기차, 지하철, 비행기, 배가 모두 곤두박질치고, 다리, 가스관, 백화점, 호텔, 아파트 모두가 터지고 무너져 내리고 있다. 모두 근본을 제대로 가르치지 못한 대가이다. 경제 살리기 이전에 교육 살리기부터 해야 한다. 우리나라에서 교육의 기능이 시들었기 때문이란 걸 의식조차 못하는 것이 안타깝다.

3. 질(質) 관리 운동과 관리체제의 변화

앞에서도 말한 것처럼 질관리운동(質管理運動)은 인간교육 분야에서 먼저 시작되고 중시했어야 하는데 안타깝게도 물건 만드는 기업계, 산업계, 경영계에서 먼저 일어났다. 기업체에서의 질 개선 운동을 교육계, 학교에서 배워 와야 할 입장이다.

가. 일본과 기업체에서의 질 개선 노력

2차 대전이 끝났을 때 미국이 보기에는 일제 물건의 질이 형편 없었다. 일본인들이 식민지 시대에 우리를 조센징이라고 놀려 댔듯이 미국인들은 일본인들을 잽(Jap)이라고 업신여겨 불렀다. 일제는 ① 싸구려, ② 저질, ③ 금방 망가지는 것의 대명사였다. 그러면서 미국인들은 'Export or Die(수출 아니면 죽기(망하기))'라고 가르쳤었다.

그리고 데밍(Deming)과 주랑(Juran)은 일본 전역을 돌며 질 개선

강연을 하고 다녔다. 데밍(Deming)의 질 관리 운동의 순환적 과정은 ① 계획→ ② 실천→ ③ 연구→ ④ 행동→ ⑤ 다시 계획이었다. 대개 모든 일이 계획 - 실천 - 평가의 과정을 거치지만 여기서는 특히 계속적인 연구(Study)에 의한 질 개선이 강조된다.

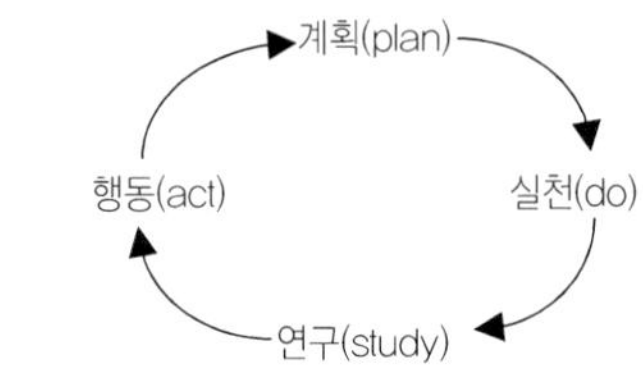

〈그림 3-1〉 데밍(Deming)의 질 개선의 순환적
과정

또 데밍은 조직과 행정을 전환시키고 개선시키기 위한 14개의 관리 원리를 제시한다.*

첫째, 항구적인 개선목표를 정하라. 계속적인 질 개선 목표를 추구해야 한다.

둘째, 새로운 철학을 채택하라. '근로정신의 기쁨을 통한 주인의식의 기쁨'을 갖게 하는 것이다. 계속적인 질 개선에의 기쁨을 맛보게 하는 것이다.

셋째, 질의 달성 정도를 검사하고 평가매기기를 그만두라. 평가만 한다고 질이 개선되는 것은 아닌데 지금 우리나라 교육현장에서 평가광신병 환자처럼 몰아세우고 있는 것은 큰 문제이다.

넷째, 가격표에 근거하여 기업에 시상하고 있는 제도를 중지하

---

* Deming, W. E.(1986). *Out of the Crisis.*(Cambridge, Mass.: MIT Center for Advanced Engineering Study.

라. 대신 전체 비용을 최소화하라. 충성심과 신뢰에 바탕을 둔 장기적 관계성을 생각하여 어떤 한 품목을 위한 단일 공급을 지향하라. 무엇인가 특성화하여 세계 최고를 만들어야지 싼 가격 가지고는 승산이 없다. 한국교육도 싸구려 교육을 할 생각을 버리고 특성화된 세계 최고의 교육을 해야 한다.

다섯째, 질과 생산성을 개선하여 계속적으로 비용을 절감하기 위하여 생산과 서비스 체제를 계속적으로 그리고 영원히 개선하라. 교육에서 서비스체제를 개선하기 위해서 조금이라도 눈을 돌려 보기라도 했는가? 생산체제와 서비스체제의 개선은 기업체에서만 할 일이 아니다. 교육에서 더 필요하다.

여섯째, 직무훈련을 제도화하라. 교직연수가 있으나 더 철저를 기하고, 직무 그 자체에 초점을 맞출 필요가 있다. 지금의 교원연수는 기업체의 연수 수준도 못 따라가고 있다. 교육과 연수에 관한 한 교육기관이 앞서 가야 하는데 우리는 기업체 수준을 따라갈 엄두도 못 내고 있다.

일곱째, 지도력을 발휘하라. 감독의 목적은 사람과 기계, 어떤 장치로 하여금 보다 나은 직무를 수행할 수 있도록 돕기 위한 것이다. 교육에 있어서의 장학이야말로 교사로 하여금 교직에서 보람과 자아실현을 돕기 위한 것이라는 것을 알아야 한다.

여덟째, 두려움을 제거하라. 그래서 모든 사람으로 하여금 직장을 위해서 효과적으로 일하게 하라. 두려움을 주기보다는 비전을 제시하여 스스로 일하게 하는 것이 훨씬 더 낫다.

아홉째, 부서 간의 장벽을 허물라. 학교에도 너무나 많은 부서가 있고 부서 간에 장벽이 두껍고 높다. 산업사회 구조, 관료제는 분업화란 명분아래 쪼개기를 업으로 했다. 그러나 앞으로는 교육의 질 향상을 위해서 하나의 팀으로서 협동해야 한다.

열째, 종업원들 보고 무결점 생산과 새로운 수준의 생산성을 요구하면서 내세우는 슬로건과 훈계, 숫자적 목표를 모두 제거하라. 교육계에서도 표어와 슬로건, 교육방침, 각종 지표를 만들어 액자에 넣어 신주처럼 모시고 있는데 무의미한 일이다.

열한째의 a, 직무의 표준(할당량)을 제거하라. 대신 지도력으로 대치하라.

열한째의 b, 목표관리(MBO)도 제거하라. 숫자, 수적목표에 의한 관리도 집어치워라. 대신 지도력을 발휘하라.

열두째의 a, 근로자의 근로에 대한 자부심을 강탈해 가는 모든 장애물을 제거하라. 감독자의 책임은 낮은 수준의 수작에 불과한 숫자놀음으로부터 질로 전환되어야 한다.

열두째의 b, 관리직에 있는 사람과 기술직에 있는 사람에게도 근로자의 자부심에 대한 권한을 빼앗아 가는 모든 장애물을 제거하라. 이것은 특히 성과급과 목표관리의 폐지를 의미한다. 공장이나 기업체에서도 이 원리가 강조되는데 교직에서는 자기들이 하는 일에 대한 자부심이 얼마나 더 중요하겠는가? 자부심은 직업인의 권리이다. 교사와 교육행정가로 하여금 먼저 그들이 하는 일에 자부심과 긍지를 갖게 하라.

열셋째, 교육과 자기개선을 위한 강력하고 활발한 프로그램을 제도화하라. 계속적인 교육과 자기개선 노력이 무엇보다 중요하다.

열넷째, 조직 내 모든 사람으로 하여금 전환적(轉換的) 사고(思考)와 행동(行動)을 하도록 하라. 교육에서도 고정관념과 틀을 깨는 전환이 요구된다. 특히 산업사회 사고와 행동에서 정보사회 사고와 행동으로 빨리 전환하지 않으면 안 된다.

주랑(Juran)은 고객으로부터 출발하여 고객으로 끝나는 계속적인 순환적 과정의 나선형 질 개선 모형을 제시하였다. 이는 마치 교육에서의 나선형 교육과정과 비슷한 모형이다. <그림 3-2>에서 보면 ① 고객을 먼저 생각하여 ② 제품을 생산개발하고 ③ 이를 운영하여 ④ 시장에 내놔 자유경쟁을 하고 ⑤ 고객의 반응과 의견을 들어 ⑥ 계속적으로 개선된 생산개발을 하는 것이다. 어느 회사의 광고에서 "우리 회사에서는 사장의 결재란 위에 결재란이 하나 더 있다. 그것은 '고객'이라는 결재란이다."라고 하는 것은 주랑(Juran)의 질 개선 운동에 근거한 '고객 만족' 운동의 하나라고 볼 수 있다.

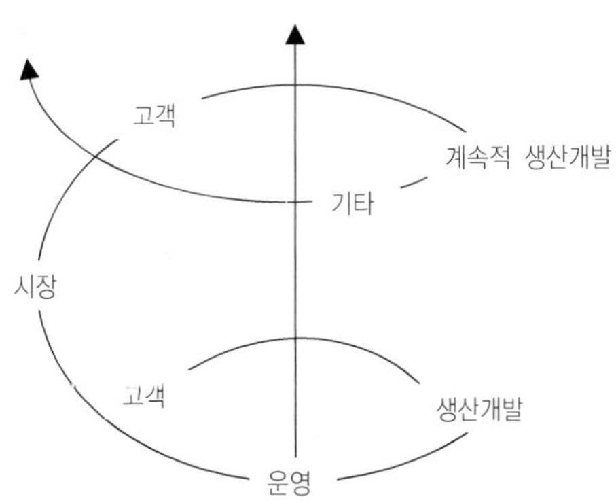

〈그림 3-2〉 주랑(Juran)의 질 개선 나선형

학교에서의 1차적 고객은 학생이다. 우리나라의 학생은 학교생활, 수업, 교사에게 얼마나 만족하고 있을 것인가? 학교는 학생과 학부모를 고객이라고 생각만이라도 해 본 적이 있는가?

데밍과 주랑 등 미국인들이 가르쳐 준 대로 착실히 질 개선 노력을 한 일본제품은 오늘날 ① 싸구려, ② 저질, ③ 금방 망가지는 것의 불명예를 말끔히 씻어 냈을 뿐만 아니라 오히려 비웃던 미국을 능가하는 제품들을 만들어 내게 되었다. 오늘날 일본의 과제는 모방에 의한 세계 2등 국민의 신세를 넘어 창의에 의한 세계 1등 국민이 되어 세계 최선두주자가 되는 것이다. 그것을 그들은 교육개혁으로 풀어 가고 있다.

나. 교육은 기업으로부터 배워 와야 한다.

교육이 옛날처럼 기업을 가르쳐 주거나 선도하기는 이미 늦었고, 오히려 기업경영으로부터 배워 와야 한다.

첫째, 질 관리 집단이 필요하다. 기업체에서 QC(Quality Circle)을 두어 계속적으로 계획을 세우고 확인·연구하여 질 개선에 노력하듯이, 학교나 교육, 교육행정기관에 교육 품질관리팀을 설치 운영할 필요가 있다. 어떤 곳에서는 발음이 같은 것을 이용하여 S-team이라고 하는데, '존경'이란 뜻이 들어 있는 'esteem'을 염두에 두고 붙인 이름이다. 물건의 질보다 사람의 질이 더 중요한데 사람을 길러 내는 교육에서 품질관리팀도 없었고 이에 신경도 쓰지 않았다는 것은 너무나 불행한 일이다.

둘째, 고객만족운동을 벌여야겠다. 학교 또는 교육의 내적 고객은 학생이다. 외적 고객은 주민과 국민이라고 할 수 있다. 이들 고객을 생각하여 교육체제를 고안하고 이들을 만족시킬 수 있는 교육의 질을 보장해야겠다. 한국교육은 이들의 의심을 받다가 이제는 아주 불신을 받게 되어 학생과 학부모, 국민들은 교육에 등을 돌리기 시작하고 있다. 과외로, 학원으로, 사설기관으로 눈을 돌리고 오히려 학교보다 이들을 더 신뢰하고 있다.

고객을 만족시키려면 권한을 계속 밑으로 내려 보내어 마침내 고객이 주도하게까지 해야 한다. 그것이 최근에 강조되는 학습자 주도(학습)가 되고 학부모 참여 학교운영의 형태로 나타난다.

교육의 질, 학습의 질의 문제라는 차원을 넘어 삶의 질을 보장해 주는 교육이 되어야겠다. 학생으로 살아가는 동안의 삶의 질과, 학교를 떠났을 때의 삶의 질까지 보장해 주는 교육이 되어야겠다. 대한민국 교육을 받은 사람들의 삶의 질이 보장되도록 해야겠다.

우선 학생들이 배움에서 희열을 느껴야겠고, 학교생활이 즐겁고, 신나게 되어야겠다. 학교가 지겹지 않고 공부가 재미있어야 한다. 학교를 떠난 다음의 행복을 위해서 학생시절의 행복을 희생하거나 유보할 수는 없다.

셋째, 과정지향 – 평가지양(過程指向 – 評價止揚)이 되어야 한다. 과정을 바르게 하고, 과정에 열중하고, 그 결과인 평가는 가능한 한 하지 않는 방향이 되어야 질적인 생활이 되고 질이 향상된다는 것이다. 결과 지향적이 고평가로 위협하게 되면 삶의 질, 배움의 질도 보장되지 않고 질 향상도 이루어지지 않는다. 평가에 성공한 사람도 실패한 사람도 모두 질 개선 노력을 포기하게 된다는 것이다.

학습에 있어서 앞에서 설명한 데밍의 PDSA 사이클을 응용한 지각→개념화→사고→행동→반응적 행동의 질 관리 사이클이 필요하다. 오관을 통해서 지각한 것을 개념화하고 사고의 과정을 거쳐서 행동해야 올바른 행동을 하는데 여기서 그치지 말고 반성적 사고를 하여 반응적 행동을 함으로써 질 개선을 하게 된다.

넷째, 효과적 학교운동을 고려할 필요가 있다. 지금 미국에서는 학교 효과성, 효과적인 학교운동이 강력하게 대두되고 있다. 그래서 효과적인 학교라고 알려진 학교를 찾아가서 연구해 보면 다음과 같은 몇 가지 공통점이 있다는 것이다. ① 효과적인 학교에는 강력한 질 관리 지도력이 있다는 것이다. 교육의 질 향상을 위해서 지도자(교장)는 강력한 지도력을 발휘해야 한다. ② 명료하고 야심적인 목표를 설정하고 이를 위해 협동적 노력을 한다. ③ 효과적인 학교에는 강력한 학술적(academic) 프로그램이 있다. 미국에서는 비학술적인 생활, 예·체능 프로그램에 학생들의 인기가 높은 것으로 알려져 있으나 효과적인 학교는 학술 지향적이라는 것이다. ④ 전문직주의(professionalism)가 효과적인 학교의 공통점으로 나타난다. 모든 교직원이 각자의 일에서 전문 지향적이다. ⑤ 상호 영향적이고 상호 의존적이다. 분업과 분파, 칸막이, 독립·고립적이기보다는 상호 협동적이어야 한다.

다섯째, 기초교육의 강조이다. 튼튼한 기초 위에 고도의 질도 쌓아올릴 수 있는 것이다. 이와 아울러 개성존중교육, 평생(생애)교육, 변화대응교육, 윤리·도덕의 바탕 다지기를 해야 한다.

어쨌든 우리의 교육은 기업의 경영방식으로부터 배워 와서라도 교육의 질을 세계수준으로 향상시켜야겠다.

우리나라에서 교육개혁 운동을 벌이고 있는데 교육의 양을 자꾸 여는 열린 교육체제에 목표를 두기를 좀 미루어 두고, 우선 교육의 질 향상에 초점을 맞췄어야 한다고 본다. 적은 교육재정을 가지고 자꾸 교육을 열기만 하면 우리의 교육은 점점 더 거칠어질 것은 뻔한 사실이다. 선진국의 교육개혁이 교육의 질 향상에 집중하고 있다는 사실에 주의를 기울일 필요가 있다.

다. 보스(BOSS)적 관리체제로부터 지도적(Leader) 관리체제로

교장이나 교사는 더 이상 보스로 군림해서는 질의 학교행정, 질의 수업을 할 수 없다. 그래서 보스로부터 지도자로 전환해야 한다. 다음에서 앞의 것이 보스이고 뒤의 것이 지도자이다.

첫째, 밀어붙이기로부터 지도해 가기로 전환해야 한다.

둘째, 권위의존으로부터 협조·협동의존으로 바뀌어야 한다. 앞으로는 주로 협동에 의해서 조직(수업)의 목표를 달성하지 않으면 안 된다.

셋째, 두려움 조성, 겁주기보다는 자신감 부여가 훨씬 더 낫다.

넷째, 보스는 방법(How)을 알지만 지도자는 방법(How)을 몸으로, 행동으로 보여 준다. 그래서 필자는 『우리의 교육, 몸으로 가르치자』라는 책을 쓴 적이 있다. 지도자는 아는 것만으로는 충분치 못하다. 알고 말하는 것은 최소 필요조건일 뿐이다.

다섯째, 보스는 추종자로 하여금 분개하게 만들지만 지도자는 열중과 열정을 낳게 한다. 앞의 것이 IQ와 많이 관련된다면 뒤의 것은 EQ에 가깝다.

여섯째, 보스는 비난에 고정·고착되지만 지도자는 실수를 고쳐 준다. 사람은 누구나 실수를 한다. 실수를 안 할 수는 없지만 실수를 고쳐 활용하고, 딛고 일어나는 일이 더 중요하다. 실수·오류의 교육적 활용이 더 중요하다.

일곱째, 보스는 일과 직원을 따분하게 만들지만 지도자는 흥미 있게 만든다. 흥미 있는 일을 할 때 일하는 재미도 있고 질도 높아진다. 싫증내는 학생들이 질 높은 학습을 하기는 불가능하다. 우수교사는 따분한 일을 흥미로 전환시키고, 학생들의 기본욕구를 충족시켜 주고, 어떤 경우라도 강제력을 배제한다. 학생들은 흥미 있는 일에서 더 열심히 한다.

구조개선에 그치지 말고, 자신감 있고 전문성 있는 교사를 양성·지도하게 하고, 학생들로 하여금 열중하게 하는 일이 중요하다.

지도자로서의 교사는 ① 협의·토의, 참여에 의하여 스스로 배우게 하고, ② 몸으로, 행동으로 보여 주고, ③ 학생들로 하여금 자신이 한 일에 대하여 스스로 평가(Self-evaluation)하여 거기서 스스로 배우게 하며, ④ 비강압적, 촉진자로서의 역할로 지도해 나간다.

보스로서의 교사는 질 추구의 적이라고 할 수 있다. 학생들이 할 일은 이미 두목인 교사의 머릿속에 고정되어 있다. 교사가 시키는 것은 모두 옳고 좋은 것이니, 학생들은 좋든 싫든 무조건 해야 하는 것으로 생각한다.

질을 추구하는 교사는 자신이 리더로서의 교사인가, 아니면 보스로서의 교사의 색채가 강한가 한번 확인해 보고 학생들 앞에 섰으면 좋겠다.

4. 질(質) 개선(改善)의 교사 - 변화하는 새로운 교사

교사는 학생들에게 필요한 모든 것을 다 가르쳐 줄 수 없다. 유능한 교사는 학생들로 하여금 스스로 배우도록 동기 유발시킨다. 학습에 있어서 외적 동기보다도 내적 동기를 더 중시한다.

질의 학교, 질의 학습에서도 학생들의 동기 유발에 발동을 걸어 줘야 한다. 생존과 안정은 인간의 가장 기본적인 욕구이다. 이것을 가지고 학생들을 동기 유발시키는 것은 너무 비열한 것이지만 우선 이 욕구는 기본적으로 충족되어야 한다. 학교가 학생들에게 편안하고 안전하며 가정과 같이 안락하게 느껴져야 한다.

다음으로는 학생들이 소속감을 갖고 서로 사귀며 우정을 나누고, 사랑을 주고받고자 한다. 선생님과도 친하고 싶어 한다. 이런 욕구를 통해서 자연스럽게 사회성도 배운다.

셋째는 권력과 권한, 힘을 사용하고 싶어 한다. 잘못된 권력욕이 세상을 시끄럽게 하고 부정부패와 무질서와 혼란을 야기한다고 한다. 그러나 중요한 사람으로 인정받고 싶어 하는 것은 인간의 순수한 기본권에 해당된다. 학생들은 학교에서, 교실에서 중요한 사람(인물)으로 인정해 주고 대접해 줘야 올바른 권력(욕)을 행사하는 것을 배우게 된다.

넷째, 자유와 자율의 욕구이다. 특히 자기 일에 관해서는 가능한 한 최대한 보장해 줘야 한다. 배우는 일에 관해서도 가능한 한 자유와 자율이 주어지고 그 대신 그에 상응하는 책임이 주어져야 한다.

다섯째, 기쁨과 즐거움, 보람과 희열에 대한 욕구이다. 학생들은 학교에서, 배움에서 즐거움을 찾고자 한다. 이것이 인간의 최정점의 욕구가 된다. 이렇게 되면 교육의 효과에 대하여는 따질 필요도 없고 최상의 질이 보장된다. 이런 욕구를 염두에 두고 질 개선을 위한 제안을 한다.

가. 친밀감을 느끼게

우선 학생들은 따뜻하고 지원적인 수업환경을 원한다. 이런 학생들의 욕구를 생각한다면 학생들로 하여금 교사에 대하여 알게 하고, 좋아하게 만들고, 믿을 수 있게 하고, 그리고 감사하는 마음을 갖게 해야 한다. 교사가 어떤 사람인지 누군지 모르게 만들어 놓고, 싫어하고 미워하게 만들어 놓고, 무서워하게 만들어 놓고, 믿을 수 없게 만들어 놓고는 도저히 가르치고 배울 수 없다. 가르치고 배우기의 출발을 할 수 없다.

그래서 교사는 첫째, 내가 누구인지 학생들에게 알려줘야 한다. 학생들은 교사에 대하여 알고자 한다. 사적인 것까지도 알고자 한다. 교사가 사적인 것까지, 실수까지도 열어 놓고, 노출하고, 개방할 때 학생들은 그 교사에게서 친밀감을 느낀다.

둘째, 교사가 무엇을 원하는지 밝힐 필요가 있다. 교사가 지지하는 것, 좋아하는 것, 신봉하는 가치, 신조 등을 밝힘으로써 학생들은 교사와 가까워질 수 있다.

셋째, 교사는 학생들이 무엇을 어떻게 해 주기를 원하는지 분명히 밝힐 필요가 있다. 이런 것을 밝히지도 않고 교사가 학생들 보고 잘못했다고 나무라는 것은 교사의 잘못이다. 교사는 학생들이 해 주기를 원하는 행동을 스스로 먼저 보여 줄 수 있으면 더욱 좋다. 말보다는 행동으로 보여 주는 것이 더 효과적이다.

넷째, 교사가 학생들에게 요구하지 않을 것도 밝히는 게 좋다. 예를 들면 위협을 하지 않을 것이라든지, 처벌하지 않을 것이라든지, 쓸데없이 바쁘게 만들지 않을 것이라든지를 미리 밝혀 둘 필요가 있다. 질의 학교, 질의 교사로서 다른 점을 보여 줄 필요가 있다.

다섯째, 학생을 위해서 교사가 무엇을 해 줄 것인지 분명하게 밝혀 준다. 예를 들면 학생의 친구가 되어 준다든지, 학생 편에서 조언을 해 줄 것이라든지 등이다.

여섯째, 반대로 교사가 학생을 위해서 해 주지 않을 일에 대해서도 알려 준다. 그래서 학생들로 하여금 교사에게서 기대할 것과 기대하지 않을 것을 분명히 알고 행동하게 된다.

우선 교사와 학생이 서로 친밀해져야 질의 교육, 질의 학습, 질의 일이 출발할 수 있다.

나. 학생들에게 유용한 일을 하라고 해야

인간은 하고 싶은 일, 쓸모 있는 일을 할 때 즐겁고 보람을 느끼며 일의 질도 올라간다. 학생들도 학교에서 쓸데 있는 일, 유용한 일을 배우라고 해야 재미도 있고, 도전할 의욕도 느끼며 배움의 질도 올라간다. 이는 교육내용, 교육과정에 해당된다. 당장 필요 없는 일이라도 학생의 생활, 가정생활에 유용한 것으로 변화시켜 학생들에게 제시해 주면 학생들은 배울 필요를 느끼게 된다.

지금 학생들 입장에서 보면 쓸데없는 것같이 보이는 것들을 열심히 새벽부터 밤늦게까지 배우라고 하기 때문에 학교가 재미없는 것이다. 어떤 학생들에게는 학교가 너무나 따분한 곳이다. 왼쪽 뇌만 가지고 무조건 외우라고만 하니 그것이 유용하게 느껴지겠는가?

배워서 당장 써먹을 것을 배우라고 해 보라. 학생들이 열심히 안 하겠는가? 그리고 왼쪽 뇌뿐만 아니라 손·발·가슴·온몸을 사용

ㅋ하는 학생을 인정해 주고 칭찬해 줘 보라. 이들이 학교에, 배움에 싫증을 내겠는가?

여름방학 때 해병대에서 신병훈련의 지옥훈련을 받는 해병대 캠프를 열었는데 수용인원 이상으로 지원자가 몰려 즐거운 마음으로 열심히 배우더라는 것이다. 남학생들은 물론 여학생까지, 11세 어린아이까지 참여하여 해병대 신병 지옥훈련을 즐기더라는 것이다. 이들 중에는 해외교포 자녀까지 부모한테 졸라 대어 참여하였다.

학교는 학생들에게 유용한 일을 열심히 하라고 해야 한다. 학교에서 배우는 일이 최소한 유용하게 보여야 한다.

학교는 질에 승부를 걸어야 한다. 量의 시대는 지나갔다. 물건도 양으로는 경쟁이 안 되는 세상인데 더구나 공부를 양으로 때울 수 있겠는가? 공부를 많이 시키고 책상 앞에 오래 잡아 놓는다고 올바른 사람을 키운다는 것은 잘못된 가설이다. 많이 가르치고도 실패하는 나라는 나쁜 나라이다. 많이 가르치기로는 대한민국이 세계 최고일 것이다.

질적인 일, 질의 생산, 질적인 사람과의 인연, 질의 학교에 소속된 기쁨을 학생들이 느끼게 되어야 한다.

학생들이 못 배우고 실패해도 교사의 직업은 안정되어 있다. 자기들이 하는 일에 실패하고도 책임지지 않는 직업은 아마 교직밖에 없을 것이다. 그러나 그런 교사의 생활에 기쁨은 없다. 학생들도 학교생활에 기쁨이 없다. 교사가 잘못 가르치고도 항상 비난의 대상은 학생과 학부모이다. 학생과 학부모가 잘못해서 교육에 실패한다는 것이다. 학교는 물건 만들어 내는 공장체제만도 못하다. 물건 만드는 공장에서는 불량품이 품질검사에서 걸리는데 학교는 불량품을 양산하면서 확인도 안 되고 책임도 안 진다.

학생들은 자신들이 중요한 사람으로 느껴져야 기쁨을 갖는다. 외우는 것을 못해도 손기술, 발기술에서 중요한 사람으로 인정받을 수 있어야 한다. 이 세상은 왼쪽 뇌 잘 쓰는 사람만 필요한 게 아니다. 학생들 한 사람 한 사람은 이 세상에 하나밖에 없는 아주 귀중한 존재이다. 학생은 귀중한 존재로 인정받는 속에서 배움에 기쁨을 느끼고 교사는 가르침에 기쁨을 느낀다.

학생들에게 쓸데없는 정보, 예를 들면 아는 것, 외우는 것보다는 유용한 기술, 사용하는 것, 사용할 것을 배우게 하는 것이 훨씬 낫다. 옛날에 저장기술이 발달하지 않았을 때는 외우는 것이 유용했다. 그러나 이제는 인쇄술이 발달하여 저장에 문제가 없을 뿐만 아니라 컴퓨터에 저장하면 금방 빼 쓸 수도 있다. 이제 외우기 정보는 더 이상 유용하지 못하고 오히려 학생들의 질의 생활만 망칠 뿐이다.

미국의 질의 학교에서는 삶의 기능(機能), 생활기능(生活機能)에 해당하는 ① 읽기, ② 쓰기, ③ 말하기, ④ 계산하기, ⑤ 문제해결하기 등의 기초기능을 배울 가치가 있는 것으로 밝혀졌다. 이것은 당장 살아가는 데 필요한 기능이다. 이런 기초기능을 소홀히 해 놓은 채, 싫증나는 어려운 것을 하면서 책상 앞에 앉아 있으니 학생들이 사고나 일으킬 생각을 할 수밖에 없다.

질의 학교에서는 첫째, 생활기능과 직접적으로 관련된 정보를 가르쳐야 한다. 둘째, 학생들이 배우고자 열망하는 정보를 가르쳐야 한다. 셋째, 교사가 생각할 때 학생들에게 특별히 유용하다고 믿는 정보를 가르쳐야 한다. 또 대학을 가고자 하는 학생에게는 학문이나 학술, 대학에서 꼭 요구되는 정보를 가려서 가르칠 필요가 있다.

학생들은 비학술적 기술에 해당하는 직업적 기술, 예능, 운동에 관한 정보와 기술을 더 배우고자 한다. 학술적 인문분야의 성공도 성공이요, 예능, 직업분야에서의 성공도 성공이라는 것을 우리는 알아야 한다. 사람이 모든 분야에서 골고루 다 잘할 수는 없다. 오히려 평균인간, Mr. 평균이 쓸모없는 인간일지도 모른다. 질의 시대에는 어느 좁은 분야에서라도 세계 제1의 인간을 요구한다.

다. 학생들로 하여금 최선을 다하게

학생들은 지금 능력이 없어서 문제가 아니라 있는 능력도 발휘하지 않아서 문제이다. 그리고 능력과 재능을 발휘하고 싶어도 학교에서 그럴만한 기회와 시간이 주어지지 못해서 문제이다. 학생들이 없는 능력이라도 최선을 다한다면 학교와 교사는 그것으로 만족하고 고마워해야 한다. 학교와 교사는 다만 학생들이 최선의 노력을 다할 수 있는 시간과 기회를 마련해 줘야 한다.

라. 학생들 스스로 자기평가하고 개선하게 해야

질의 개선을 위해서는 자신에 대한 자신의 평가가 더 중요하다. 남이 평가했을 때 성공한 사람도 성공했기 때문에 노력하지 않고, 실패한 사람은 실패했기 때문에 더 이상 노력 안 하게 만든다. 그래서 질 관리 운동하는 데밍(Deming)은 평가를 하지 말고, 자기평가에 맡기는 것이 질 개선에 낫다는 것이다.

자기평가의 과정은 ① 보여 주기, ② 설명하기, ③ 자기평가하기, ④ 개선하기, ⑤ 반복하기로 요약된다.

첫째, 자신이 한 일, 자신의 능력일의 질을 부모, 교사 등 관심 있는 사람들, 의미 있는 중요한 타인들에게 보여 주게(show) 한다. 교사나 부모는 관심을 갖고 봐 주기만 해도 학생들은 고마워하고 자신이 한 일의 질을 어느 정도 알게 되고, 다른 학생들과 비교하여 자신이 어느 위치에 있게 되는지 알게 된다.

둘째, 보여 주는 것으로 불충분하다고 생각하거나 상대방이 이해하지 못하거나 오해할 것으로 생각되거나 불분명하고 모호할 때, 질문이 있을 때 설명(explain)을 한다. 설명을 하는 동안 학생은 자기의 일이나 행동을 좀 더 정확하게 평가하게 된다.

셋째, 자기 나름대로의 기준에 의하여 자기평가(self-evaluation)를 하게 한다. 자기평가가 남의 평가보다 더 정확할 수도 있고, 또 혹시 정확하지 못하더라도 이 평가로부터 개선 노력을 하게 된다. 자기평가에 의하여 자신과 경쟁하고 혼자 경주하고, 자기기록과 경쟁하는 것이 더 바람직하다.

넷째, 자기평가를 바탕으로 하여 계속적 개선(improve)노력을 한다. 평가는 개선을 위해서 필요한 것이다. 남의 평가보다 자기평가가 더 개선노력을 자극하기 때문에 좋다.

다섯째, 이런 과정을 반복(repeat)한다. 반복평가하고 반복개선 노력하는 속에서 발전하고 질의 생활을 하게 된다.

이 5단계의 영문 첫 자를 따면 SESIR가 된다.

마. 항상 기쁨을 느껴야

앞의 4단계, 4조건이 충족되면 다섯 번째는 기쁨을 느끼게 된다.

질 높은 학교에서 공부하는 기쁨, 질적인 교사와의 만남에 대한 기쁨으로 충만하여 신나는 학교생활, 배움의 생활을 하게 된다. 동시에 학생은 지적 자신감을 갖고 능력감을 갖게 되어 더욱 희열과 보람을 갖는다.

기쁨을 느끼게 되는 단계를 생각해 볼 수 있다. 첫째, 질에 대하여 충분한 협의를 한 다음, 둘째, 유용하다고 서로 동의하는 수준에서 학습과제를 설정하고, 셋째, 질의 수준이 약간 높다고 믿는 수준에서 열중하도록 하고, 넷째, 교사가 평가하여 점수를 매기지 말고 학생자신이 자기평가하게 하고, 다섯째, 계속적 개선노력을 하게 하고, 마지막으로 개선의 가치와 보람을 느끼게 한다.

5. 결론: 질의 승부에 보람

이제 교사도 생존전략을 써야 한다. 교직에 생을 걸고 질에 승부해야 한다. 질적인 교직생활을 하지 못하면 나의 인생은 패배적인 삶이 되고 마는 것이다.

교직은 가장 어려운 직업이다. 이제 학생이나 학부모도 살려 달라고 매달리지도 않고, 질 개선에 최선을 다해도 표도 잘 나타나지 않고, 누가 알아주거나 보상을 해 주지도 않는다. 자신이 보람을 느낌으로써만 보상을 받는 것이다. 이 보상이 세상 최고의 보상이 된다.

질 좋은 물건을 만들어 내고 또 국민들로 하여금 질 높은 삶을 살게 하려면 인간교육의 질을 높여야 한다. 21세기 정보사회, 새로운 천 년대는 교육이 좌우한다. 그래서 선진 여러 나라들은 교육의 질에 승부를 걸려고 교육개혁을 한다. 우리나라에서의 교육개혁도 교육의 질 향상에 초점을 맞췄어야 한다.

교사에게 새로운 리더십이 요구된다. 보스가 아닌 슈퍼리더십 (Superleadership)이다. 슈퍼리더십은 Self – leadership이다. 학생들이 스스로 자기 자신을 리드해 나가게 하는 리더십이다. 그리고 청지기와 같은 리더십(Stewardship)인 것이다. 종으로서 봉사하는 것이다.

교사는 수업의 질에 승부를 걸고, 질 높은 수업에서 보람을 찾아야 한다. 보람된 삶이 되길 빈다.

참고문헌

Glasser, William(1992), *The Quality School*, N. Y.: Harper Perennial.
Glasser, William(1993), *The Quality School Teacher*, N. Y.: Harper Perennial.

Ⅲ

자율과 책임에 바탕을 둔 학교경영*

1. 서론: 자율과 책임경영의 요구

가. 자율과 책임의 의미

'자율(自律)'이란 자기 스스로 정해 놓은 기율(紀律)과 규범(規範)에 의하여 행동하고 자기 행동에 대하여 스스로 責任을 지는 것으로 성숙한 人間이나 조직만이 누릴 수 있으며 매슬 로우 욕구체계의 상층에 해당하는 높은 수준의 욕구에 해당된다. 자기기율(自己紀律), 자기규범(Self-discipline)에 의하여 행동한다는 점, 또 책임(責任)이 따른다는 점에 있어서 방종과는 엄격히 구별된다. 사전적 풀이로는 '스스로 자기의 방종을 억제함'이라고 하여 소극적, 부정적인 면을 강조하고 있다. 즉 스스로 무엇을 할 수 있는 점을 내세우기보다는 스스로 무엇을 할 수 없다는 점을 내세우고 있는 것이다. 또 사전에서는 "실천이성(實踐理性)이 스스로 보편적 도덕법을 세워 이에 따르는 일(이성 이외의 외적 권위나 자연적 욕망에는 구속되지 않음.)"이라고 하여 '이성(理性)'에 의하여 행동하고, 또 만

인이 받아들일 수 있는 자기 자신이 정한 '보편적 도덕법'에 의하여 행동한다는 적극적, 긍정적 해석도 제시하고 있다. 여기서 '이성'과 '보편적 도덕법'이 앞에서 말한 자기기율, 자기규율과 책임에 해당된다. 교장과 학교, 학교행정뿐만 아니라 교사와 학급, 수업에서, 또 학생과 학습에서도 가장 바라고 또 존중되어야 하는 것이 바로 이 자율(自律)이며, 또 교사들이 제일 많이 욕구결핍, 욕구결손을 느끼는 것이 자율이기도 하다.

'責任'은 自律에 자동적으로 따라붙다시피 하는 것으로 권리, 권한이라기보다는 임무이다. 그래서 사전에서도 '도맡아 해야 할 임무', '불법행위를 한 자에게 법률상의 불이익 내지 제재가 가해지는 일'로 풀이하고 있다. 영어로는 'Responsibility'로 'Response(대응, 반응)'할 수 있는 'ability(능력, 힘)'으로 자기행동에 대하여 대응으로 보여 줄 수 있어야 한다는 뜻에서 나왔다. '책무성(accountability)'이란 말도 자기 행동에 대하여 설명(account for)할 수 있는 힘(ability)이 있어야 한다는 뜻에서 나온 것으로, 책임보다 더 구체적으로 보여 주고 설명해 줘야 한다. 재정에 대한 설명력, 교육, 성적에 대한 행정적 설명력, 사회적 설명이 절대적으로 요구되는 것이 책무성(責務性)이다. 책임에는 법적, 도덕적 책임 모두가 다 포함된다.

"자율(自律)은 자기기율(Self – discipline), 자기관리(Self – managing), 자기통제(Self – control), 자기통치(Self – governing), 자기지시(Self – directing)와 통하기 때문에 우선 자기 자신에 대하여 엄격해야 한다. 자율할 수 있는 사람은 남에 대하여는 관대하고 자신에 대하여는 엄격해야 자율이 가능하고 방종하고자 하는 욕망을 억제할 수도 있다.

또 자율에는 자발성이 있어야 한다. 외부의 권위나 지시, 통제가 있기 전에 자발적으로 판단하여 행동해야 한다. 또 자기 주도성(initiative)이 있어야 진정한 자율이 가능하다. 그리고 앞에서 말한 책무성(責務牲)이 따라붙어 줘야 한다.

그래서 자율은 우리가 진정으로 원하는 것이기도 하지만 누리기도 어려운 것이기도 하다. 자율을 위해서는 타인도 믿어야 하지만 자신에 대해서도 믿음이 있어야 한다. 믿지 못하면 자율은 겁나는 것이다. 자율은 강화력을 갖는다. 자율을 해 봐야 자율을 더 잘할 수 있는 것이다. 자율의 기회가 주어지지 않으면 영원히 자율의 능력은 길러질 수 없을지도 모른다. 특히 교육과 행정에서는 자율력을 길러 주는 일이 중요하다.

나. 자율, 책임경영의 경향

지금은 시간적으로도 세기적(世紀的)(20c→21c) 전환기(轉換期)인 동시에 모든 면에서 전환이 요구된다. 성장위주의 양(量)으로부터 안정의 질(質)로의 전환, 획일성, 통합성으로부터 다양성, 선택의 자유로의 전환, 中央集權으로부터 지방분권(地方分權)으로의 전환, 관리행정(管理行政)으로부터 봉사(奉仕), 지도행정(指導行政)으로의 전환, 획일적 평등(平等)으로부터 능력에 따른 차등적 평등으로의 전환이 요구되고 있다. 이런 다양한 전환의 거대한 흐름은 정치, 경제, 사회, 문화, 교육의 모든 영역에서 동시에 일어나고 있다.

자율경영은 중앙집권으로부터 분권(分權)으로의 거대한 흐름의 한 맥락에서 파악된다. 중앙에서의 획일적인 원격조정은 더 이상

효과를 볼 수 없다. 미국 교육개혁도 1983년 이래 그렇게 열을 올렸으나, 주정부 중심의 중앙집권적 접근이었기 때문에 실패했다는 평가이다. 학교중심의 학교 재구조화가 미국 교육개혁의 제2의 물결이었다가 이제는 문화개혁의 제3의 물결이 강조되고 있는 실정이다. 우리나라 교육개혁이 중앙집권적 하달식인 것은 철저하게 실패를 전제로 한 것이나 다름없다. 현장의 교원과 교육행정가를 교육개혁의 구경꾼으로 만들어 놓고는 성공할 수 없다. 자율성, 자발성을 바탕으로 하지 않은 어떠한 계획이나 개혁, 정책은 1960년대 개발의 연대에도 성공하기 어려웠던 것이다. 새마을 운동, 88올림픽이 성공적일 수 있었던 것은 중앙계획을 지방계획으로 전환시켜 자율과 참여를 끌어낼 수 있었기 때문이었다. 이제 학교도 자율경영의 방향으로 빨리 전환시켜 줘야 한다.

기업에서도, 정치에서도 도막내기의 경향으로 가고 있다. 공룡 같은 거대기업, 거대정부는 극심한 생존경쟁에서 살아남을 수 없다는 것이다. 그래서 모두 도막내어 책임경영으로 현장에서 살아남기 생존전략(生存戰略)을 쓰고 있는 것이다. 작은 정부, 중소기업, 작은 것이 아름다운 것이고, 작은 것이어야 살아남을 수 있는 것이다. 교육행정도 학교단위의 책임경영제로 가야 하는 것이다. 지방교육자치가 기초단위에서 활발하게 발달한 영·미국에서까지도 이에 만족하지 못하고 학교단위의 자치, 자율경영 수준으로 내려가기 위해서 학교운영위원회가 생긴 것이다. 여기에도 고객들은 불만을 갖고 학교선택권 보장으로까지 터져 나간 것이다. 학교운영위원회, 학교선택권 보장에도 만족하지 못하고 심지어는 학교운영을 사설교육회사에 계약에 의하여 책임경영으로 맡기는 과감한 변화까지 일어나고 있다.

자율, 책임경영이 성공적이려면 우선 조직구성원에게 강력한 주인의식(主人意識)이 있어야 한다. 내 것이 아닐 때는 자율도 존재할 수 없다. 또 학교문화가 바뀌어야 한다. ① 관료적 의사결정→참여적 공동의사결정, ② 수락과 순응→창의/비판적 사고, ③ 계층적 구조→동료적 구조, ④ 고립→공동체, ⑤ 수동적→적극적/열정적 ⑥ 전통지향→혁신적, ⑦ 기관/개인 비난→기관/개인 책임, ⑧ 경쟁→협동, ⑨ 획일성→다양성, ⑩ 분리→통합성으로의 새로운 학교문화 형성으로 바뀌어야 한다. 교원 순환근무제는 주인의식, 학교문화 형성, 자율과 책임 어디에도 맞지 않는다.

2. 학교단위 자율, 책임경영

가. 자율, 책임경영의 조건 또는 내용

원래 학교경영과 학교교육의 책임은 교장에게 있다. 다만 그 감독권이 교육감이나 교육부장관에게 있을 뿐이다. 그런데 어쩌다가 학교경영권이 상급관청에 있는 것같이 비쳐지게 되었다. 그것은 주요 권한이 상부에 가 있고 교장도 수시로 주인의식 없이 상부의 권한에 의하여 이동하게 되어 있기 때문이다. 자율, 책임경영이라고 하려면 최소한 주요 권한과 책임이 학교와 교장에게 있어야 한다.

첫째, 인사권과 재정권이 학교에 있어야 한다. 학교에 필요한 실질적 인사를 학교에서 하고 교육청은 형식적 고무도장만 찍게 되어야 한다. 그리고 교직원은 특별한 이유가 없는 한 학교에서 평생을 바칠 수 있어야 한다. 교장 초빙제, 교사 초빙제가 위와 비슷한 생각이다. 대체로 계약제의 경향이다.

자율, 책임경영을 하려면 재정 자립이나 자율권이 있어야 한다. 자립, 독립이 어렵다면 교육청은 학생 수에 비례하여 총액만 배분해 주고 학교에서 자율적으로 책임지고 경영할 수 있어야 한다. 그리고 계획서와 연말 보고서만 제출하고, 상급관청은 부정만 감독하면 되게 되어야 한다. 인사권, 재정권이 학교에 있으면 공립학교(公立學校)도 사립학교(私立學校)처럼 운영된다. 그리고 사립학교도 학생 수에 비례하여 공금을 배분받게 되어 사립학교의 준공립화 현상이 벌어지게 된다.

둘째, 교육과정, 교과서의 개발, 수정, 보완 결정권이 학교에 있어야 한다. 학교마다 교육과정을 달리 개발, 결정할 수 있어야 자율, 책임경영이 가능해진다. 이 자율, 책임경영을 위해서 첫째의 인사, 재정의 자율, 책임은 조건과 전제가 되는 것이다. 교육과정의 자율권은 교육 프로그램과 수업의 자율과 책임으로 연결되게 된다. 교장과 학교의 자율, 책임이 교사와 수업의 자율과 책임, 학생과 학습의 책임으로 연결, 확대될 수 있는 것이다.

셋째, 통치 또는 경영 기구가 학교단위에 있어야 한다. 교육청의 교육위원회를 대체할 의사결정기구가 학교에 있고 조례와 같은 법, 규칙제정권이 있어야 자치가 가능하다. 학교운영위원회가 교육위원회의 기능을 대체할 수 있어야 한다. 그러나 학교는 아직 경영의 단위이지 자치의 단위는 되지 못하고 있다. 학교운영위원회가 우리나라의 역사, 전통, 문화에 맞추는 일이 중요하다.

넷째, 학교구성원의 자율과 책임, 능력과 자질의 신장이 중요한 조건이 될 것이다. 법적, 제도적으로 학교의 자율권을 이양해 주는 일은 선결조건인 것은 말할 필요도 없다.

문제는 이러한 학교의 자율경영과 책임경영이 學生 敎育의 質 向上에 도움을 주지 못하면 아무런 의미가 없다. 이를 검증해야 한다.

나. 기업으로부터 경영을 배울 필요

경영에 관한 한은 그 일부를 기업으로부터 배워 올 필요가 있다. 특히, 품질관리(品質管理), 품질보증(品質保證), 품질개선(品質改善)을 위한 경영과 노력을 우리는 기업으로부터 배워 와야 한다. 사실은 인간교육(人間敎育)의 질(質) 문제가 더 중요하고 심각한데 사실은 부끄럽게도 기업의 물건 품질관리만큼도 관심은 기울이지 못하고 거칠게 다루어 왔던 것이다. 성수대교, 삼풍백화점 등의 사고는 물건의 질 관리가 잘못된 것이 근본 원인이었는가? 아니면 인간교육의 질 관리가 잘못된 것에 더 문제가 있었다고 생각되는가?

기업에서도 상품과 서비스의 질(質)에 생존(生存)과 사활(死活)의 운명을 걸고 있지만 그것도 결국은 인간교육의 질에 있다고 보아 교육의 질 개선에 교육개혁의 초점이 맞춰지고 있다. 이런 면에서는 우리의 현 교육개혁의 초점은 완전히 빗나가고 있다.

일본은 제2차대전에 패한 후 미국 학자(예. 데밍, 주랑)들이 가르쳐 준 대로 미련스럽게 지속적으로 질 개선에 투자하고 노력한 결과 많은 부분에서 일제가 미제를 누르고 세계시장을 점유하고 있다. 이제는 1984년부터 일본교육의 질 개선에 달라붙어 10여 년이 지난 이 시점에서 일본은 세계 1등 국가가 될 수 있다는 자신감에 차 있다.

데밍(Deming)은 ① 문제점의 90% 이상이 체제에 있고, ② 조직
목적의 항상성이 필요하고, ③ 깊은 체제적 지식, 변화, 심리학 지
식이 발전을 안내해 주고, ④ 지도력에 의하여 위기로부터 탈출할
수 있다는 근거에 의하여 ① 질 관리 팀을 두어 지속적이고 순환
적인 질 관리 노력을 하는데, ② 고객에 초점을 두어 고객으로부터
출발하여 고객으로 끝나는 고객만족운동을 벌이고, ③ 계획-실천
-연구-행동 주기의 결과, 평가보다는 과정 중심의 질 관리 모형
으로 노력한 것이다. 데밍과 주랑의 질 관리 모형은 <그림 3-3>
과 <그림 3-4>와 같다.

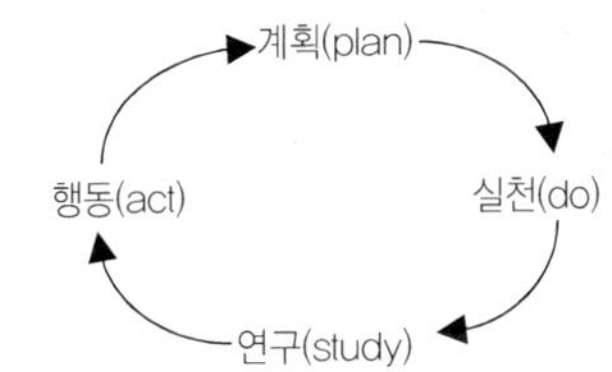

〈그림 3-3〉 데밍(Deming)의 질 개선 주기

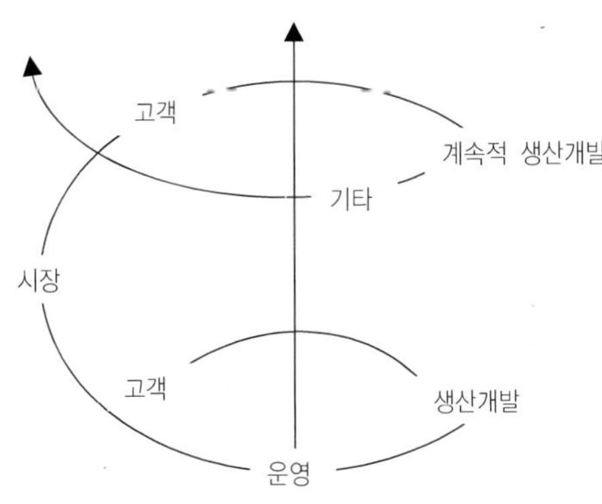

〈그림 3-4〉 주랑(Juran)의 질 개선 나선형

3. 교육의 질(質) 개선(改善)을 위한 학교경영

가. 전환적 질 관리

질 관리에서 중요한 측면은 일의 과업(課業)과 일하는 개인(個人) 사람이다. 이 두 측면에서 각각 6개씩 중요한 차원을 정하여 관습적, 전통적 경영과 질 관리의 전환적 경영을 기업계와 학교상황을 비교해 보면 <표 3 - 2>와 같다. 이 표 전체를 설명하기엔 너무나 시간이 짧으므로 학교에서의 전환적 질 관리에 대해서만 간단히 설명하고자 한다.

1) 과업

(가) 문제의 성격 - 과거에는 원인과 결과를 단순하게 보았으나 이제는 복잡하게 연결되어 있다는 것을 인정하고 학생들이 체제적으로 사고를 하게 해야 한다.

(나) 일에 대한 동기 - 과거에는 성적과 교사의 인정을 받기 위하여 동기 유발되었으나 이제는 내적 동기, 자아존중, 위신, 협동심, 호기심, 배움에의 즐거움 등을 타고난다고 본다. 데밍은 학생의 성적평가 자체를 하지 말라고까지 한다. Show(보여 주고) - Explain(설명해 주고) - Self - evaluate(자기평가를 하고) - Improve(계속적으로 개선노력하고) - Repeat(평가와 개선의 반복)의 주기를 학생들에게 맡기는 것이 낫다고 한다(William Glasser, The Quality School Teacher(N. Y.: Harper Perennial), 1993).

(다) 시간적 틀 - 과거에는 학년 말까지 끝내야 할 단원과 章에

시간 수, 주 수로 배분했으나 전환적 학교에서는 학생 성장에 따라 한 학년 이상으로 종합적, 협동적으로 시간적 틀을 짠다. 과목과 교사에 따라 쪼개질 수 없다. 학생 학습에 있어서 목적의 항구성이 중시된다.

(라) 해결책의 성격 - 과거에는 문제해결 기법을 배울 기회가 없거나 있다고 해도 단순한 해결책을 찾았으나 전환적 학교에서는 문제의 불확실성과 모호성을 고려하도록 한다. 오늘의 해결책이 내일의 문제가 될 수 있다.

(마) 활용하는 인간 능력 - 가장 유일한 능력을 기억력이라고 보았으나 사회적 구성의 관점이 강조된다. 집단 내에서 의미적 상호작용으로부터 의미를 도출해 내고 정보와 전망을 공유하고 아이디어를 개발한다.

(바) 결과의 평가 - 지금까지는 교과서와 좁은 행동목표 달성에 의하여 성적을 매겼으나 전환적 학교에서 학습의 산물은 문제해결의 지식을 이해하고 관련짓고 적용하는 것이다. 하나의 학습은 새로운 학습을 낳는, 학습하는 방법을 학습하는 순환적 과정이 되어야 한다.

2) 개인

(가) 학습자로서의 자아 - 지금까지 많은 학생들이 학습활동을 가능한 한 많은 정보를 축적하는 것이라고 보고, 교사가 원하는 것을 알려고 하고, 좋은 기억이 중요하다고 보았다. 기본적으로는 독서도 이미 알고 있는 것에 자세한 학습을 추가하고 검증하는 것에 불과했다. 그러나 전환적 학교에서는 학습을 제한하고 치우치게 했던

패러다임을 뛰어넘는 능력을 개발하기 위한 개인적 전략을 알게 하는 것으로 본다.

(나) 동료/전문가로부터의 학습 – 전문가 교사가 지식을 나눠 주고자 하는 것, 말하는 것을 배우면 되고, 동료부터의 학습의 장점을 경시했다. 그러나 전환적 학교에서는 학습의 중요한 형태가 의미(意味)의 사회적 형성이 된다. 의미는 동료와 함께 도전하고 대화함으로써 형성된다고 본다. 전문가는 불확실성에 대한 깊은 이해를 갖는 개인으로 본다.

(다) 한 개인으로서의 자아 – 지금까지 학습에서는 업적 수행에 초점을 맞춰 업적 수행 중심의 자아개념 개발에 노력해 왔다. 그래서 좋은 성적을 얻는 학생만 자아 가치감을 느꼈다. 그러나 질적, 전환적 학교에서는 내적 동기, 자아존중, 위신, 협동심, 호기심, 배움의 기쁨과 같은 개인으로서의 천부적 권리에 초점을 맞춘다. 학생의 천부적 잠재력의 신장에 더 초점을 맞춘다.

(라) 성공, 도전, 실패 – 지금까지는 성공을 행운이나 능력으로 돌리고, 어려운 과제에 도전하려면 불안했고, 실패의 위험이 있으면 방어기제를 쓰거나 퇴행적 행동을 했다. 그러나 전환적 학교에서는 학생들로 하여금 성공을 노력의 탓으로 돌리고, 도전적 과제를 더 원하고, 실패의 가치를 귀중하게 여긴다.

(마) 변화와 불확실성 – 관습적 학교에서는 학생들로 하여금 개념적 변화에 적극적이도록 하는데 실패하고 오히려 무기력한 기억은행에 새로운 정보를 저축하게 하고, '하나의 최선의 정답'을 찾도록 하였다. 전환적 학교에서는 갈등하는 정보에 대한 의식이 학습에 포함되고, 중요한 결정이 불확실성 속에서 이루어진다.

(바) 안정에의 욕구 - 현재의 학교에서는 정답을 앎으로써 학업적 안정감을 느낄 수 있는데, 전환적 학교에서는 학생의 개인적 천부적 가치감을 느끼게 한다.

이를 종합하면 <표 3-2>와 같다.

<표 3-2> 관습적 경영과 전환적 질 관리

차원	기업계		학교	
	관습적 경영	전환적 질 관리	관습적 경영	전환적 질 관리
課業(과업) 문제의 성격	사람, 규정, 상황 비난	90% 이상이 체제	단순한 원인과 결과	체제적 사고 활용
일에 대한 동기	보수와 유인가에 의한 직무수행	사람은 일을 잘하길 원함, 일에 대한 자부심	성적과 인정에 의한 직무수행	내적 동기 유발, 호기심, 배움에의 기쁨
시간적 틀	분기별 보고	목적의 항구성(일관성) 5~10년 주기 전환	상호 관련 없는 쪼개진 일 하는 동안 내용 맞추기에 급급함	개념적 변화에 서서히 적응, 장기적 전망의 주제
해결책의 성격	Boss를 기쁘게, 해답은 단순하게	근본원인, 복잡성, 이해 찾기(추구)	단순한 해답	모호성과 복잡성의 가치
활용하는 인간 능력	통제, 1인 정점의식, 토의	책임 있는 팀 정신, 미결의 가정하에 대화 유통	가장 유용한 능력에 필요한 기억, 학습을 형성하는 집단부재	아이디어에 타당한 기준을 가진 지식의 사회적 형성
결과의 평가	반성 없이 계획 · 실천	계속적인 순환적 과정으로서의 계획 - 실천 - 연구 - 행동 (PDSA)	Test를 위한 학습, 다음엔 망각	순환적 과정으로서의 새로운 학습을 생성하는 학습
個人(개인) 학습자로서의 자아	과정 찾는 도전, 자신감 부족, Boss가 원하는 것 실천	체계적 사고와 집단 내에서의 자신감	누가적 정보, 교사가 원하는 것 발견 (찾기)	패러다임 전환의 패턴, 단계 찾기, 전략 사용, 반복적 추구
동료/전문가로부터의 학습	전문가로부터 해답 구함, 동료에 대한 신뢰부족	전문성 공유, 증거 활용	집단의 무시, 전문가 명령	사회적 형성(대화로부터의 의미), 전문성 역시 계속성장
한 인간으로서의 자아의 관점	충성심 시샘, 누가 진정으로 보살펴 주느냐를 묻는다.	기꺼이 바치고자 하는 회사의 최고의 자산	직무수행의 기반으로서의 자아	천부적 가치, 창의성, 호기심

차원	기업계		학교	
	관습적 경영	전환적 질 관리	관습적 경영	전환적 질 관리
성공, 도전, 실패	성공감·도전감 부재, 실패는 비난의 대상	복합적 해결책, 다각도 고려, 모험 감행	능력과 행운으로 들림, 노력으로 성공 못해, 불안과 방어, 직무요구에 무언의 약속	노력으로 성공할 수 있다고 이해, 도전, 실패를 학습으로 간주
변화/불확실성	사고와 부정에의 경식, 모든 것 반복, 사물을 정확히 계산	계속적 적응, 계속적 변화, 대부분 안 밝혀저	무변화; 무기력한 기억은 행에 정보 저장, 정답 찾기	개념적 변화의 적응에 개방, 복잡한 결정이 다각도에서 불확실시됨
안정에의 욕구	안정을 보장받기 위해 요구 약속	공포제거로 신속성·융통성 신장, 안전 보장	Test 통과방법을 앎으로 안정	천부적 존중감 속에서 안정감, 융통적 해결책 강구

출처: *Randy Schenkat, Quality Connections(Alexandria, VA: ASCD), 1993 p.24.*

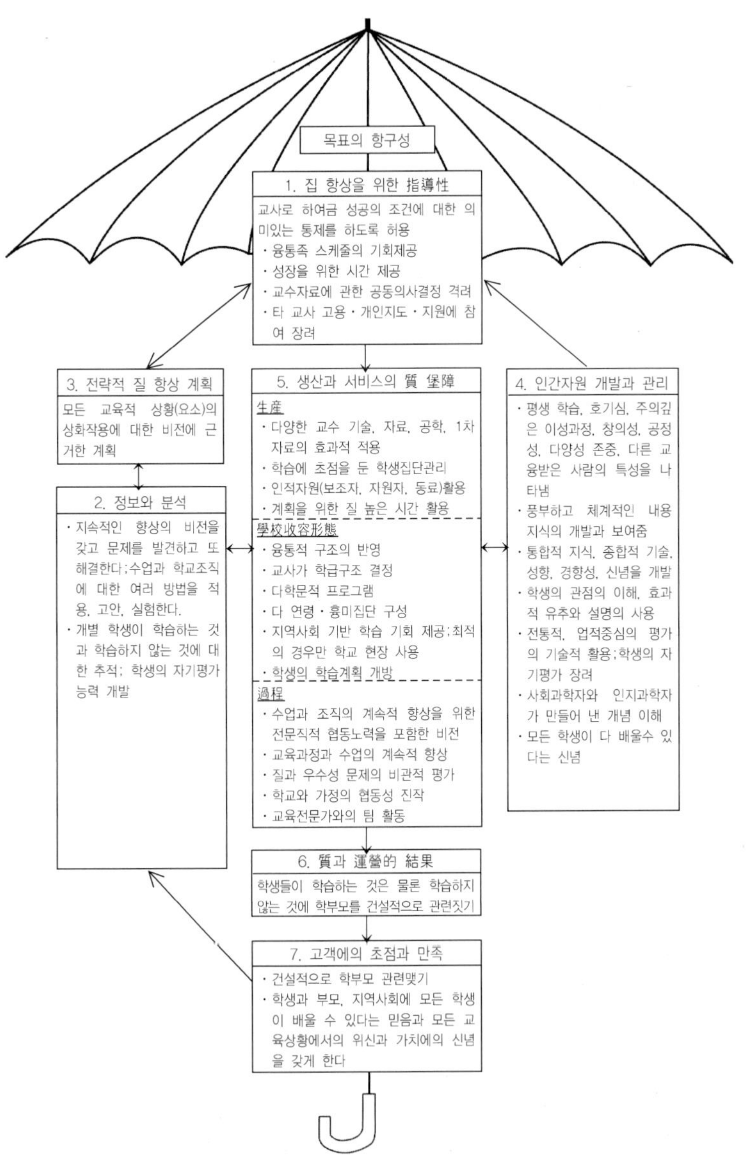

〈그림 3-5〉 TQM의 교육에의 적용

나. 질 관리의 기준

학교에서 질 관리를 잘하기 위해서는 <그림 3-5>와 같이 ①
지도성, ② 생산과 서비스의 질 보장, ③ 인간차원 개발과 관리,
④ 전략적 질 향상 계획과, ⑤ 정보와 분석, ⑥ 질과 운영적 결과,
⑦ 고객에의 초점과 만족을 위한 노력이 있어야 한다. 이는 질 관
리 평가의 기준도 될 수 있을 것이다.

4. 질(質) 관리(管理) 지도력

학교교육의 질 관리를 위해서는 인간 관리체제에 변화가 있어야
하는데 Boss적 관리체제로부터 Leader로서의 관리체제로 전환해야
한다. ① 밀고 나가기(Drives)→지도하기(Leads), ② 권위의존→협조
(협동)의존, ③ 겁(두려움 조성)주기→자신감 부여, ④ How(방법)를
알기→How를 보여 주기, ⑤ 분개하게 만들기→열중 일으키기, ⑥
비난에의 고정→실수 고치기, ⑦ 따분하게 하기→흥미 일으키기로
전환적 지도력을 발휘해야 한다.

보다 나은 가르침(Better teaching)만이 국가를 살리는 유일한 해
답이라는 신념을 가지고 학교교육의 질 개선에 영원한 도전을 해
야겠다.

Ⅳ

민주적 학교경영 체제의 정립*

1. 서론: 잘 가르치기 위한 민주

민주라는 것은 국민·주민이 주인 노릇을 하는 것이다. 교육에 있어서의 주인도 국민이다. 교육의 민주화는 근본적으로 국민이 필요로 하는, 국민에 유익한 교육서비스를 제공해 주는 데 있다. 교사들의 의견만 많이 들어서 다수결에 의하여 학교경영을 하는 것을 민주적 학교경영으로 오해하거나 착각해서는 안 된다. 오히려 국민과 주민, 학부모와 학생을 복되게 하는 교육이라는 믿음과 신념·확신을 갖는다면 교장은 어떤 난관을 무릅쓰고라도 이를 실현하는 학교경영을 해야 한다.

학교는 학생을 잘 가르치기 위해서 이 세상에 태어나고 존재하는 기관이요, 조직이다. 민주와 민주적 학교경영도 학생을 잘 가르치기 위한 민주요, 민주적 경영이라는 근본적인 것을 꿈에도 잊어서는 안 된다. 민주를 위한 민주, 민주화의 탈을 쓴 민주를 해서는 안 된다. 민주를 한다고 하다가 학교교육목표를 달성하지 못하거

---

* 충남교육 제117호(96. 9. 가을호).

나, 학교의 존재 이유를 잊어서는 안 된다. 교육의 민주화, 학교경영의 민주화도 결국 학생을 잘 가르치기 위한 것이다. 민주적으로 학교경영을 하면 학교경영의 목표를 잘 달성하고 학생을 잘 가르칠 수 있을 것이라는 가정과 전제가 밑바탕에 깔려 있는 것이다. 그렇다면 학생을 잘 가르칠 수 없거나 학생을 진정으로 복되게 해주지 못하는 일은 민주가 아니거나 민주를 가장한 허위 민주라는 것을 알게 된다.

2. 민주적 경영의 요체

민주적인 학교경영의 요체로 여러 가지를 생각할 수 있겠으나 우선 ① 참여와 분권, ② 자율과 책임 ③ 전문성의 셋을 강조하고자 한다.

가. 참여와 분권

어떤 위대한 한 사람이 모든 일을 결정해 주고 다수의 다른 사람들은 이를 실천하기만 하면 된다는 시대는 지나간 것 같다. 계획하고 지시하는 사람 따로 있고, 지시받아서 일하는 사람 따로 있어야 능률과 효율이 올라간다는 생각도 이제는 바뀐 것 같다. 부족하더라도 관련자들이 참여하여 함께 지혜를 짜내서 결정해야 좋은 결정을 내릴 수도 있고, 또 협동과 자발성·열성도 끌어내어 일의 성공률도 높아지게 된다. 아무리 위대한 사람이라도 혼자서 결정을 할 수는 있을지라도 그 일을 모두 혼자서 다 추진·집행까지 할 수는 없다. 조직구성원, 다른 사람들의 도움을 받아야 일을 해낼 수 있는 것이다. 교장 혼자서 결정을 할 수는 있어도 교사들의 도움 없이는 학교조직의 목적을 달성할 수는 없기 때문에 의사결정 시 관련 교사와, 학부모, 심지어는 학생까지도 참여해야 한다.

의사결정, 학교경영에의 참여가 참여를 위한 참여여서는 안 되고 실질적 참여여야 한다. 교사나 학부모, 학생도 항상 모든 일에 다 참여하려고 해서는 안 된다. 무조건적 참여는 참여를 위한 참여이고, 일종의 낭비이며 참여 공해이다. 의사결정에의 참여에는 참여 기준이 있어야 한다. ① 이해관계가 있는 사람, ② 결정하려고 하는 분야에 전문성이 있는 사람, ③ 자원과 지원을 제공하는 사람이 참여해야 한다. 참여의 정도, 참여 방식, 참여의 시기 등은 상황에 따라 알맞게 고려되어야 참여의 효과성과 효율성을 높일 수 있다. 불필요한 참여, 과도한 참여, 참여 결핍증 등도 모두 문제이다. 참여 속에서 구성원들의 주인의식, 소유의식, 애착심, 책임감과 협동심도 끌어낼 수 있어서 목표달성이 용이해진다.

참여 없는 민주화는 허구이다. 참여는 참여자를 위한 것이 아니라 오히려 지도자와 조직을 위한 것이다. 교사를 위한 선심이 아니라 교장 자신과 학교를 위한 것이라는 사실을 알아야 한다. 민주적 학교경영은 참여행정·참여경영이다.

민주화는 곧 분권화로도 통한다. 모든 권한이 계속 밑으로 내려와 조직구성원과 학생, 학부모, 주민의 피부 가까이에서 경영과 행정이 이루어지는 것이다. 작은 정부 지향으로 교육부의 조직과 기능은 줄어들고, 지방교육청 책임하에 그 지역 교육과 교육행정을 하게 하는 것이다. 이것이 지방교육 자치이다. 원래 공립학교는 지방자치단체의 것이다. 교육청은 다시 교장에게 학교경영권을 맡기고(학교단위 자율책임경영제), 교장은 다시 교사에게 권한을 주어(교사권한 확대, teacher empowerment) 학생을 가르치게 한다. 교사는 다시 학생 스스로 배워 가도록 학습의 주도권을 주어 자기 주도적 학습을 해 나가게 한다. 이것이 교육의 분권화 현상이다. 중앙집권적, 획일적, 원격조정적 행정과 경영은 아무리 좋은 것이라도 민주라고 할 수 없고, 민주적이 아닌 것은 실패할 수밖에 없다. 전국(전교) 획일적인 것을 일시에 심으려는 정책(방침)은 실패를 전제로 한 것으로 봐야 한다.

분권화는 곧 다양화, 특성화와도 통하는 것인데 이를 민주화의 요체라고 믿는다면 이제는 죽이 되든 밥이 되든 밑에다 믿고 맡기려는 경영태도를 가져야 한다. 믿고 맡길 때 밑에서도 나름대로 잘하려고 노력하고, 그런 속에서 밑에서 사람이나 조직도 클 수 있는 것이다. 모든 것을 위에서 틀어쥐면 밑에서 클 수도 없고, 또 큰 사람이 나올 수도 없게 된다.

참여와 분권에 의한 학교경영 방안을 구상하길 권고한다. 이를 자유방임으로 착각하거나 오해해서는 안 된다. 참여와 분권에 의한 경영을 하려면 경영자는 과거보다 더 노력하고, 더 공부하고 연구하지 않으면 안 된다. 민주적 학교경영을 위해서 참여와 분권화를 위한 의사결정 체제를 만들 필요가 있다. 학교운영위원회도 그중의 하나이다. 학교운영위원회 외에 가르치는 전문영역에서의 의사결정 기구나 조직도 고려할 수 있다.

나. 자율과 책임

또 다른 민주경영 요소의 하나는 자율과 책임이다. 이는 분권과도 통하고 참여와도 통하는 말이다. 스스로 정해 놓은 규율과 기준에 의하여 판단하고 행동하고 자신의 행동에 대하여 스스로 책임을 지는 것이 자율이다. 또 남이 시켜서 행동하는 것이 아니라 자기 스스로 행동하기 때문에 자발성, 자기 주도성이 자율성 속에 내포된다. 그래서 자율 속에는 자기기율, 자기관리, 자기통제, 자기통치, 자기지시, 자기주도의 의미가 포함되어 있어 자기 자신에게 엄격하게 된다. 자율을 하려면 자신과 타인에 대한 강한 신뢰와 믿음이 있어야 한다. 자신과 남을 믿지 못하면 자율을 할 수도 없고 자율을 주거나 받을 수도 없다.

자율은 자신에게 대하여 엄격하고 또 자기 행동에 대하여 책임을 지기 때문에 자유방임이나 방종과는 구별된다. 타인의 지시를 받아서 한 행동에는 책임이 작으나 스스로의 판단에 의한 행동에는 무거운 책임을 져야 한다. 책임이 보장되지 않는 자유나 자율은 허용될 수 없다. 자율이 주어질 때 일이 재미도 있고 성과도 높아질 수 있다. 특히 가르치는 일은 자율성이 많이 요구되고, 또 교사들은 자율성의 욕구가 상당히 높다. 교사들은 자율성의 욕구와 존경의 욕구에 많은 결핍증을 느끼고 있다.

자율적이지 못한 조직은 변화무쌍한 상황에 적절히 대응하고 적응하기 어려워 성장 발전하기 어렵고, 심한 경우는 생존에 위협을 느끼기까지 한다. 중앙의 지시나 타인의 허락을 받으려고 기다리는 동안 기회를 놓쳐 버리기 때문이다. 자율과 책임에 의한 학교경영을 하려면 분권화의 원리에 의하여 학교장에게 대폭적인 권한을 넘겨줘야 한다. 중요한 것은 교육과정, 인사, 재정이다. 무엇을 어떻게 가르칠 것인가를 대부분 학교단위에서 결정할 수 있어야 한다. 교육과정이나 교과서 결정권과 선택권이 학교단위에 있어야 학교의 자율경영이 가능하다. 물론 교과서도 종류가 많아지고 다양해지고, 또 독특하고 다양한 학교가 생겨나게 된다. 학교에 내려온 교육과정, 교과서, 교육 프로그램 결정권은 전문 교사집단의 공동 의사결정 노력에 의하여 행사된다.

학생 선발권과 졸업에 관한 것도 학교단위에 맡겨지고 학부모도 어느 정도 학교선택권을 행사할 수 있어야 한다. 학교와 학부모의 선택권, 쌍방 계약에 의하여 학생이 입학·졸업할 수 있어야 자율경영·책임경영다운 학교경영이 가능해진다. 지금은 학교도, 학부모도 선택권이 없기 때문에 학교에 대한 주인의식도, 소유의식도, 애착심도 없게 되어 모두 남의 학교처럼 생각하고, 남의 학교처럼 무책임하게 경영하고, 또 교사들은 무책임하게 순환근무제로 떠나게 된다. 이로 인한 비능률과 낭비는 이루 표현하기 어려울 정도이다.

학교에 필요한 교장, 교사, 직원 등 인사권도 단위 학교로 내려와야 한다. 특별한 이유가 없는 한, 한 학교에서 평생을 바쳐 자율적으로 학생을 교육하고 또 책임을 지게 해야 한다. 책임을 다하지 못하면 다른 학교로 떠나는 것이 아니라 교직 자체를 그만둬야 한다. 교장 초빙제, 교사 초빙제가 그 시작이다. 초빙된 교장·교사·직원은 그 학교에 생을 바쳐 교육과 경영을 하고 무능하다고 판단되면 직업 자체를 바꾸게 되어야 한다. 교장은 같이 일할 교사 팀을 구성하여 책임지고 학교경영을 할 수 있도록 해 줘야 책임경영을 할 수 있게 된다. 서무계통 직원도 교장이 인사권을 가져야 한다. 만일 교장이 잘못 경영하면 팀 전체가 책임을 지고 물러나게 되어야 실질적 책임경영제가 된다.

지금 미국 일부에서는 공교육의 사립화 현상이 일어나고 있다. 사립교육(학교)회사가 교육과정, 교과서, 교육 프로그램을 개발하고 교사 팀을 구성하여 학교운영위원회와 계약을 맺어 일정기간 동안 이들과 함께 한 학교의 교육을 전적으로 책임지고 경영하는 제도이다. 그런데 이런 계약제가 확대되고 있다. 공립학교제도에 위협을 가하고 있는 것이다. 나태하고 안이한 교원은 발붙일 여지가 없다. 학교운영위원회가 사립교육회사에 운영을 맡기면 공립의 교장을 비롯한 교직원은 모두 일자리를 잃게 된다.

학교의 자율책임경영이 되려면 인사권 외에 실질적인 재정권이 학교에 넘겨져야 한다. 교육청은 학생 수 등을 고려해서 일정한 공식에 의하여 공정하게 재정을 배분하는 일만 하고, 배분받은 돈을 어디에 어떻게 쓸 것이냐는 각 학교에 맡겨야 한다. 각 학교의 돈 쓸 곳을 가장 잘 아는 것은 각 학교 자신이다. 교육청은 계획서와 연말 보고서에 의하여 감독하면 된다. 일종의 도급경비식으로 학교 재정을 운영하게 되는 것이다.

다. 전문성

민주, 민주적 경영은 골고루 나누어먹기식은 아니다. 전문가에 맡겨 일을 효과적, 효율적으로 하는 것도 민주화이다. 이 전문성은 앞에서 언급된 자율성, 책임성과도 연결된다.

　　교직을 전문직이라고 한다면 전문성에 의하여 학생을 교육하고, 전문성에 의하여 학교가 경영되어야 한다. 분권화에 의하여 권한이 대폭적으로 학교로 넘어오게 되면 교장과 교사는 더욱 고도의 전문성을 갖고 학생을 교육하고, 학교를 경영하지 않으면 안 된다. 학교 수준에서 전문성이 약하면 분권화하지 않고, 중앙집권적이고, 획일적인 교육을 하는 것만 못하게 된다.

　　교육과정과 인사권, 재정권이 학교로 넘어오면 교사와 교장은 전문교육과정 운영자가 되고 전문경영인이 되어야 한다. 교사와 교장은 연구자의 수준으로 격상되게 된다. 주어진 것을 시키는 대로 하는 시대를 마감하게 된다.

　　학교운영위원회가 학교운영의 중요한 일을 하게 되지만 이는 어디까지나 비전문가 집단이다. 교육위원회처럼 비전문가들이 교육을 통제하고(비전문가통제, lay control), 전문가 교육감이 교육청에서, 그리고 전문가 교장이 학교수준에서 전문적 경영(professional management)을 하게 되어 있다. 학교운영위원회가 예산, 결산, 주요방침을 결정해 주면 교육과정운영 등 가르치는 문제는 전문 교사단(프로그램 팀)에 의하여 전문적으로 운영되어야 하는 것이다. 학교운영위원회라는 비전문정책(방침) 결정단의 의견도 존중되고, 이를 집행·실천하는 전문 교사단(프로그램 팀)의 의견도 존중되어야 한다. 이렇게 전문성에 대한 기능과 역할의 분담이 상호 존중되는 것이 민주이다. 학교운영위원회와 전문교사단 사이를 연결해 주고 조정하는 연결핀의 역할은 교장과 교사대표 학교운영위원회들이 담당하게 된다. 이들이 비전문적 학교운영위원회로 하여금 비교육적 의사결정을 하지 못하도록 전문적 조언을 해야 하는 것이다.

학교가 전문가에 의하여 전문적으로 운영되기 위해서는 우선 교장의 경영 전문성을 길러야 한다. 교장은 지금까지 학생을 가르치면서 생활해 왔지 전문경영인의 수업을 해 오지 못했다. 학교도 이제 전문 경영인에 의한 경영이 어느 정도 요구되고 있다. 그래서 미국에서는 학교 전문경영회사까지 나타나고 있는 것이다. 교사의 전문성도 높아져야 하고, 교사의 참여가 필요하다는 것이다. 학교에서 전문가로 구성된 전문위원회가 활발하게 활동해야 한다. 교육과정위원회, 특별 활동운영위원회, 학교경영 기획평가위원회, 인사위원회, 재무위원회, 교육자료·시설위원회 장학위원회 등을 생각해 볼 수 있다. 소규모 학교에서는 교사회로 통합 운영할 수도 있을 것이다.

민주적 학교경영을 위해서도 전문성이 인정되고 존중되어 전문적으로 교육이 이루어지고 경영되어야 한다.

3. 학교교육의 질 향상

민주적 학교경영의 결과는 학교교육의 질 향상으로 나타나야 한다. 학교교육의 질 향상을 가져오지 못하면 민주적 학교경영의 의미는 반감될 수밖에 없다. 민주적 학교경영을 해야 한다는 논리를 펴기 어렵다.

학교교육의 질을 향상시키려면 ① 교사, ② 교육과정, ③ 교재·교구·교육시설과 환경, ④ 학생의 4변인에 변화의 초점을 맞춰야 한다. 사실은 이번 교육개혁안도 여기에 초점이 맞춰졌어야 한다.

먼저 각 학교는 학교 나름대로 그 학교에 헌신할 수 있는 능력 있는 교사를 확보할 수 있어야 한다. 신규 채용부터 한 학교단위로 계약 채용하는 방안을 시도해 볼 필요가 있다. 각 학교단위로 능력 있고 열성 있는 교사를 보상해 줄 수 있는 방안을 찾아야 한다.

유능한 교사를 채용했어도 계속 성장하고, 발전하고, 능력을 발휘하도록 노력해야 한다. 신바람 나서 일하게 하는 방안을 교장과 학교운영위원회는 강구해야 한다.

무엇보다도 교사들이 소속 학교에 대하여 주인의식, 소유의식, 애착심을 갖도록 해야 한다. 한 학교단위 기간계약 채용, 평생계약 채용제를 검토해 볼 필요가 있다. 뭐니 뭐니 해도 교사에게 최고의 대우를 해 줄 수 있어야 한다. 교직원 보고 국가를 위해 충성하라고 하기 전에 한 학교를 위해 충성하라고 하는 게 더 실질적이다. 공립학교의 교사는 지방자치단체의 교원이어야 한다.

학교의 교육과정은 학생들에게 유용하고 쓸모 있는 것으로 구성되어야 한다. 학생들 보고 쓸데없는 것을 배우는 데 열심히 하라고 하기 때문에 학교가 재미없고 지겨운 것이다. 학생들은 입시를 위해서 학교에 가는 것이 아니라 생활에 유용한 것을 배우기 위해서 학교에 가게 되어야 한다.

학교에 교육과정 구성권이 많이 내려오고, 학교장 재량시간이 확대되면 각 학교는 학생에게 유용한 것을 가르치려는 데 노력을 집중해야 한다. 특별활동을 통해서라도 학생들로 하여금 학교에서 좋아하는 일, 재미있는 일을 하면서 그들의 귀중한 시간을 보내게 계획해야 한다. 왼쪽 뇌만 쓰는 아이들만 활개 치게 만들지 말고, 오른쪽 뇌, 손기술·발기술 쓰는 학생, 따뜻한 가슴을 가지고 있는 학생들도 살판나게 해 줘야 교육의 질이 향상된다. 학교별로 교육 과정이 달라지려면 획일적인 대학입시제는 사라져야 한다. 대학에도 학생 선발권이 자유스럽게 주어져야 한다.

교육시설, 교재·교구, 학습 환경이 최소한 우리나라 국민총생산량에 걸맞게 개선되어야 하고, 나아가서 선진국이 되려면 GNP 비례 이상으로 앞질러 교실에 돈을 집어넣어야 한다. 더 큰 것을 얻으려면 더 많이 앞질러 투자해야 한다. 학교운영위원회에서 학교 나름대로 방안을 마련하여 교실환경을 개선할 수 있도록 제도적 구속, 법적 구속의 틀을 벗겨 줘야 한다. 학교별로 차이가 나는 것은 교육청·교육부의 자금으로 조정하는 균형투자를 하면 된다.

학생들이 학교생활에서 기쁨이 넘치게 되어야 한다. 학생이 모두 한 사람 한 사람으로 존중되고, 쓸모 있는 것을 배우는 데 즐겁게 되면 학생들은 가지고 있는 능력의 범위 내에서 최선을 다하게 되고, 그렇게 되면 학교교육의 질은 저절로 향상되지 않을 수 없다. 또 학생 자신들의 생활에 대하여 스스로 자기평가할 수 있는 기회를 주면 이 자기평가를 바탕으로 하여 스스로 개선 노력을 하게 된다.

민주적인 학교경영은 학생에게도 똑같이 참여와 분권, 자율과 책임, 전문화 노력이 기울여져야 한다. 학생들의 인간적인 학교의 삶, 이를 바탕으로 한 학교교육의 질 향상이 민주적 학교경영의 궁극적 목적이 되어야 한다.

학교교육의 질 향상을 위해서는 학교의 저변에 깔려 있는 학교문화가 질의 학교로 바뀌어야 한다.

이제 세상은 量의 시대에서 質의 시대로 바뀌었다. 세계 여러 나라는 교육의 질에 나라의 운명을 걸고 교육개혁을 하고 있다. 많은 사람에게 많은 것을 가르치려고도 노력해야겠지만 이에 못지않게 질의 교육을 보장해 줘야 한다. 학생들은 학생이기 이전에 한 인간이므로 학생들이 학교에서 먼저 인간 대접을 받아야 한다. 학생들이 학교에 공부하러 가기도 하지만 학교에 살러 가기도 한다. 학생들의 공부의 질, 학습의 질 이전에 삶의 질을 따져 봐야 한다. 학생들은 그들 생의 많은 시간을 가정과 사회가 아닌 학교에서 살고 있는 것이다. 왼쪽 뇌를 잘못 써서 외우지 못하는 것이 무슨 원죄나 타고난 것처럼 너무 다그치지 말았으면 좋겠다.

학교단위에서 교사, 교육과정, 시설과 환경, 학생들 하나하나의 변인에 대하여 심각하게 살펴보고 자율·책임할 수 있게 되어야 한다.

4. 결론: 학교문화의 형성

민주적 학교경영을 위해서는 ① 참여와 분권, ② 자율과 책임, ③ 전문성이 바탕에 깔려야 한다. 민주적 학교경영도 결국 학생을 잘 가르치기 위한 것, 즉 교육의 질을 향상시키고 보장해 주기 위한 것이다. 교육의 질 향상을 위해서는 ① 교사, ② 교육과정, ③ 교육시설·환경, ④ 학생에 변화를 줘야 하는데 이들 4변인에 관한 권한이 교육이 이루어지고 있는 현장인 학교수준으로 내려와야 한다. 특히 ① 교육과정, ② 인사권, ③ 재정권이 학교수준으로 내려와 학교단위 자율책임경영제가 되어야 하는데 이것이 곧 민주적 학교경영의 출발점이 된다. 학교에 내려온 권한을 민주적으로 행사하기 위하여 참여와 자율, 전문성이 존중되어야 한다. 학교에 내려온 권한은 다시 교사, 교실, 학생에게로 넘겨져야 한다.

교육의 질 향상을 위해서는 이를 위한 새로운 학교문화로 형성되고 바뀌어야 한다.

① 관료적 의사결정 체제로부터 참여적 공동의사결정 체제로 바뀌어야 한다. 학교운영위원회와 전문프로그램 운영위원회로 대별될 수 있을 것이다. 프로그램 운영위원회안에 앞에서 언급된 교육과정위원회, 학교경영 기획평가위원회, 인사위원회, 재무위원회, 교육자료·시설위원회 등을 두어서 전문가에 의하여 학교가 경영되도록 할 수 있다.

② 수락과 순응을 강요받던 학교문화에서 창의와 비판적 사고가 존중되는 문화로 바뀌어야 한다. 창의와 비판은 민주화의 촉진제인 동시에 질 향상의 열쇠이기도 하다.

③ 굳어진 계층적 구조로부터 전문적 동료적 구조로 바뀌어야 한다. 상하 수직적 계층개념보다 전후 수평적 전문성개념이 강조되어야 한다.

④ 고립체제로부터 협동적 공동체로 바뀌어야 한다. 학년·학급·교과로 갈라져 벽돌로 칸막이한 속에서 고립되어 조각난 지식을 학생들에게 각자 가르치던 고립체제에서 공동운명이라는 인식 아래 협동적으로 가르치고 배우는 체제로 바뀌어야 한다. 전문직은 고립성보다 협동성을 더 요구받고 있었다는 것을 교육자들은 잊고 있었다.

⑤ 교사와 학생의 수동적 태도가 적극적, 열정적 태도로 바뀌어야 삶의 의미도 있고 성과도 올라갈 수 있다.

⑥ 전통지향의 학교로부터 혁신지향의 학교로 바뀌어야 한다. 그러나 개혁을 위한 개혁, 보여 주기 위한 개혁은 위험천만이다.

⑦ 기관과 개인을 비난하지 말고 기관과 개인의 책임을 강조해야 한다. 책임에 대하여는 자율과 책임에 대하여 말할 때 이미 강조한 바 있다. 최근에 기관과 개인을 평가하려는 경향이 많이 나타나고 있는데 이것이 비난하기 위한 것으로 쓰여서는 안 된다.

⑧ 경쟁으로부터 협동의 문화로 가야 한다. 그동안 학생들만 지독하게 경쟁시키더니 이제는 공급자 경쟁이라고 하여 교사, 학교, 교육청, 대학을 모두 경쟁으로 몰고 가려고 하는데 여기에도 부작용이 심각할 수 있다. 교육에서는 경쟁보다는 협동이 더 강조되어야 한다. 경쟁시키며 협동하라고 하면 어렵게 된다.

⑨ 획일성으로부터 다양성으로 가야 한다.

⑩ 분리로부터 통합성으로 새로운 학교문화를 형성해야 한다.

지도자는 이러한 학교문화를 창조하고 형성하면서 민주적 학교경영을 실천으로 옮겨 학교교육의 질 향상, 삶의 질 향상에 지도력을 발휘해야 한다.

민주적 학교경영을 위해서는 먼저 분권화, 자율·책임에 의하여 학교단위 자율책임경영제가 되어야 한다. 교육과정과 인사, 재정에 관한 권한이 학교에 위임되는 것이다. 학교에 내려온 권한은 다시 참여와 분권, 자율과 책임, 전문성에 의하여 민주적으로 경영되어야 한다. 학교운영위원회의 비전문 의사결정기구와 프로그램 운영위원회의 전문경영기구 설치가 중요한 기능을 한다. 이러한 민주적 학교경영으로 교육의 질 향상을 가져와야 하는데 이를 위해서는 교사, 교육과정, 학습 환경, 학생의 변화에 초점을 맞춰야 한다. 또

이를 실현하기 위하여 학교지도자는 새로운 학교문화 형성에 노력
해야 한다. 이러한 논리를 그림으로 요약해 본다.

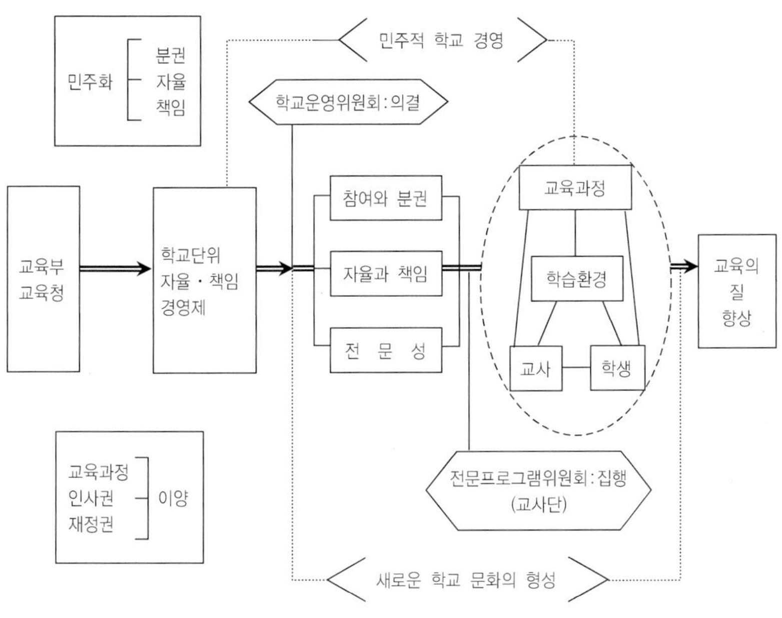

〈그림 3-6〉 민주적 학교경영 체제

V

교육행정가의 윤리*

1. 서론: 교육행정 윤리의 중요성

인간의 행동은 도덕성과 윤리를 떠나서는 조금도 생각할 수 없다. 교육행정 행위도 도덕과 윤리의 바탕 위에서 이루어지게 된다. 그런데 그동안 교육행정과 교육행정학에서 도덕과 윤리적 측면을 너무 등한시하고 또 행정가 양성이나 연수에서도 한마디 언급조차 없었던 실정이다. 그래 놓고서는 어떤 사고가 발생했을 때나 부정부패 현상이 벌어졌을 때나 '도의적 책임'이니 '교육자로서' 그럴 수 있느냐는 식으로 비난하기에만 바빴다.

윤리·도덕은 비슷한 말로 섞어 쓰기도 하고, 또 같이 붙여 쓰기도 하지만 좀 구별하여 쓰기도 한다. 구별하자면 도덕성(morality)은 인간으로서의 의무와 책임에 대하여 역사적으로 조건화되고 체제적으로 만들어진(개발된) 이론이다. 그래서 도덕성은 자기이익에 중심을 둔 사회적으로 받아들여진 규칙이라고 할 수 있다. 예를 들면 "청색신호 시에 건너야 한다."와 같은 것이다. 이성적 관념 체계라

---

* 경북 안동교육청 초·중등교감 충남대 방문 연수 강의(95. 12. 11.).

기보다는 인간사회의 일반적 생활양식이다.

이에 비하여 인간성장과 문제 상황에 적용되는 개인적 동의(com-mitment)와 도덕이론의 비평이라고 할 수 있다. 그래서 윤리는 다른 사람을 고려한(other – oriented) 규칙이다. 예를 들면 "자기 것이 아니면 갖지 말라."와 같은 것이다. 윤리(ethics)라는 말은 'ethos'에서 나온 것으로 사람이 지켜야 할 행위규범, 행위준거를 제공해 준다.

엄격한 의미에서 전문적, 학문적으로는 이렇게 구별되겠지만 여기서는 혼용해서 쓰기로 한다.

가. 교육행정 연구에서의 윤리

그동안 교육행정에서의 연구가 지나치게 논리 실증주의에 빠져 있었다. 가치배제 또는 가치중립을 내세워 사실만이 믿을 수 있는 지식이고, 관찰 가능하고 측정 가능한 것만 지식이라고 생각하였다. 객관화, 과학화를 내세워 경험적으로 검증하는 일이 연구라고 했었다. 경험주의에 의한 합리성·논리성을 강조하여 계량적·통계적 접근에 치우쳤었다. 그리고 행정에서 눈에 보이는 기교에 편중되어 있었다.

그러다가 1960년대 말 1970년대 초 소장파 일반 행정학자들이 이에 이의를 제기하고 나섰다. 행정에서 눈에 보이지 않는 가치·신념·철학·윤리가 오히려 눈에 보이고 겉에 드러난 행위보다 더 중요하다는 주장이다. 행정철학과 행정윤리도 이런 흐름과 함께 강조되기 시작한 것이다. 논리 실증주의에 대항하여 현상학(現象學)이 강력하게 대두된 것이다. 일반 행정학에서는 이를 신행정학(新

行政學)이라고 하였다. 그래서 객관적 연구가 아닌 주관적 접근, 질적 연구(質的研究)가 활발해지기 시작한 것이다. 이들은 통계적・수학적 접근만 하는 사람들을 통계광신병 환자라고 불렀다.

그런데 교육행정은 일반 행정보다도 더 가치의 문제를 다루고 있음에도 불구하고 일반 행정에서의 이러한 변화와 흐름을 외면한 채 사실(事實)과 가치(價値)를 二分法에 의하여 분리하고 가치배제・가치중립적 계량적 접근만 해 왔던 반성이 있다.

이제 전자와 후자 간에 균형과 조화가 요구되고 있다. 필요에 따라 논리 실증주의에 의한 가설 연역적 연구도 해야겠지만 현상학에 의한 사례연구, 비교연구, 역사적 연구로 질적 접근도 해야겠다. 행정윤리나 행정철학은 후자의 접근이 더 알맞을 것이다.

나. 行政實際에서의 倫理性

행정행위는 곧 윤리적 행위이고 행정실제는 윤리적 실천이라고 할 수 있다. 그래서 행정행위는 윤리와 도덕성을 빼놓고는 도저히 설명이 안 된다. 행정가와 행정인은 개개인의 윤리관과 가치관, 사고방식에 의하여 행정에서의 윤리구현에 영향을 받는다. 그리고 행정가는 자신의 행정행위에 대하여 윤리성과 책임성을 확보하지 않으면 그 행정행위는 정당화될 수 없다.

Achilles, Keedy & High(1994)는 행정을 도덕적・윤리적 행동으로 <그림 3-7>과 같이 설명하고 있다.

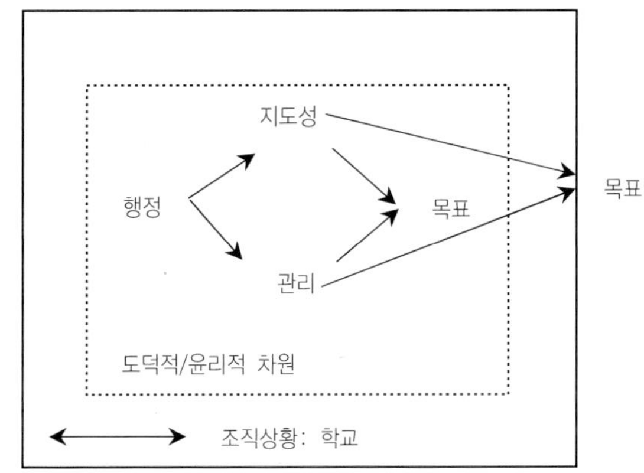

〈그림 3-7〉 도덕적/윤리적 행동으로서의 행정*

　교육행정에서 달성하고자 하는 목표 자체가 윤리성을 가지고 있다. 더 좋은 국가와 살기 좋은 사회를 만들고자 한다든지, 바람직한 인간을 육성하고자 한다든지, 문화유산과 가치·규범을 유지·보존·발전시키고자 한다든지 하는 이 모두가 윤리적 방향성을 가지고 있었던 것이기 때문에 교육행정에서 윤리성이 강조되지 않을 수 없다.

　행정윤리에서 소극적 측면으로 부정부패의 제거와 공직윤리의 확립문제가 있다. 과거의 행정윤리는 이 소극적 측면에 주로 관심을 가졌었다. 공직자가 지켜야 할 규범적 기준, 개인의 존엄성과 생활향상이란 행정 목표와 사명을 지향하는 가치와 당위, 행정가의 행동규범으로서의 올바른 판단과 선택, 행정행위에 필요한 능력, 정책관리자의 도리·도덕·규범·책임의 적극적 측면도 있다. 교

---

* C. M. Achilles, J. L. Keedy and R. M. High "The Political world of the Principal: How Principals Get Things Done." in Larry W. Hughes(ed.) The Principal as Leader(N. Y.: Macmillan, 1994), p.33에서 그림제목을 바꿈. 그림 측면에서 상호 관련성을 나타내는 지도성/관리/행정의 관계성.

육행정 전문직 윤리문제 등은 가볍게 넘길 수 없는 중요한 문제들이다.

교육행정가의 개인도덕, 조직도덕, 더 나아가서 환경-사회적 책임으로 넓혀 나가면서 행정실제에서의 윤리적 문제를 따져 볼 수도 있다.

2. 교육행정과 가치(價値)

이제 우리는 교육행정에서 가치를 배제할 수 없다는 것을 알았다. 가치 배제적이기보다는 오히려 가치 전제적이고 가치실현을 목적으로 한다. 특히 정책이라는 것은 '권위적 가치의 배분'이며 정책과 가치는 합동이라고 한다.

교육행정가는 <그림 3-8>의 왼쪽에서 '좋음'과 '옳음'이라는 가치연속선상의 어느 지점을 선택하여 행동하는 것이다. 연속선의 밑에 비중을 두면 자기의 선호, 정의적, 자기이익과 자기관심으로 기울어져 합리 이하의 가치유형 Ⅲ을 선택하는 것이다.

중간지점을 선택한다면 행동의 결과와 집단과 조직·사회적 합의를 인지적으로 고려하여 집단과 조직에 관심을 두고 가치유형 Ⅱ의 합리적 결정을 하게 되는 것이다.

연속선의 윗부분 옳음·정의 쪽을 선택하면 원리와 원칙을 능동적·의지적으로 찾는 것으로 조직 이상의 인류와 인간에 관심을 두고 초합리적 결정을 하게 된다.

결국 교육행정가는 행정행위를 할 때 가치선택을 하는 셈이다.

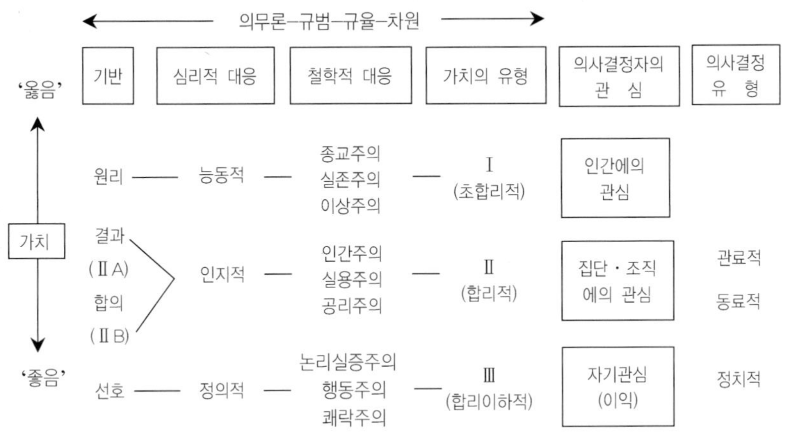

〈그림 3-8〉 가치개념의 분석적 모형

교육행정가의 가치관에 의하여 <그림 3-9>와 같이 산출되는 행정행위가 달라진다. 물론 행정가의 지각이나 기술과 능력에 의해서도 달라진다.

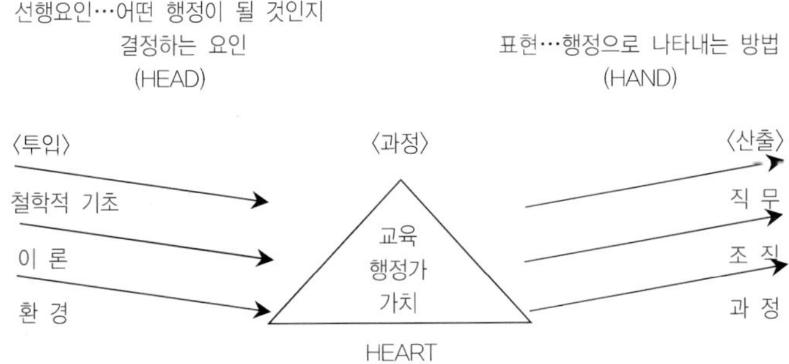

〈그림 3-9〉 교육행정의 프리즘적 구조(Hack and Others, 1965, p.7)

3. 교육행정과 철학

　교육행정행위는 교육행정가의 철학이 밖으로 튀쳐나온 것으로
설명할 수도 있고, 교육행정의 과학적 측면과 직관적 측면을 철학
으로 걸러 내서 행정행위로 나타나는 것으로 설명할 수 있다. 어쨌
든 둘 다 행정행위 밑바닥에는 철학이 있다는 것을 전제한다.

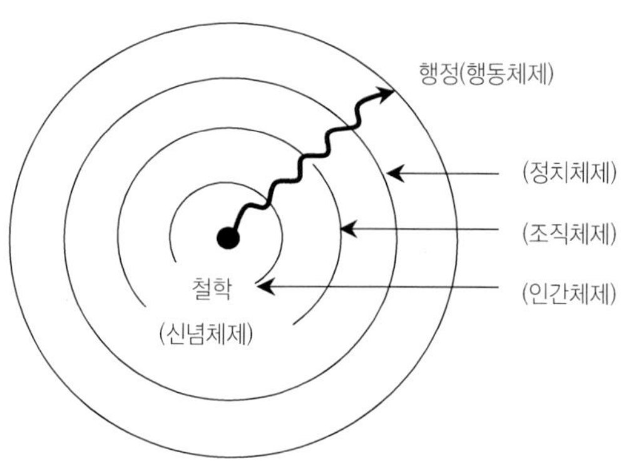

〈그림 3-10〉 행정은 철학의 표출

　<그림 3-10>에서 ① 교육행정의 철학에 해당하는 신념체제가
② 행정가 개인의 욕구·욕망, 이해관계로 얽혀 있는 인간체제를
뚫고, ③ 학교나 교육행정 조직의 상황과 여건에 해당하는 조직 체
제를 통하여, ④ 여러 이해집단 간의 권력투쟁, 압력, 정치활동의
정치체제를 넘어서 나온 ⑤ 행동체제가 교육행정이라고 할 수 있
다. 이러한 여러 체제를 통과해서 행정을 하려면 신념대로 곧장 직
선으로 나오지 못하고 약간 굴절을 하게 된다. 그렇더라도 교육행
정가의 철학, 신념, 소신, 윤리성과 도덕성은 여전히 중요하다.

<그림 3-11>은 교육행정의 과학 측면에 해당하는 과학적 지식과 연구와, 직관적 측면의 경험·지혜·상식 등을 교육목적·신념·철학·자아개념으로 짜인 평가적 망으로 걸러 내서 의사결정, 계획, 조정, 의사소통, 변화, 집단과정, 지도성 등의 행정행동을 해야 효과적인 행정을 하게 된다는 것을 나타내려는 것이다. Head에 해당하는 과학적 측면을 Heart에 해당하는 철학으로 걸러 내서 손·발(Hand)을 움직이는 행정을 잘하게 된다고 할 수 있다.

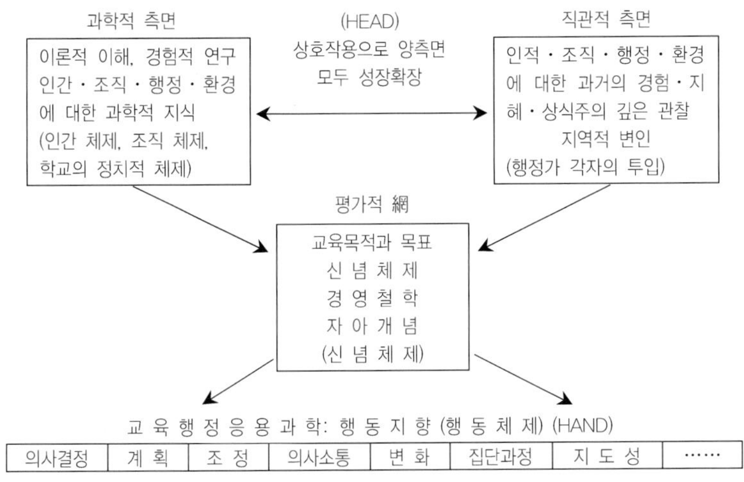

〈그림 3-11〉 행정효과성 모형(Sergiovanni & Carver, 1980, p.54.약간수정)

행정가의 가치와 신념에 해당하는 Heart가 어떤 사고(思考)의 과정에 해당하는 Head를 거쳐 결정, 행위와 행동을 하는 Hand가 움직이고 이것이 각각 Heart와 Head에 피드백되는 3H의 지도성으로도 모색해 볼 수 있다.

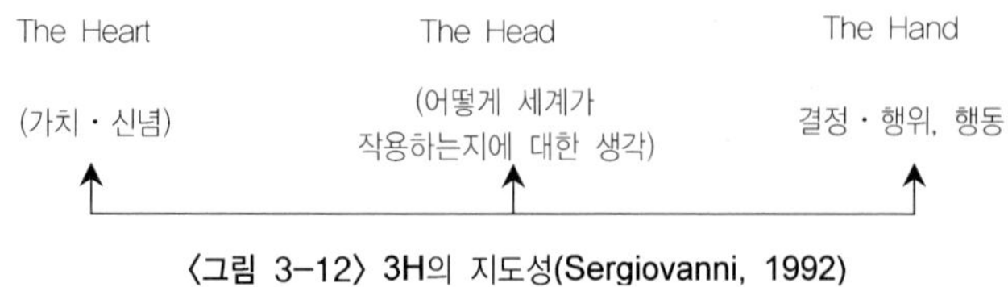

〈그림 3-12〉 3H의 지도성(Sergiovanni, 1992)

아직은 이렇게 저렇게 여러 가지로 모색하는 단계이지만 행정은 철학이 스며 나온 것이라는 생각만은 확실하다. 그러므로 교육행정가에게는 올바른 철학이 있어야 하고 그래서 교육행정가 양성과 연수 프로그램에 교육행정철학이 들어가야 한다는 것이다.

그리고 교육행정가는 자신의 철학을 행정으로 펼칠 때 행정하는 보람이 있다. 교육행정가로 하여금 어느 정도 철학을 펼 수 있도록 자율권이 주어져야 한다.

4. 교육행정윤리

교육행정에 있어서의 윤리적 측면에 대하여 생각해 보기로 한다.

가. 행정윤리는 교육행정가의 일상적인 일

행정윤리는 어떤 특수한 일이 아니라 행정가들이 항상 부딪히고 있는 일상적인 일이다. 윤리성이 개입되는 일이 너무나 많다. 한 학년에 2개 반이 있는데 학부모 중 유력인사들이 보다 더 유능한 김 교사의 반에 배정해 달라고 교장에게 부탁을 하다가 마침내 압력을 넣는다. 어느 교사에게서 자녀를 배우게 할 것이냐는 학부모의 정당한 권리라는 것이다. 그리고 교사와 학생이 조화를 이루어야 하고, 학생은 잘 맞는 교사에게서 배워야 한다는 논리이다. 한국에서도 최근에 소비자 선택권 보장이 대두되면서 공개적, 노골적으로 요구하게 된다.

여기에 교장으로서는 公正性의 윤리적 문제에 부딪히게 된다. 공정성에 의하면 불리한 학생을 유리하게 하고 유리한 학생을 불리하게 배치해야만 한다. 개별학생의 행복을 보장해 줄 것인가 아니면 다수 학생을 위한 공정성을 고수할 것인가?

교육행정에 있어서 이런 윤리적 문제는 너무나 많다.

나. 표현의 자유와 윤리적 의사결정

한 국어 교사가 지역신문에 교육청 내 행정가와 교사들의 약점을 지적하는 글을 투고하였다. 이 일로 행정가와 교사들 사이에 불화가 생기게 되고, 교육위원회와의 협상에서 교육자들이 많은 손해를 보게 되었다. 여기에도 두 가지 입장이 있을 수 있다. 국민에게는 기본적으로 표현의 자유가 있고, 자유언론·언론의 자유가 보장된다. 그리고 있는 약점을 지적한 것이지, 없는 것을 거짓 보도한 것도 아니다. 그리고 이렇게 글을 쓴다는 것은 개인의 성장을 위해서 오히려 권장되어야 한다. 또 약점이 자꾸 지적되어야 시정되고 발전한다.

이에 대하여 교사의 언론보도로 타인의 복지에 손상을 준 것이 과연 옳은 행동이었느냐는 반론이 제기된다. 공리주의 입장에서 이익 극대화의 원리로 보면 한 교사의 지적으로 많은 교육자들이 임금협상이나 근무조건협상에서 불리한 입장이 되었다면 그 교사의 행동은 옳지 않았다고 볼 수 있다.

그러나 인간에 대한 평등존중 원리라는 황금률에 비추어 보면 아무런 잘못이 없다. 이 문제를 어떤 입장에서 볼 것인가?

다. 개인의 자유와 공익의 문제

어머니의 많은 병원비를 마련해야 하는 한 여교사가 다른 학구의 도시에 나가 야간업소에서 노래를 부르는 아르바이트를 하고 있는 것을 그 학교의 교장이 우연히 발견하게 되었다. 그 여교사는 학교에서 최우수 교사이고 학생들과 학부모의 인기도 대단히 높다.

우리나라에서는 교사에게 겸직금지라는 법조항이 있지만 아마 미국이나 다른 나라에서는 그런 조항도 없을 것이다. 이것을 품위 유지로 걸 것인가? 퇴근 후의 시간은 개인의 자유이고 이것으로 인해서 학생들을 잘못 가르쳤다는 증거도 없고 오히려 이 여교사는 교장이 보기에 최우수 교사이다. 또 어머니의 목숨을 구해야 하는 특수한 상황도 고려되어야 한다.

여기에 공익의 문제가 대두된다. 만일 이 사실이 감수성 예민한 학생들에게 알려진다면 어떻게 될 것인가? 이로 인해 다른 부업을 갖는 교사들이 생겨난다면 어떻게 할 것인가?

교장은 어떤 판단을 해야 할 것인가? 사실적 판단에 비중을 둘 것인가? 아니면 도덕적 판단, 가치판단에 의해서 어떻게 할 것인가?

사실적 판단은 사실에 근거하여 '잔디는 푸르다.'와 같은 판단을 한다. 도덕적 판단은 도덕원리가 기준이 되어 '우리는 항상 진실을 말해야 한다.'와 같은 것이다. 이에 비하여 가치판단은 자신의 선호가 개입된 것으로 '녹차가 커피보다 좋다.'와 같은 것이다. 교육행정가는 행정을 하는 동안 수많은 판단을 해야 한다.

라. 교육의 기회균등

교장이 지진아 지도를 위한 특별 프로그램을 만들고 여기에 재정을 배분하려고 한다. 그러나 학교운영위원과 교육위원들은 반대로 영재아 프로그램을 개발하여 여기에 많은 재정을 투자하라고 한다. 이런 상황에서 교장은 어떻게 해야 할 것인가?

돈은 한정되어 있는데 지진아에게도 기회를 주어야겠고, 영재아에게도 기회를 주어야 한다. 또 지진아도 아니고 영재아에도 소속되지 않는 학생들에 대한 재정 배분은 어떻게 해야 할 것인가? 이것은 민주주의에서 가장 기본적이고도 중요한 기회균등의 문제로 간단한 해답을 찾기는 어렵다.

도덕성의 입장에서는 동등한 것은 동등하게 해 주고, 다른 것은 다르게 해 줘야 한다. 적절성의 입장에서 보면 어떤 요인이 적절하세 다루어지고 있는가 이니면 부적절하게 다루어지고 있는가를 챙겨 봐야 한다. 능률성의 관점에서는 특정한 처치가 바람직한 결과를 초래했는가를 따져 봐야 한다.

마. 교육평가의 문제

3명의 화학교사 중 어떤 한 교사가 무능하다는 편지가 익명의 여러 학부모로부터 교육장에게 자주 오고 있다. 그런데 교장의 근무 평점에는 무능으로 평가되지 않고 있다. 유능하지는 않지만 아주 무능하지는 않다는 것이다. 이 교사가 가르친 반의 표준화 검사 점수는 다른 반에 비하여 낮지만 그 반의 비판력은 높은 것으로 나타나 있다. 교육장이 직접 이 교사의 수업을 1회 관찰했는데 수업은 엉망이었고 화학실험은 화재를 일으킬 정도로 위험한 상황이었다. 교육장은 이 교사를 해고시키려고 한다.

여기에 윤리적 갈등이 있다. 학생을 보호할 것이냐 아니면 교사를 보호할 것이냐의 문제가 있다. 인간적 접근을 할 것이냐 법적절차를 밟을 것이냐의 문제도 있다. 인간으로서 존중할 것이냐 한 교사로서 대할 것이냐도 생각할 수 있다. 익명으로 온 편지를 정당한 절차(due process)로 다룰 것인가, 자신이 1회 수업관찰한 것을 신뢰할 것인가 아니면 1차적 감독자인 교장의 교사평가를 더 신뢰할 것인가? 학생들의 표준화 점수에 비중을 둘 것인가 아니면 비판력을 높이 살 것인가? 교육장의 전문적 판단과 함께 윤리적·도덕적 판단도 많이 요구된다.

최근에는 교육행정가에게 문화적 지도력과 함께 도덕적 지도력이 강조되고 또 도덕적 지도력이라는 책도 나오고 있다. 그리고 교육적 지도력을 Moral Art라고 하는 사람도 있다. 교사들에게 일의 의의와 의미를 심어 주고 도덕적 참여를 불러일으키는 지도력이 이에 해당될 것이다.

5. 결론: 교육행정의 윤리적 실천

교육행정은 도덕적·윤리적 맥락 속에서 이루어진다. 교육행정은 곧 도덕적·윤리적 행동이요 실천이다. 그래서 앞으로 교육행정의 도덕적·윤리적 측면에 대한 연구와 관심이 많이 요구된다.

도덕적·윤리적으로 흠이 있는 사람은 더 이상 교육 지도자일 수 없다. 도덕성·윤리성 관리를 잘해야 할 것이다. 보다 적극적으로는 교육 지도자들이 윤리적·도덕적 지도력을 발휘하여 교사들에게 의의와 의미를 심어 주고 도덕적 참여를 불러일으켜야 할 것이다.

앞으로는 교육행정가를 위한 양성·연수교육에서 행정윤리가 중시되고, 교육행정가 선발·임용에 윤리성의 비중을 두어야 할 것이다.

교육행정윤리와 관련하여 하나 특별히 생각해야 할 점은 교육행정이 지나친 정치장단에 춤을 춰서는 안 된다는 점이다. 교육개혁안이 투표일 며칠 앞두고 발표하여 어떤 극적효과를 거두려고 한다든지, 점수 따기 위하여 일선학교에 방과 후 활동을 강요한다든지, 교육부 교육과정 시간배당 기준령을 어겨 가면서 자율학습, 보충학습을 시킨다든지, 학생들로부터 방학을 몰수하는 행위는 모두 불법일 뿐만 아니라 비윤리적, 비도덕적 행위이다. 전국 획일의 열린 교육 강제도 윤리적 측면에서 검토해 봐야 한다. 열린 교육은 우선 학교, 교사, 학생, 학부모에게 선택의 자유가 열려 있어야 한다.

윤리는 입으로는 안 된다. 행동으로, 몸으로 보여 줘야 한다. 교육행정가의 윤리도 몸으로 보여줌으로써 지도력을 발휘해야 한다. 행정은 입으로 하는 것이 아니라 윤리적 행동으로 하는 것이다. 우리의 교육 몸으로 가르치자.

참고문헌

김영종, 행정철학, 서울: 법문사, 1995.
김항규, 행정철학, 서울: 대영출판사, 1995.
유종해, 행정의 윤리, 서울: 박영사, 1992.
주삼환 역, 행정철학 서울: 법문사, 1986.
주삼환 역, 지도자의 철학, 서울: 법문사, 1989.

Cooper, Terry L. *Handbook of Administrative Ethics,* N. Y.: Marcel Dekker, 1994.

Hodgkinson, Christopher, *Administrative Philosophy,* N. Y.: Pergamon, 1996.

Hodgkinson, Christopher, *Educational Leadership: The Moral Art,* Albany: State University of New York Press, 1991.

Hughes, Larry W. *The Principal as Leader,* N. Y.: Macmillan, 1994.

Sergiovanni, Thomas J. *Moral Leadership,* San Francisco: Jossey－Bass－Publishers, 1992.

Sergiovanni, and Carver, Fred D. *The New School Executive:* N. Y.: Harper and Row Publishers, 1980.

Ⅵ

학교교육의 효과성과 효율성

교육행정의 가치체계에 있어서 효과성과 효율성은 제1의 공리이고, 가치 중의 가치라고 할 수 있는 초가치(超價値)라고 할 수 있을 만큼 중요시된다. 특히 1900년대 초부터 일기 시작한 과학적 관리시대에 효율성과 효과성이 강조되고, 신과학적 관리시대에 다시 강조되다가 최근에 교수효과성, 교사효과성, 학교효과성의 대두와 함께 더욱 강조되고 있다. 그리고 관료제에서는 합리성에 의한 목적달성의 효과성과 비용－효과의 비율에 의한 효율성, 그리고 합법성의 셋을 3대 지주로 하고 있을 만큼 효과성과 효율성을 근간으로 하고 있기 때문에 이들을 중요하게 추구하고 있다.

이 두 개념은 구태여 구별하자면 약간 구별되지만 때로는 거의 동의어로 쓰이기도 한다. 여기서는 두 개념에 대하여 살펴보고 나서, 이들의 측정과 연구에 대하여 알아보기도 한다.

1. 효과성과 효율성의 개념

가. 효율성

효율성을 'Efficiency', 효과성을 'Effectiveness'로 쓰고 있는데 학자에 따라서는 'Efficiency'를 효율성이란 말 대신에 '능률성'이라고 번역하기도 한다. 특히 일반 행정, 공공행정 분야에서는 대부분 능률성으로 번역하고 있다. 그러나 작업이나 일, 노력에서는 능률이란 말이 적합하겠으나 에너지나 열, 기계, 자금이나 경비 등을 다룰 때는 능률이란 말보다는 효율이란 말이 더 적합할 것 같다. 19세기 후반부터 공학분야에 Efficiency란 말을 쓰게 되었는데 공학에서는 '열 효율성'처럼 효율이라고 하는 게 좋겠다. 또 특히 여기서는 Effectiveness를 '효과성'이라고 한다면 이와 같은 '효'를 돌림자로 '효율성'이라고 하는 것이 더 어울릴 것 같다.

효율성은 과학적 관리시대 이전에는 미국 초대 재무장관 Hamilton, 그리고 Jefferson과 Jackson 대통령 때 민주주의와 함께 행정에 있어서 양대 이념으로 강조되기 시작하였다. 이때를 효율성 개념의 형성기(1915년 이전)라고 한다. 이때까지는 효율성과 효과성을 거의 동의어로 사용하였다. 옥스퍼드사전에서 효율성은 적합성(fitness) 또는, 달성의 힘, 목표달성에의 성공, 의도된 목표의 달성, 적절한 힘, 효과성, 효능성(efficacy)으로 기술하고 있다.

본격적인 과학적 관리시대의 대두와 함께 노력, 시간, 경비의 3요소에서 효율성을 강조하게 되었다. 이때를 효율성 개념의 정착기(1915 – 1940)라고 한다. 최소의 노력과, 시간, 경비로 최대의 결과와 서비스를 확보하는 것이라고 보았던 것이다. 이 당시 교육에서는 Raymond Callahan이 효율 지상주의를 주장했다.

이때의 효율관을 기계적 효율관이라고 한다. "투입과 산출의 비율, 노력과 성과의 비율, 지출과 소득의 비율, 비용과 효과(이익)의 비율"로 자동적, 기계적으로 계산하면 된다고 생각하였기 때문이다. 이것은 효율성의 제2의 개념이 된다.

효율성의 개념을 체계적으로 완성한 사람은 H. Simon이다. 투입과 산출의 비율로 본 효율성을 ① 행정이 대처하고 해결해야 할 필요량(needs), ② 행정 서비스의 성과 정도를 의미하는 효과량(effectiveness), ③ 사업목적과의 대비에서 성과를 뜻하는 성과량(performance), ④ 인원, 비품, 설비 등 물리적인 가동량을 의미하는 노력(efforts), ⑤ 작업에 소요되는 재원에 해당하는 경비량(expenditure) 등의 다섯 가지 개념으로 설정하였다.

Simon의 효율성관은 ① 만일 비용(costs)을 고정된 것으로 보면 수입(income)의 최(극)대화이고, ② 수입을 고정된 것으로 보면 비용의 최(극)소화라고 할 수 있다. 그리고 행정의 실제에 있어서는 수입의 최대화와 비용의 최소화를 동시에 고려해야 하는데 사실은 수입의 최대화와 수입의 최소화, 이들 양자의 차를 최대화시키는 것이다.

결국 효율성을 높이려면 낮은 비용으로 높은 결과를 얻으려는 것이다. ① B보다 A의 투입이 적고 B의 산출보다 A의 산출이 큰 경우, ② A보다 B의 투입이 적고 A의 산출보다 B의 산출이 큰 경우, ③ B보다 A의 투입이 적고 B의 산출보다 A의 산출이 적은 경우, ④ A보다 B의 투입이 적고 A의 산출보다 B의 산출이 적은 경우를 생각해 볼 수 있다.

그런데 행정에 있어서 노력, 시간, 경비 등 제한된 자원을 가지고 행정을 할 수 없는 경우가 많은데 이런 경우라면 결과의 최대화·극대화로 효율성을 높여야 할 것이다.

이러한 효율관에 대하여 ① 지나친 기계적 효율성이라는 점, ② 목적이 수단을 정당화시킨다는 점, ③ 여지없는 효율성이라는 점, ④ 가치화의 편견이라는 점에서 비판을 받고 있다.

단순화, 절약, 긴축으로 통용되던 기계적 효율관을 한때 행정을 성공적으로 끌고 가는 것처럼 보이게 했지만 인간에게 좋은 결과를 가져다 줄 수는 없다는 비판을 받으면서 사회적 능률관으로 바뀌게 된다. 이것을 효율성 개념의 확장기(1940 – 1960)라고 한다. 즉 "조직구성원의 근로의욕과 근무에 대한 만족감을 주는 동시에 서비스를 받는 고객이나 소비자의 만족을 기준"으로 효율성을 판단하는 것이 바람직하다는 생각이 대두된 것이다. 이는 다분히 인간관계론 대두의 영향으로 볼 수 있는데 행정수혜자의 주관적 만족에 의하여 효율성을 판단하려는 것이다. 경비보다 조직구성원의 만족감, 시민의 만족과 같은 다원적 이익, 조정의 절차 등 종합적 관점에서 효율성을 평가하려는 것이다. 그리고 양으로부터 질로 효율성의 개념이 바뀌어 가는데 질은 측정하기에 어려움이 있다는 약점이 있다. Barnard도 효율성을 개인 동기의 만족으로 보다 개인적인 것으로 보았다.

최근에는 민주성이 강조되면서 수단과정으로서의 효율성보다 행정목적으로서의 '좋은 생활', '서비스에 대한 만족'이라는 효율성이 강조되고 있다. 공동의사결정, 공동평가체제 등의 효율성이 강조되고, 효율성과 효과성(목표달성의 정도) 개념이 합쳐진 생산성의 개념이 도입되고 또 이와 비슷한 의미로 쓰이기도 한다. 또 표준 업적에 대한 실제업적의 비율을 노동자의 효율성으로 간주하는 입장도 있는데 이는 실제투입에 대한 실제산출의 비율을 적용했던 앞에서 말한 기계공학적 의미와는 다른 새로운 제3의 의미라고 할 수 있다. 성취하기로 했던 것과 실제로 성취한 것 간의 관계로 효율성을 보려고 한 것이다.

나. 효과성

효과성과 효율성이란 말은 19세기 말까지는 미국에서도 거의 동의어로 사용하였고 지금도 때로는 서로 섞어서 쓰기도 한다. 그러나 구태여 구별하여 쓰자면 효과성은 원하는 목적의 달성에 강조와 초점이 맞춰진다. 그래서 그 성질상 조직과 사회성에 비중이 기울어지는 경향이 있다. '협동적'으로 조직의 목적을 달성하는 것이 효과성이기 때문이다. 이에 비하여 효율성은 조직구성원의 개인적 동기에의 만족과 관련되기 때문에 성질상 개인적, 심리적이라고 할 수 있다.

효과성은 조직이 당초에 계획했던 목표를 달성했느냐, 못했느냐, 어느 정도 달성했느냐에 의하여 판단하기 때문에 과정과 수단, 방법에는 관심을 덜 기울이고 결과를 놓고 따지게 된다. 이런 측면에서 보면 효과정은 계획된 목표에 실제 달성한 목표의 비율을 가지고 따져 볼 수도 있다. 그러나 이러한 계산 없이 단순히 목표달성의 정도만 가지고 효과성이라고 하는 경우가 많다. 효과성에서는 투입이나 과정에서의 시간이나 노력, 자원은 그렇게 따지지 않고 결과로서 말을 한다. 그런데 효율성은 앞에서 이미 언급한 것처럼 얼마의 노력과 시간, 자원을 들여서 목표를 달성했느냐 하는 투입과 과정을 더 중시하여 따지게 된다.

그런데 일반적인 용어로 효과성은 '좋은', '훌륭한'이란 의미로 사용되기도 한다. 효과적인 학교, 효과적인 교수(teaching), 효과적인 교사는 좋은 학교, 잘 가르치는 일, 좋은 교사라는 의미로 사용되기도 한다.

다. 두 개념의 비교

첫째, 효과성은 조직에 강조점이 실린 반면 효율성은 개인에 비중이 실린다. 효과성이 조직목적의 달성과 관련되고 효율성은 개인적 동기의 만족과 더 관련되기 때문이다. 이는 Barnard의 견해에서도 나타나지만 Getzels의 모형에서도 효과성은 조직-규범적 측면과 관련되고 효율성은 개인-특유적 측면과 관련된다. 이 모형에서 효과성은 조직적 측면에서 역할기대와 관찰된 행동의 일치 정도에 의하여 알 수 있고, 효율성은 개인적 측면에서 개인의 욕구성향과 관찰된 행동의 일치 정도에 의하여 나타난다.

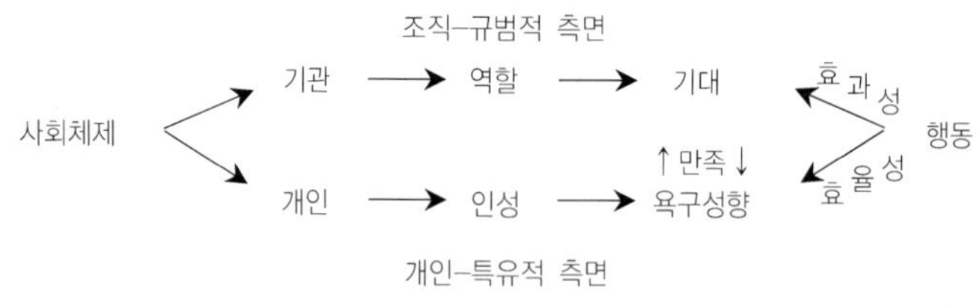

〈그림 3-13〉 Getzels-Guba 모형

둘째, 효과성은 목적달성 정도, 산출에 의하여 결정되는 데 비하여 효율성은 투입과 산출의 '비율'에 의하여 결정된다고 볼 수 있다. 효과성은 조직의 목적만 달성하면 되지만 효율성은 동일한 산출이라면 투입을 줄이고, 동일한 투입이라면 산출을 높여야 높아진다. 관료제에서도 합리성은 효과성과 관련되어 목표 지향적이고 효율성은 비용·효과의 비율에 관심을 더 둔다. 비용-효과에서의 효과는 단순한 결과·산출의 의미로 쓰인다. 관료제에서의 효과성과 효율성은 <그림 3-14>와 같이 나타낼 수 있다.

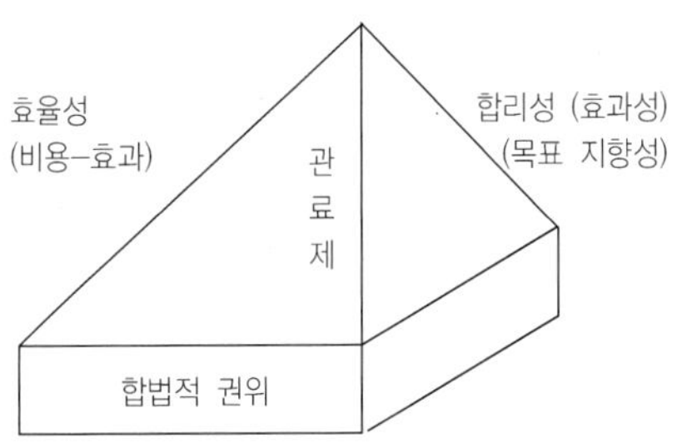

〈그림 3-14〉 관료제에서의 효과성과 효율성

셋째, 효과성은 결과에 관심을 기울이는 반면 효율성은 투입과 과정에 더 비중이 주어진다. 그래서 효과성은 외적으로 나타나 외적 효과성이란 말로도 표현되고 효율성은 내적인 것을 많이 따지기 때문에 내적효율성이라고 하는 경우가 많다.

넷째, 효과성은 양적인 냄새가 나고 효율성은 질적인 요소가 포함되는 의미를 풍긴다. 효율성에서는 조직구성원의 내적인 동기와 만족, 수혜자의 만족 등이 포함되기 때문이다. 그러나 투입과 산출의 비율을 따질 때는 효율성이 더 양적이고 계산적인 의미가 포함된다.

그런데 행정에 있어서 효과성과 효율성은 둘 다 중요한 개념임에 틀림없다. 효과성을 높이기 위하여 수단·방법·비용을 가리지 않는 것도 잘못이고, 효율성만 따지고 효율성만 높이려다 조직의 목표와 목적을 달성하지 못한다고 해도 문제이다. 그래서 행정은 효과성과 효율성의 두 마리 토끼를 다 잡거나 아니면 피하지 못할 상황이라면 상황에 맞게 효과성과 효율성 둘 중 어느 하나라도 강조하지 않을 수 없을 것이다. 효과성과 효율성의 조합에 의하여 조직의 형태를 <그림 3-15>와 같이 나누어 볼 수 있다.

〈그림 3-15〉 행정의 초가치 : 효과성과 효율성

행정의 제1법칙은 조직과 기관을 유지하고 생존시키는 일이다. 그리고 조직을 효과적, 효율적으로 운영하여 조직을 성장 발전시키는 것이다. 그래서 행정에 있어서 ① 유지, ② 효과성과 효율성, ③ 성장을 가치 중의 가치라고 하여 초가치라고 한다.

2. 교육에 있어서의 효과성과 효율성

가. 교육적 효율성

효율성과 효과성을 측정하려는 노력은 꾸준히 지속되어 왔다. 그러나 건강, 복지, 교육, 레크리에이션과 같은 행정서비스를 측정하기란 그리 쉬운 일이 아니다. 효율성은 ① 투입요인으로 인력, 자본, 시설과 물자, 기술 등의 생산요소, ② 활동은 행정조직과 기능, ③ 산출은 서비스나 생산품, ④ 환경은 행정 체제를 둘러싸고 있는 외적 조건, ⑤ 결과는 문제해결이나 욕구의 충족 등으로 측정하려고 한다. 그러나 만족, 자유, 평등, 정의, 형평 등 사회적 윤리도 고려하여 측정하기란 그리 쉽지 않은 일이다.

교육에 있어서 효율성을 측정하기란 다른 분야보다 더 어렵다. 교육과정개발, 교육자료선택, 수업체제개발, 교육행정의 여러 측면에서 운영연구(OR), 체제분석, 컴퓨터체제를 도입하여 보다 정교화하려는 노력으로 효율성을 높이려고 노력해 왔다. 또 신과학적 관리의 정신으로 업적 계약, 행동목표, 국가적 평가, 비용－이익분석, 복적관리제(MBO), 기획예산제(PPBS), 괸리정보체제(MIS)를 도입하여 줄어드는 교육재정과 비용으로 교육적 책무성과 생산성을 높이려는 노력도 해 왔다.

교육을 경제학적으로 접근하려는 사람은 비용－이익분석, 비용효과성, 비용－질, 수익률, 사업 예산제, 투입－산출, 교육의 경제적 가치 등을 분석하려고 노력하였다. 그러나 투입요소는 어느 정도 계량화하여 측정한다 하더라도 교육적 산출은 질적인 것이 많아서 측정하기가 어렵다.

교육에 있어서 투입연구는 비교적 드문 형편이다. 기획예산제도는 의사결정과정에 사용되고, 또 비용-효과평가의 투입을 측정할 수 있도록 조직되어 교육에 유용한 정보를 제공해 줄 수 있다.

자주 사용되는 투입요인은 토지, 건물, 장비와 교구 같은 경제적 자원과, 인건비와 서비스 같은 운영자금 등이다. 이 외에 지역사회의 지도력, 학생의 적성과 동기, 교사의 자질, 정치적 이해관계 등이 있는데 이들을 측정하기에는 어려움이 있다.

교육의 산출에 관한 연구도 1950년대 이후 지속되었다. 그래서 학생이나 학부가 교육에 투자한 시간과 돈은 좋은 경제적 투자라는 것으로 받아들여졌다. 어떤 연구는 교육의 개인적 연간 수익률은 12%라고 한 사람도 있고, 고등교육의 사회에 대한 이익은 개인에 대한 이익보다 높아 24%라고 하기도 하였다. 그러나 이러한 산출은 나라에 따라 시대에 따라 달라질 수 있을 것이다.

그래도 효율성의 뜻을 살릴 수 있는 것은 투입-산출 비율에 관한 연구라고 할 수 있다. 예를 들면 <그림 3-16>과 같이 투입-과정-산출을 금전으로 환산하여 재려는 노력을 하는 데 여러 대안을 제시하고 검토하여 정책결정에 사용하여 교육의 효율성을 높이려고 한다.

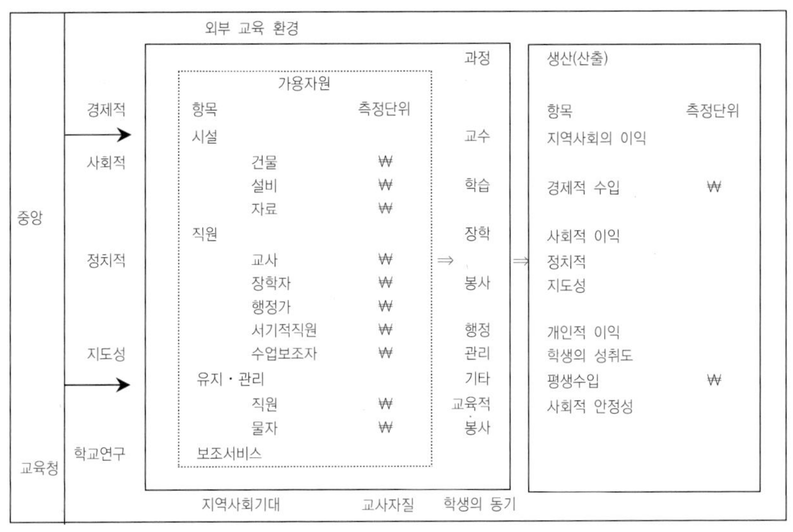

<그림 3-16> 교육의 투입-산출 관계

나. 교육적 효과성

교육적 효과성은 목표달성의 정도에 초점을 맞추기보다는 '좋은 교수', '잘 가르치기', '좋은 교사', '좋은 학교'와 같은 의미로 많이 사용되었다. 교수효과성 또는 효과적인 교수, 학교효과성 또는 효과적인 학교에 대한 연구가 많이 일어나고 있다.

교수효과성을 가져오는 효과적인 교수는 무엇인가에 관한 연구는 대체로 ① 훌륭한 교수의 특성이 무엇인지 밝히려는 연구, ② 완전한 교수법이 무엇인지 찾으려는 연구, ③ 교수과정 – 결과에 관한 연구로 발전해 왔다.

첫째, 좋은 교사는 잘 가르칠 것이라는 생각에서 좋은 교사의 특성을 찾아내려는 연구가 초기에 많이 이루어졌다. 예를 들면 Commonwealth Teacher Training Study에서는 효과적인 교사의 특성으로 적응성, 사려성, 열성, 판단력, 정직성, 매력의 여섯을 밝혀냈다. 이는 학생들에게 가장 좋은 교사, 가장 효과적인 교사가 누구냐를 물어서 조사한 듯한 인상을 주는 것에 불과하여 과연 이런 특성을 가진 교사들이 가르친 학생들의 학업성취가 높으냐에 관한 증거는 제시하지 못하고 있다.

또 가장 많이 언급되는 효과적인 교사의 특성으로는 ① 학생들에게 보다 많은 요구를 한다. ② 보다 많은 교수기술을 갖고 있다. ③ 교과에 대한 지식을 보다 많이 갖고 있다. ④ 더 학생을 잘 다스린다와 같은 특성들이 제시되고 있다.

둘째, 완전한 교수법을 찾아내려는 연구가 있었다. 어떤 방법으로 가르칠 때 학생들의 학업성취가 더 향상되었는지 여러 교수법을 비교하여 찾아내려는 연구이다. 교사가 이미 가지고 있는 특성을 찾으려는 전단계의 연구보다는 교사의 수행에 더 관심을 기울였지만 이것으로도 일관된 어떤 연구 결과를 찾아내기는 어려웠을 것이다.

셋째, 교사의 특성 - 교사의 수행 - 교수효과성의 셋을 결합하여 과정 - 결과를 밝히려는 연구가 있었다. 교사의 특성을 독립변인으로 하고, 교사의 수행을 매개변인으로 보고, 학생의 학업성취를 종속변인으로 보아 이들 관계를 밝히려는 연구를 생각할 수 있다. 여기에 여러 환경 변인을 추가할 수도 있을 것이다.

그리고 교사의 수행은 교사의 행동을 관찰하거나, 학생의 행동을 관찰하거나, 교사의 계획을 관찰하여 교수효과성을 예언하려고 하기도 하였다.

학교 효과성을 밝히려는 연구도 많이 시도되고 있다. 효과적인 학교의 특성을 밝히려는 연구 중에는 '좋은 학교' 또는 '효과적인 학교'로 알려진 학교들을 방문하여 이들 학교에서 어떤 공통적인 특성을 찾으려고 한 것이다. 효과적인 학교의 공통적인 특성으로는 ① 강력한 행정적, 수업적 지도력, ② 안전하고, 질서정연하고, 인간적인 학교풍토, ③ 학생의 진보에 대한 잦은 확인, ④ 모든 학생에 대한 높은 기대와 요구, ⑤ 모든 학생에게 중요한 여러 기술의 교수, ⑥ 분명한 학교의 목표, ⑦ 높은 과업집중 시간, ⑧ 긍정적인 가정과 학교의 관계, ⑨ 교사의 효능감과 사기 등이 제시되고 있다. 이들 특성별로 이들을 잴 수 있는 지표들을 제시하여 학교효과성을 측정하는 도구를 만들기도 한다.

교수효과성이나 학교효과성에 관한 측정이나 연구에는 많은 관련 변인들이 작용하기 때문에 이를 정교하게 만들어 내고 밝히기란 그리 쉬운 일이 아니다. 지금까지 외국에서 교육효과성을 밝히려는 노력이 많이 있었으나, 앞으로 우리의 상황에 맞는 측정도구를 개발하여 이에 관한 연구를 계속 발전시켜야 할 것이다.

Ⅶ

의미(意味)의 발견(發見)

1. 서론

어려운 시기에 우리나라 교육의 기초를 닦고, 틀을 짜고, 교육뿐만 아니라 우리나라 자체의 건설과 발전에 크게 기여한 겨레의 영원한 스승이신 삼락회 여러 어른을 모시고 저의 부족한 생각이나마 나누게 된 것을 제 생애 최고의 영광으로 생각한다. 그리고 저는 특히 서울시 초등교육이 키워 주시고 길러 주신 사람이기 때문에 항상 감사하는 마음을 갖고 있으며 이렇게 저를 격려해 주신 여러 어른들을 뵙게 되어서 반갑다. 사실 저는 여러 선생님들로부터 계속 배워야 할 입장이지 뭐 드릴 만한 좋은 의견이나 생각은 별로 없다. 임원 선생님께서 잊지 않고 저를 불러 주시고 간청하시어 마지못해 나왔으나 드릴 말씀이 별로 없더라도 어쨌든 뵙고 보니 반가울 뿐이다.

제가 오늘 여러분과 나눌 이야기의 주제는 '의미의 발견'인데 여기서 의미라는 말은 최소한 두 가지 측면에서 생각할 수 있다. 그 하나는 '사물의 뜻'이라고 하여 개념에 해당하는 것이고, 둘째는 의의, 가치, 보람, 중요성에 해당하는 것으로 쓰고자 한다. 오늘 여러 선생님과 이렇게 만난 것이 의미 있는 시간이 되길 바라면서 이 야기를 시작하고자 한다.

2. 교육의 의미의 상통과 공유

선생님이 한 어린이 보고 사무실에 가서 '분필'을 좀 가져오라고 심부름을 시켰다. 이 어린이는 선생님이 자기에게 심부름을 시켜 준 즐거움에 교실 밖으로 나오긴 했으나 '분필'이란 말의 의미를 몰라 선생님께 무엇을 갖다드려야 할지 망설이다가 '색연필'을 갖 다드렸다.

이렇게 선생님이 사용하는 말이 무엇을 의미하는지 모르거나, 선 생님이 의미하는 것과 학생이 의미하는 것이 서로 달라 선생님은 열심히 가르쳤지만 학생은 배우지 못하는 것도 많다. 특히 빈민지 역의 경우 교사의 표준말과 학생의 사투리 사이에서 의미가 안 통 해 성적이 저조한 경우가 많다는 것이다.

솔직히 저는 학교에 들어가기 전까지는 '뒷간'이란 말밖에 몰랐 다. '변소'라는 말을 몰랐고, '화장실'이란 말은 아마 고등학생이 되어서나 알았을 것이다. 어떤 절에는 '해우실'이라고 간판을 붙여 놓았더군요. 저는 중학교 마칠 때까지도 학교 화장실을 정확하게 사용하는 방법을 몰랐었다. 집에 있는 화장실 구조와 학교의 화장 실 구조가 다르기 때문이었지요.

선생님이 내일 토요일은 책가방을 가져오지 말라고 하셨다. 그런 데 한 1학년생은 집에 와서 책을 보자기에 싸 가지고 간다는 것이다. 이유는 선생님이 책가방을 가져오지 말라고 했지 책을 가져오지 말라는 말은 안 했다는 것이다. 이 아이의 어머니가 선생님이 책가방을 가져오지 말라는 말의 의미와 의도를 아무리 설명해도 이 아이는 고집을 부리며 기어이 책만을 가지고 갔다. 학교에 간 이 아이는 얼마나 실망했을까요? 선생님을 얼마나 원망했을까요? 선생님은 이 아이를 바보라고 했을까요, 아니면 선생님이 이 아이에게 사과했을까요?

이러한 상황이라면 선생님들이 내는 시험문제의 의미와 의도를 모르거나 잘못 이해하여 답을 못 쓰거나 틀린 답을 쓰는 수험생들은 너무나 많을 것이다.

우선 교육에 있어서 교사와 학생 사이에 의미가 상통하고 또 공통의 의미를 가져야만 되겠다. 교사와 학생 사이, 학생과 학생 사이, 교장과 교사 사이, 남녀 연인 사이, 외국인과의 사이에 의미 통하는 일이 우선이다. 젊은 세대와 연로한 세대 사이에도 의미를 통하게 하는 다리를 놓는 작업이 앞서야겠다.

의미상통은 곧 의사소통이다. 의사소통이 안 되면 교육은 이루어질 수도 없고 인간이 어울려 살기도 어렵게 된다. 이것은 곧 정보통신이고 정보처리에 해당된다. 정보사회에서 정보통신이 안 이루어지면 살기 어렵게 된다. 책가방 가져오지 말라는 정보를 얻은 어린이는 다른 방식으로 처리한 것이다.

컴퓨터를 가지고 있는 사람과 컴퓨터를 사용할 줄 모르는 사람과는 의사소통을 하고 정보를 나눌 길이 없다. 모두가 컴퓨터를 가지고 있을 때 내가 안 가지고 있으면 정보 접근에서 제외되고, 소외되기 마련이다.

옛날 시골 학교에서 소지품 검사를 해 보았다. 아이들 주머니에서 별의별 물건들이 다 나왔다. 딱지와 구슬은 물론 총알껍질, 못, 쇳조각, 돌멩이 등 하찮은 것들이 많았다. 선생님은 도저히 이해할 수가 없었다. 딱지, 구슬, 총알껍질 같은 것이라면 모르겠는데 무거운 돌멩이를 여러 개 주머니가 떨어지고 터지도록 넣고 다니는 것을 이해할 수 없었다. 친구와 함께 나가서 냇물에다 버리라고 했다. 그 어린이는 그 돌멩이들을 버리는 것을 애통해하는 것이다. 아이에게는 돌멩이가 의미 있는 물건이었던 모양인데 어른인 교사에게는 무의미한 물건으로 생각되었던 것이다. 사람마다 의미를 부여하는 데 따라 중요도가 달라진다. 교사의 의미부여와 학생의 의미부여가 다르면 좋은 사제관계가 되기도 어렵고 좋은 교육이 이루어지기도 어렵다.

이런저런 생각을 하면 저도 교사생활을 하면서 아이들에게 알게 모르게 많은 죄를 졌을 것 같다.

3. 학교와 교육의 의미 변화

돌멩이에 의미를 두었던 어린이도 어른이 되어 다른 것들에 의미를 두는 것으로 바뀌었을 수도 있고 계속 돌에 의미를 두어 유명한 석공예가가 되었을 수도 있다. 옛날에는 조가피가 아주 의미 있는 돈이었을 텐데 오늘날은 종잇조각으로 바뀌었다. 이제는 플라스틱조각이 아주 의미 있는 신용카드로 바뀌고 돈으로 바뀌었다. 돈이 필요 없는 사람에게는 돈이 종잇조각 이상의 아무 의미도 없는 것이다.

학교의 의미도 바뀌어 간다. 인간은 결국 교육을 통해서 발전해 온 것인데 아주 옛날에는 말을 통해서 하는 개인교수 형태였다. 그러다가 문자가 나오면서 시공을 넓혔을 것이다. 동양이나 서양이나 절간, 교회, 서당식 개인교수였을 것이다.

그러다가 산업혁명에 의하여 인간의 힘을 기계로 연장, 확대하면서 공장의 대량생산체제를 갖추었다. 부품들을 분업에 의하여 조립하여 대량생산으로 물질시대를 이룩했다. 산업사회는 과학이 뒷받침해 줬다. 과학은 곧 전문가를 의미했고 전문성은 곧 분업, 분리, 분석, 나누기, 쪼개기였다.

근대, 현대학교는 산업사회에 기반을 두고 산업사회에 맞게 설계되었다. 공장과 마찬가지로 대량교육, 분업에 의한 쪼개진 지식 조립의 교육이었다. 그래도 우리나라에서는 대량교육으로는 성공했던 것이다. 그 어려운 시기에도 국민 전원을 문맹에서 퇴치시키고, 초등 의무교육을 완수하고 이제는 거의 고등학교까지 모두 마칠 수 있게 되었다. 대학도 해당 연령인구의 54.6%가 간다. 초·중·고 대학교로 학교를 쪼개고, 학년으로 쪼개고, 학급으로 쪼개고, 쪼개진 사이에서는 연결이 안 되었다. 여러 교과로 쪼개고, 단원으로, 과로, 시간으로 쪼개어 가르쳐야 했다. 학년, 학기, 주간, 일간, 시간으로 쪼개어, 쪼개진 지식의 파편들을 가르쳐 全人이 나올 수 있었겠는가?

이제 공장도 대량생산의 체제로는 지탱이 안 된다. 다품종 소량생산이라야 하고 세계에 하나밖에 없는 수공예품이 인기가 있다. 우리의 교육도 양에서 질로 가야 한다. 고도의 교육의 질을 보장하는 개인교수의 방향으로 가야 할 것이다.

산업사회, 공장사회에 알맞게 설계되었던 학교를 정보사회에 맞게 완전히 틀을 바꾸어 새롭게 설계해야 한다. 과거에는 교사와 교과서가 정보를 독점했었으나 이제는 정보가 열려 있고, 노출되어 있고, 누구나 정보를 공유하게 되었다.

학교와 교사가 학생에게 제공해 줄 수 있는 정보의 양은 극히 제한되어 있다. 교사의 위치는 정보 확보·조직·활용자인 학생을 보조하고 자문·코치하는 위치로 내려오게 된다. 정보를 학교에서만 얻는 것이 아니고 가정·사회에서도 마음대로 얻을 수 있으므로 학생들이 학교에 오래 머물 필요가 없다.

지금까지는 교사가 학급을 가르치고 학생을 가르치지 못하고, 교사가 교과목을 가르치고 학생을 가르치지 못했는데 이제는 학생과 학습에 초점을 맞추어야 한다. 교사가 가르치는 일보다 학생이 배우는 일에 초점을 맞춰야 한다.

학급을 가르치는 데서 더 나눌 수 없는 존재인 개인(individual)이 배워야 하고, 교과를 가르치던 데서 지구촌의식(Global)으로 넓혀 나가야 한다. 지구를 쪼개 나누어 가질 생각을 말고 하나의 지구관을 갖도록 해야 할 것이다.

학교의 의미, 교사의 의미, 가르친다는 의미가 정보사회에서는 달라지고 있다. 과거에 의미 있다고 가르친 것들이 21세기에 살아갈 아이들에게는 무의미한 것이 되고 있다. 무의미한 일에 열심히 하라고 하면 신이 날 리 없다. 의미 있는 일에 교사와 학생이 지금처럼 열심히 가르치고 배운다면 정보사회에서는 한국이 판을 칠 것이다.

우리가 지식중심·편중의 교육을 정말 제대로 해 왔다면 21세기 정보사회에서는 한국의 시대가 될 뻔했다. 산업사회에서는 공장·기업·경제가 주도하고 물질이 판을 쳤지만 21세기 정보사회에서는 지식과 정보를 생산해 내는 학교가 주도하는 사회가 되어야 할 것이다. 한국이 진정 교육을 중시하는 교육 국가였다면 정보사회에서는 태양이 한국을 위해서 비칠 뻔했다. 정보사회에 의미 있는 학교와 교육을 만들어야 할 것이다.

지금 선진 여러 나라에서는 학부모에게 학교 선택권을 주고 자녀가 다니는 학교에 냈던 세금을 지불해 주는 지불보증제도를 택하고 있다. 공립, 사립, 영리사설 교육기관 어디에 등록해도 좋다는 식이다. 공립학교는 경쟁에서 밀려 존폐 위기에 몰릴지도 모른다. 사설영리 교육회사가 학교운영위원회와 계약을 맺어 교사진과 교과서, 교육과정을 몽땅 가지고 들어가 교육을 담당하게 되는데 이런 교육회사가 늘어난다. 이렇게 되면 공립학교 교사들은 직장을 잃게 된다. 사설방송이 교육의 일부를 담당하고 돈을 벌겠다고 한다. 학생들만 잘 배울 수 있도록 하면 된다는 생각이다. 심지어는 학생을 전혀 학교에 안 보내고 집에서 가르치겠다고 하는 경우도 생겨난다. 학교의 의미도 달라지고 있다. 공장이미지의 학교를 가지고는 더 이상 정보사회에서 버틸 수가 없게 된다.

4. 의미의 위기

여러 어른들이 젊은 시절에는 좀 밑진다고 생각되더라도 선배나 어른에게 고개를 숙였고, 또 후배가 의례 잔심부름을 다 했었다. 그런데 이제는 똑같이 나누기식이다. 이것이 민주주의를 의미한다고 생각하는 것이다. 복잡한 버스 안에서 노인이나 어린이에게 자리 양보하기도 어렵고 양보받기도 어렵다. 젊은이도 똑같이 (좌석) 버스표를 샀다고 생각하기 때문이다. 그런데 옛날에 우리가 선배대접을 하고 어른대접을 제대로 했다면 지금은 당연히 그리고 당당히 선배와 어른대접을 받으려고 해야 한다고 생각한다. 나를 위해서가 아니라 우리 사회의 질서를 위해서이다.

전에는 자신의 손때가 묻은 물건을 버리기가 아까웠다. 고치고 고쳐서 썼다. 그런데 지금은 시집올 때 가져온 장롱도 길거리에 마구 내다 버린다. 의미의 혼란, 의미의 위기를 맞고 있다.

전에는 마음에 좀 안 들더라도 조강지처와 함부로 헤어질 수가 없었다. 사회의 지탄의 대상이 되었다. 그런데 지금은 이혼도, 가정파탄도, 핏줄 가르기도 자주 나타난다. 의미의 대혼란이 일어나고 있다.

국가의 지도층은 큰 나쁜 짓을 하고 조무래기들은 작은 나쁜 짓을 한다. 누가 누구를 잘못한다고 나무랄 수가 없다. 어른들이 목소리를 내야 하는데 나라에 어른이 없다. 총을 쏴서 대통령이 되는 바람에 나라에 질서가 없어졌다. 권력이면 다고, 돈이면 다라고 생각하는 것이다. 그리고 국민의 존경을 못 받으면 권력도, 돈도 무의미하게 된다.

5. 의미의 발견

여러 어른들은 어린 시절, 젊은 시절 어디에 의미를 두었는가? 혹시 어린 시절 돌멩이에 의미를 두었던 꼬마였을지도 모른다. 젊은 시절 돈 많이 벌고, 좋은 집에 살고 싶고, 남보다 먼저 높은 자리에 오르는 것에 의미를 두었을지도 모른다. 그러나 이 시점에서는 그런 것들이 모두가 무의미해졌다. 하늘을 우러러 한 점 부끄럼 없이 살았다고 생각하시는 분이 있다면 그분은 마라톤 인생의 최후의 승자일 것이다. 그분에겐 제자나 후배가 찾아오지 않아도 외롭지 않다. 내 스스로 내 마음이 외롭지 않기 때문이다.

그래도 우리 교육자는 의미 있는 일을 한 것이다. 국가가 어려운 때 제대로 대우도 못 받으면서 국민교육에 헌신하여 국가를 이만큼 일으켰기 때문이다. 이것만큼은 여러 어른들이 자부심을 갖고, 의미를 높이 두고, 뿌듯하게 생각해도 되리라 믿는다. 그런데 문제는 무엇에 의미를 둘 것인가이다. 의미 있는 시간, 의미 있는 물건, 의미 있는 일, 의미 있는 사람이 되어야 한다. 이것은 각자의 철학과 가치관에 달려 있다. 아직도 삶의 의미, 인생의 의미를 발견하지 못하고, 명예욕, 권력욕, 금욕에 사로잡혀 인생에 마지막 봉사의 기회를 갖는다는 명분을 내세워 교육위원이다 뭐다 한다고 하다가 마지막으로 잘 살아온 인생에 먹칠하고 후배들의 손가락질을 당하기도 한다.

한 시간, 한 시간이 의미가 있고, 의미를 부여해야겠다. 지금 이 시간도 의미 있는 시간이 되어야 한다. 열광하고, 흥분하고, 매료되고, 몰아의 경지에 들어갈 수 있는 시간이 된다면 분명 의미 있는 시간이 될 것이다. 남에게 도움이 되는 시간이라면 스스로 즐거울 것이다.

독서와 여행은 인생의 시공을 넓혀 넓게, 오래(과거도 미래도 살 수 있으므로) 살 수 있게 하므로 의미가 있을지 모르겠다. 그러나 건강이 허락하지 못하는 분에게는 여행도 무의미한 것이 된다. 산책을 하면서 음미하는 시간이 의미 있는 분도 있을 것이다. 운동을 하여 땀을 빼고 샤워하는 시간이 의미 있는 분도 있을 것이다. 봉사하는 즐거움에서 의미를 발견하는 분도 있을 것이다. 가족들과 즐거운 시간을 많이 갖는 데서 의미를 발견하는 분도 있을 것이다.

어떤 분은 젊은 시절에 누가 돌멩이를 하나 갖다 줘서 매일 먼지만 닦아 내느라고 고생하고, 아무런 재미도 못 봤는데 정년퇴임하고 어느 날 그 돌멩이를 닦는데, 아, 글쎄 그 돌멩이가 그때서야 슬그머니 미소를 짓더라는 것이다. 그때서야 그 돌멩이의 의미를 발견한 것이다. 여러분이 젊은 시절에 의미 있다고 추구하던 일들이 별 의미가 없는 것을 이제 발견하고, 새로운 의미를 찾고자 하는 분도 있을 것이다.

여러 어른들은 의미 있는 물건들을 많이 간직하고 계실 것이다. 여러분들이 젊은 시절 정성들여 만든 물건, 선물 받은 물건들, 기념품에는 많은 의미가 들어 있다. 그런 물건들에는 더 의미를 부여하고, 기록으로, 역사로 남김으로써 더 의미를 갖게 된다.

무슨 일이 의미 있는 일인가 찾아봐야겠다. 끝까지 가르치는 일에 의미를 두어 서당을 여시는 분도 있고, 박물관, 과학관에 가서 자원봉사하는 분도 있을 것이다. 자원봉사한다고 해도 세상이 우리를 실망시키는 일에 부닥치게 될지도 모른다. 그래도 의미 있는 일을 포기할 수는 없다. 무엇인가 다른 사람에게 도움이 되는 일을 생각해야 할 것이다.

다른 사람에게 의미 있는 사람이 되어야겠다. 중요한 영향을 주는 사람이다. 손자에게 할아버지가 의미 있는 사람이 될 수도 있고, 나쁜 길로 빠질 뻔한 청소년에게 여러 어른이 인생에 있어서 중요한 의미 있는 타인이 될 수도 있다. 후배 교장이나 교사에게 바른 충고를 해 주어 의미 있는 타인으로 남을 수도 있다. 에디슨은 삼촌이 의미 있는 타인이었고, 아인슈타인은 아버지가 가장 중요한 의미 있는 타인이었다.

우리 사회에는 어른이 필요하다. 어른이 어른 목소리를 내야 사회와 국가가 잘될 수 있다. 교육에도 어른과 원로가 필요하다. 어른이 존경받는 사회가 살기 좋은 사회가 된다. 지난 30년간 너무 짧은 기간에 산업화, 물질시대를 앞당기다 보니 정신이 무너지게 된 것이 안타깝다. 서양의 과학은 언젠가는 우리가 따라잡는다. 문제는 튼튼한 정신세계를 지탱하는 일이다. 정신을 잃으면 물질만으로는 행복할 수 없다.

젊은 시절에는 많은 사물에 의미를 두고 또 이를 추구하느라 바빴을 것이다. 정년퇴임을 한 시점에서는 젊은 시절에 의미 있다고 생각했던 것들을 하나씩 하나씩 떨어뜨려 내고, 버리고, 의미 있는 것들을 줄여 나가게 될 것이다. 그때는 건강만이 최고의 가치를 갖게 될 것이다. 인간이 의미 있다고 추구하는 것이 많겠지만 자주 떨어뜨리다 보면 궁극적으로 眞善美에 귀착되지 않을까? 진실하고 착하고 아름답게 살고자 하고, 또 그렇게 살은 사람들은 아쉬움이 없이, 후회 없이 살았다고 흐뭇해할 것이다. 결국 우리들 자신이 아이들에게 가르친 그대로 살아온 사람이 성공적 인생을 살 것이다. 지금이라도 내 입으로 아이들을 가르친 대로 살려고 노력해야할 것이다.

6. 결론

인생의 끝까지 소중히 간직하고 지탱할 것이 있어야 한다. 의미를 찾고 간직하는 일이다. 의미를 찾고 간직할 때 살맛이 있다. 그 의미는 각자의 분수에 맞아야 한다. 궁극적 의미는 최종적으로 나를 발견하고 나를 찾는 일이다. 높은 지위도, 재물도 모두 내가 아니다. 지금까지 나와 같이 붙어 다니며 살아온 것들을 제쳐 놓은 순수한 나를 한번쯤 가상해 보고 생각해 보는 것도 좋을 것이다. 우선 교장, 박사, 장로 등도 나를 따라다닌 것들이다. 양복도, 자동차도, 집도, 아내도 나와 같이 따라다닌 것이다.

지금까지 내가 애지중지 의미 있다고 했던 것들까지도 무의미한 것으로 사라지고 정말 의미 있는 몇 가지만 남게 될 것이다. 그것을 위해서 남은 시간동안 집중 투자·노력해 보는 것도 좋을 것이다. 지금까지 여러 어른들은 충분히 국가, 사회, 이웃, 타인, 가정을 위해서 의미 있게 살아왔을 것이다. 앞으로도 더욱 의미 있는 삶이 되길 빈다. 건강에도 많은 의미를 두어 건강하길 빈다.

Ⅷ

연구 분야로서의
교육행정철학(敎育行政哲學)·윤리(倫理)*

1. 교육행정에 있어서 사실과 가치

교육행정에서 사실과 가치는 분리할 수 있거나 따로 존재할 수 있는가? 가치는 빼 버리고 사실만을 추구할 수 있는가? 불가능하다. 교육에서 많이 쓰이는 '바람직한'이란 말 속에는 이미 방향성과 가치가 들어 있기 때문이다. 또 교육행정에서 자주 쓰이는 민주, 정의, 평등, 공익, 능률, 합리, 책임 등의 용어 속에는 이미 가치가 배어들어 있기 때문이다.

그런데 우리는 지금까지 논리실증주의(論理實證主義)의 주장에 치우쳐 교육행정에서 가치를 배제한 객관적 사실만을 추구하였다는 반성을 하지 않을 수 없다.

연구방법 면에서도 사회적 실재(社會的實在)를 자연법칙에 의하여 움직이는 자연체제로만 보아, 관찰 가능하고 측정 가능한 측면만을 다루어 수학적·계량적·통계적 방법에 치우치고 있다. 사회

---

* 한국교육행정학회 소식, 96. 3. 15. 제51호.

적 실재를 인간법칙(人間法則)과 도덕법칙(道德法則)에 의하여 움직이는 인간고안체제(人間考案體制)로 보면 의미 있는 관계성을 탐구하고, 설명하고, 의미를 해석하는 사례연구, 비교연구, 역사적 연구 등의 방법을 많이 사용하게 된다. 옛날에 이들 방법이 많이 사용되다가(older) 실증주의에 치우쳐 맥을 못 추었으며 최근에 다시 Post-modernism과 Post-positivism의 부상과 함께 다시 강조되고(newer) 있다.

행정은 사실과 논리만으로 이루어질 수 없다. 따라서 합리성, 경험성, 과학, 능률에만 의존할 수는 없다. 가치와 신념과 소신을 다루는 철학과 윤리도 중요하다. 교육행정을 行政科學으로도 발전시켜야겠지만 敎育哲學·敎育倫理를 교육행정의 하위 연구 분야로 발전시킬 필요가 있다.

2. 교육행정 철학·윤리의 발전

공공행정에서도 꾸준히 행정의 윤리적 측면에 관심을 기울여 온 사람들이 있었다. 특히 1970년대에 행정의 가치와 윤리·철학을 강조하는 신행정학파가 대두되면서 행정철학과 행정윤리가 연구 분야로 발전하여 교육과정에도 포함되고 연구물과 교재도 쏟아져 나오고 있다.

미국의 공공행정에서는 (1) 태동기를 1880년(Doorman B. Eaton) 또는 1887년(Woodrow Wilson)으로부터 1930년대 전반까지로 보고 있는데 이때는 진보주의에 근거한 효율과 과학이 강조되고 Willoughby(1927)의 기회균등, 정직성이 행정윤리와 관련되고 있을 뿐이다.

(2) 연구 분야로서 행정윤리의 정초기(定礎期)는 1935－1965년으로 볼 수 있는데 '행정윤리의 의의', 행정가에 대한 '내적 통제(internal control)'－전문직적 가치, 윤리, 의무, 이념적·전문적 지각, '외적 통제(external control)'－법, 규칙, 제재, 정치적 고위층에 관한 논의가 많았다.

(3) 윤리가 하나의 연구 분야로 출현한 시기는 1970－1985년으로 볼 수 있는데 신행정학파의 출현, Watergate 사건에 의한 행정윤리의 필요성 강조, Rawls의 사회적 평등, Rohr의 관료와 윤리, Cooper의 자율(재량)권에 따른 책임성, 행정전문직 윤리강령 제정 등으로 확고한 학문분야로 자리를 잡게 되었다.

(4) 행정윤리가 하나의 연구 분야로 성립된 후 지난 10여 년간 다루어진 최근의 주요 주제는 ① 시민의식과 민주이론, ② 미덕 윤리(행정가 특성), ③ 기초사상과 헌법적 전통, ④ 윤리교육, ⑤ 조직 환경(상황), ⑥ 철학이론과 관점 등이었다. 그리고 행정윤리에 관한 세미나와 학회발표가 활발하여 1952－1992년의 40여 년 동안 23회나 있었다. 가장 종합된 책은 Terry Cooper의 *Handbook of Administrative Ethics* N. Y.: Marcel Dekker, 1994)로 나타난다.

우리나라의 일반 행정에서는 정인홍과 양시호가 『현대행정론』(1959)으로 Marshal E. Dimock의 *A Philosophy, of Administration*(1958)을 번역 소개한 후 1971년 신종순의 『행정의 윤리』(박영사), 1987년 김영종 외의 『관료제와 행정철학』(법문사), 1992년 유종해의 『행정윤리』(박영사), 곽병광의 『행정철학』(1992, 미출판 비매품), 1995

년 김영종의 『행정철학』(법문사) 교재가 나오고 논문이 계속 발표되면서 행정철학과 행정윤리에 관심을 가진 사람이 많아지고 있다.

교육행정에서도 미국 쪽에서 Orin B. Graff의 *Philosophic Theory and Practice in Educational Administration*(Belmont, CA: Wadsworth Publishing co. Inc., 1966), Robert E. Ohm과 William G. Monahan의 *Educational Administration: Philosophy in Action*(Norman, Oklahoma, 1965) 등의 출판으로 비교적 초기에 관심을 갖는 사람이 많았다. 특히 초기에는 Competency approach와 철학적 이론을 중시하는 경향이 있었던 것 같다.

비교적 최근에는 Kenneth Strik와 Emil J. Haller, Jonas F. Soltice의 *The Ethics of School Administration*(N. Y.: Teachers College Press, 1988)의 출판으로 윤리의 문제가 본격적으로 다루어지고, 교육정책과 의사결정 분야에서 가치, 철학, 신념이 중요한 부분을 차지하면서 교육행정 교과서에서 행정철학과 윤리, 가치에 관한 내용이 1개 章 정도의 비중을 갖기 시작하였다.

Thomas. J Sergiovanni와 Fred D. Carver의 *The New School Executive*(N. Y.: Harper & Row Publishers, 1980)에서 교육행정의 직관적(art) 측면과 동시에 Belief System을 비중 있게 다루더니 최근에는 아예 *Moral Leadership: Getting to the Heart of School Improvement*(San Francisco: Jossey-Bass Pub., 1992)를 내놓고 있다. William G. Cunningham과 Donn W. Gresso의 *Cultural Leadership*(Boston: Allyn and Bacon, 1993)도 1970년대 비판론에 의한 패러다임의 전환과 함께 구조모형(Structural Model)에서 문화모형(Cultural Model)으로의 전환이며 행정철학·윤리의 강조와 비슷한 맥락이라고 할 수 있다.

유럽과 캐나다, 호주 쪽에서는 Thomas Greenfilld의 비판론과 함께 비교적 현상학적 접근을 강조하는 경향이 있다. 그래서 1961 – 1971년은 객관론자(objectivist)의 시대, 1971 – 1974년은 대안적 패러다임 지향의 시대, 1974년 이후는 주관론자(subjectivist)의 시대인데 행정과학으로부터 가치함유(with)과학과 가치과학(with)의 인문학(Humane science)으로 전환하여 신행정과학(new science of administration)의 형성을 제한하고 있다{Thomas Greenfilld and Peter Ribbins, *Greenfiled on Educational Administration: Towards a Humane Science*(london: Routledge, 1993)}. Bottery의 *Ethics of Educational Management Personal, Social and Political Perspectives on School Organization*(Cassell. 1992)도 있다.

우리나라에서는 몇몇 사람이 정책관련 연구와 논문을 쓰면서 기회 균등, 정의론, 비판론 등을 다루어 교육행정철학에 관심을 끌기도 하였다. 필자도 "교육행정가의 행정행위에 대한 철학적 영향(1983)", "장학사와 교사의 교육적 신념에 관한 연구(1984)"라는 논문을 쓰며 관심을 갖기 시작하여, 1985년 『행정철학』{Christopher Hodgkinson, *Towards a Philosophy of Administration*(N. Y.: St. Martin's Press, 1978)}, 1989년 『지도자의 철학』(Hodgkinson, 같은 출판사, 1983년)이라는 두 책을 번역출판하고, 1987년 "한국교육행정학의 연구방향(한국교육행정학회 연차학술대회)"에서 실증주의와 현상학의 조화와 보완을 제안한 바 있다. 2005년 교육행정사상의 변화(한국학술정보(주))를 출판하고, 1993년 "근대교육행정사상 및 실제의 역사적 전개(충남대 인문과학연구소논문집 제20권 제2호)" 연구를 발표하여 연구의 필요성과 중요성을 느끼면서도 능력 부족으로 이

분야를 성립·발전시키는 데 별로 기여하지 못하였다. 많은 관심 있는 이들의 학문적 도전을 기다리는 분야라고 할 수 있다. 특히 최근에 우리나라에서도 현상학에 바탕을 둔 연구와 접근이 활발하게 대두되고 있으므로 하나의 교육행정철학과 윤리가 연구 분야로 형성될 가능성이 높다.

3. 연구내용과 연구방법

윤리는 철학의 한 측면으로 생각되지만 엄격하게 양자를 구별하기 전에 우선 교육행정철학·교육행정윤리를 넓게 묶어서 다루다가 연구자의 관심에 따라 세분하거나 독립적인 분야로 확고하게 굳혀 나가도 될 것이다.

행정윤리에서 연구하고자 하는 지식의 내용을 ① 가치(value), ② 기(표)준 또는 규범(standard of norm), ③ 환경(상황: context), ④ 행동(behavior)의 네 범주로 크게 나누었는데 교육행정윤리에서도 이는 가능하다고 본다. 가치의 문제는 삶, 정의, 평등, 정직, 능률, 자유 등과 관련되고, 기준 또는 규범은 집단구성원을 한 덩어리로 묶고 알맞은 행동을 하도록 안내, 통제 또는 규제하는 올바른 행위의 원리라고 할 수 있다. 법칙, 규제, 윤리강령, 규칙은 전형적인 기준과 규범에 해당된다. 환경적 요인은 예를 들면 기업조직, 교육조직, 정부 또는 정치조직, 행정조직, 도시와 농촌, 남자와 여자의 집단으로 나누어 비교하게 된다. 행동은 행정가의 행정행동을 말한다. 이것이 주요 연구내용 또는 대상에 해당될 것이다.

연구방법은 이 실증주의적(경험적) 방법으로 ① 조사(질문지) ② 실험 ③ 면접 ④ 다른 자료 ⑤ 사례연구를 적용할 수 있고, (2) Post-positivism 또는 현상학적 방법으로 ① 역사적 연구 ② 문화 기술적 연구 ③ 이야기(stories)방법을 적용할 수도 있다. 쉽게 표현하여 계량적(정량적) 연구방법과 질적(정성적) 연구방법 모두가 다 적용 가능하다. 철학·윤리의 문제를 연구한다고 해서 꼭 후자인 질적인 연구만 적용되는 것은 아니다.

예를 들면 가치의 문제를 조사, 면접, 역사, 문화 기술적으로 연구할 수 있고, 기준과 규범의 문제는 조사, 실험, 자료, 사례, 역사적 연구를 할 수 있고, 환경의 문제는 자료, 사례, 역사, 문화기술, 이야기로 연구하고, 행동에 관하여는 실험, 역사, 문화기술, 이야기 연구법이 더 알맞을지도 모른다.

교육행정철학·윤리는 교육행정 실제(실천)의 길잡이 역할을 할 것이다. 적극적으로는 교육행정전문가의 윤리가 될 것이며 소극적으로는 부정부패를 방지하는 안내자가 될 것이다.

교육행정 철학과 윤리는 교육행정가 양성과 연수의 정규교육과정으로 개발·포함되어야 한다. 교육대학이나 사범대학, 교육대학원, 교육행정대학원(앞으로), 교육·교원(행정)연수원의 교육과정으로 중시되어야 할 것이다.

4. 교육행정 철학·윤리의 발전과제

지금까지 행정철학과 윤리가 연구 분야로 성립된 배경을 공공(일반)행정과 교육행정으로 나누어 국내외의 경향을 고찰해 보고, 연구 대상과 연구방법에 대하여 간단히 기술하였다. 앞으로 교육행정철학과 윤리가 연구 분야로 더욱 발전하기 위해서는

첫째, 관심을 갖는 연구자와 연구 집단이 많아지고 활발해져야 한다.

둘째, 역사적 연구와 경험적 연구가 활발해져 연구보고서가 많이 나오고 윤리·철학자와 (경험적)연구방법론자의 대화가 활발히 전개되어야 한다.

셋째, 연구물이 발표될 수 있는 저널이 있어야 하고 학술대회·세미나·심포지엄 등의 발표기회와 무대가 자주 마련되어야 한다.

넷째, 교육행정철학과 윤리의 교육과 연수를 위한 교육과정과 교과서·교재가 개발되어야 한다.

색인(Index)

저자 주삼환(朱三煥) ─────────────────────────────

▌약력

서울교육대학교, 서울대학교 교육대학원 교육행정전공 석사
미국 미네소타대학교 대학원 교육행정전공 박사, 서울시내 초등교사 약 15년
한국교육행정학회장 역임
미국 오하이오주립대학 객원교수, 한국대학교육협의회 파견교수
인문사회연구회 이사 역임
현) 충남대학교 명예교수

▌저 · 역서

1. 미국의 최우수학교, 블루리본 스쿨(2009, 학지사, 공저)
2. 리더십 패러독스(2009, 시그마프레스, 공역)
3. 도덕적리더십(2008, 역, T. J. Sergiovanni 저, 시그마프레스,)
4. 한국대학행정(2007, 시그마프레스, 문화체육관광부 우수도서)
5. 교육행정사례연구(2007, 학지사, 공저)
6. 교육행정철학(2007, 학지사, 공저)
7. 장학의 이론과 기법(2006, 학지사)
8. 한국교원행정(2006, 태영출판사, 문화체육관광부 우수도서)
9. 미국의 교장(2005, 학지사)
10. 학교경영의 이론과 실제(학지사, 2006, 공저)
11. 교육행정 및 교육경영 4판(학지사, 2009, 공저)

─ 한국학술정보(www.kstudy.com) 주삼환 교육행정 및 장학 시리즈 도서 35권 ─

Ⅰ. 교육 칼럼 및 비평 시리즈
　Ⅰ-1 우리의 교육, 몸으로 가르치자
　Ⅰ-2 많이 가르치고도 실패하는 한국교육
　Ⅰ-3 위기의 한국교육
　Ⅰ-4 전환시대의 전환적 교육
　Ⅰ-5 교육이 바로 서야 나라가 산다
Ⅱ. 장학 · 리더십론 시리즈
　Ⅱ-1 장학의 이론과 실제:Ⅰ. 이론편
　Ⅱ-2 장학의 이론과 실제:Ⅱ. 실제편
　Ⅱ-3 수업분석과 수업연구(공저)
　Ⅱ-4 전환적 장학과 학교경영
　Ⅱ-5 장학: 장학자와 교사의 상호작용
　　　(역, A. Blumberg 저)
　Ⅱ-6 임상장학(역, Acheson & Gall 저)
　Ⅱ-7 교육행정 특강
　Ⅱ-8 교장의 리더십과 장학
　Ⅱ-9 교장의 질 관리 장학
　Ⅱ-10 교육개혁과 교장의 리더십
　Ⅱ-11 선택적 장학(역, A. Glatthorn 저)
　Ⅱ-12 장학 연구
　Ⅱ-13 인간자원장학(역, Sergiovanni &
　　　Starratt 저)

Ⅲ. 교육행정 시리즈
　Ⅲ-1 올바른 교육행정을 지향하여
　Ⅲ-2 한국교육행정강론
　Ⅲ-3 미국의 교육행정
　Ⅲ-4 지방교육자치와 대학자치
　Ⅲ-5 전환기의 교육행정과 학교경영
　Ⅲ-6 고등교육연구
　Ⅲ-7 교육조직 연구
　Ⅲ-8 교육정책의 방향(역, J. Rich 저)
Ⅳ. 교육행정철학 시리즈
　Ⅳ-1 교육행정철학(역, C. Hodgkinson 저)
　Ⅳ-2 리더십의 철학(역, C. Hodgkinson 저)
　Ⅳ-3 대안적 교육행정학(공역, W. Foster 저)
　Ⅳ-4 교육행정사상의 변화
Ⅴ. 교육행정 관련학문 시리즈
　Ⅴ-1 교양인간관계론(역, A. Ellenso 저, e-book)
　Ⅴ-2 입문 비교교육학(역, A. R. Trethwey 저)
　Ⅴ-3 사회과학이론입문(공역, P. D. Reynolds 저)
　Ⅴ-4 허즈버그의 직무동기이론(역, F. Herzberg 저)
　Ⅴ-5 미국의 대학평가(역, Marcus, Leone
　　　& Goldber 저)

전환적 장학과
학교경영

초판인쇄 | 2005년 10월 25일
초판발행 | 2005년 10월 25일
개정인쇄 | 2009년 08월 21일
개정발행 | 2009년 08월 21일

지은이 | 주삼환
펴낸이 | 채종준
펴낸곳 | 한국학술정보㈜
주 소 | 경기도 파주시 교하읍 문발리 파주출판문화정보산업단지 513-5
전 화 | 031) 908-3181(대표)
팩 스 | 031) 908-3189
홈페이지 | http://www.kstudy.com
E-mail | 출판사업부 publish@kstudy.com

등 록 | [illegible]
가 격 | 36,000원

ISBN   978-89-268-0248-9 93370(Paper Book)
        978-89-268-0249-6 98370(e-Book)